Dictionnaire des Auteurs en Sciences économiques & sociales

Sous la direction de Philippe Deubel et Marc Montoussé

Serge d'Agostino
Agrégé de Sciences sociales

Philippe Deubel
Agrégé de Sciences sociales

Marc Montoussé
Agrégé de Sciences sociales

Patrice Pourcel
Agrégé de Sciences sociales

Gilles Renouard
Agrégé de Sciences sociales

Bréal éditions

1, rue de Rome - 93561 Rosny Cedex

Déjà paru :
- Dictionnaire des sciences économiques et sociales.

Édition : *Nadia Bellaïd, Sabrina Clément.*
Couverture : *Joëlle Parreau.*
Maquette, conception graphique & infographies : *Évelyne Boyard.*

ISBN 2 7495 0117 2
Dépôt légal : août 2003

PRÉSENTATION

Aron, Bourdieu, Durkheim, Keynes, Schumpeter, Smith.....ces auteurs et bien d'autres (**165 en tout**), connus ou moins connus, ont été regroupés dans ce dictionnaire, afin de vous présenter les figures emblématiques de la pensée économique et sociologique.

Il permet une double utilisation :

• Vous pouvez l'aborder selon **une approche par auteur** comme un dictionnaire classique, les articles étant rangés dans l'ordre alphabétique. Vous pouvez ainsi récolter des informations sur un auteur et sur les analyses qu'il a développées.

• Vous pouvez l'aborder selon **une approche par notion**. Toutes les notions et concepts clefs sont mis en évidence dans les articles et sont regroupés dans l'index, situé à la fin de l'ouvrage.Cet index associe à chaque terme des références à un ou plusieurs auteurs, donnant ainsi accès à la diversité des réflexions spécifiques à la notion.

Une des originalités de ce dictionnaire réside dans la possibilité de découvrir la pensée de différents auteurs sur une même notion et ainsi de confronter les analyses et points de vue présentés. De nombreux renvois, positionnés en marge des articles, vous permettent d'effectuer des rapprochements entre les différents auteurs.

Facile d'usage, écrit dans un langage clair, ce dictionnaire s'adresse à un large public et pourra accompagner toute personne – élèves de terminale, étudiants ou enseignants – que les sciences économiques et sociales intéressent.

Les auteurs

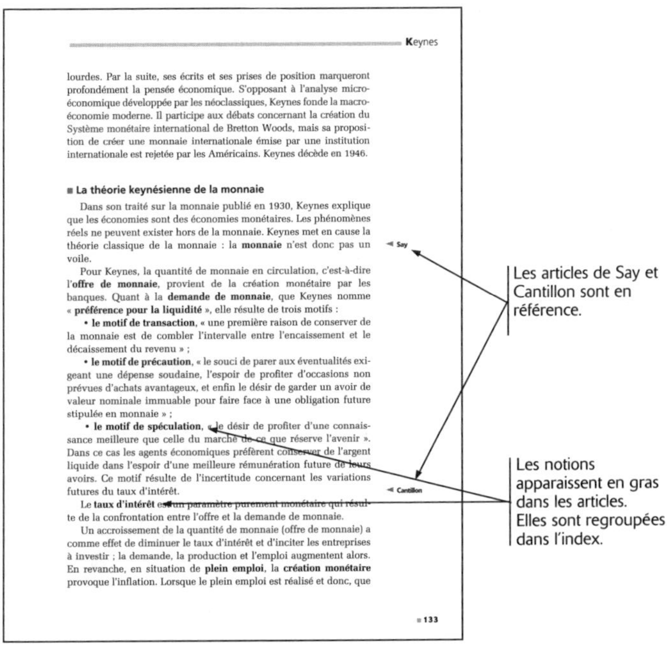
Keynes

lourdes. Par la suite, ses écrits et ses prises de position marqueront profondément la pensée économique. S'opposant à l'analyse microéconomique développée par les néoclassiques, Keynes fonde la macroéconomie moderne. Il participe aux débats concernant la création du Système monétaire international de Bretton Woods, mais sa proposition de créer une monnaie internationale émise par une institution internationale est rejetée par les Américains. Keynes décède en 1946.

■ **La théorie keynésienne de la monnaie**

Dans son traité sur la monnaie publié en 1930, Keynes explique que les économies sont des économies monétaires. Les phénomènes réels ne peuvent exister hors de la monnaie. Keynes met en cause la théorie classique de la monnaie : la **monnaie** n'est donc pas un voile. ◄ Say

Pour Keynes, la quantité de monnaie en circulation, c'est-à-dire l'**offre de monnaie**, provient de la création monétaire par les banques. Quant à la **demande de monnaie**, que Keynes nomme « **préférence pour la liquidité** », elle résulte de trois motifs :

• **le motif de transaction**, « une première raison de conserver de la monnaie est de combler l'intervalle entre l'encaissement et le décaissement du revenu » ;

• **le motif de précaution**, « le souci de parer aux éventualités exigeant une dépense soudaine, l'espoir de profiter d'occasions non prévues d'achats avantageux, et enfin le désir de garder un avoir de valeur nominale immuable pour faire face à une obligation future stipulée en monnaie » ;

• **le motif de spéculation**, « le désir de profiter d'une connaissance meilleure que celle du marché de ce que réserve l'avenir ». Dans ce cas les agents économiques préfèrent conserver de l'argent liquide dans l'espoir d'une meilleure rémunération future de leurs avoirs. Ce motif résulte de l'incertitude concernant les variations futures du taux d'intérêt. ◄ Cantillon

Le **taux d'intérêt** est un paramètre purement monétaire qui résulte de la confrontation entre l'offre et la demande de monnaie.

Un accroissement de la quantité de monnaie (offre de monnaie) a comme effet de diminuer le taux d'intérêt et d'inciter les entreprises à investir ; la demande, la production et l'emploi augmentent alors. En revanche, en situation de **plein emploi**, la **création monétaire** provoque l'inflation. Lorsque le plein emploi est réalisé et donc, que

■ 133

SOMMAIRE

A

Théodore Wiesengrund **Adorno**

Théodore Wiesengrund Adorno (1903-1969) est issu d'une famille juive aisée, dans le milieu de la bourgeoisie libérale de l'Allemagne de la République de Weimar. À la fois philosophe, sociologue, théoricien de l'art, musicologue, son histoire intellectuelle se confond avec l'**école de Francfort** (école de pensée qui se développe dans l'entre-deux-guerres en Allemagne, dont l'originalité est d'essayer d'intégrer à l'analyse sociologique l'apport du marxisme et de la psychanalyse et qui, outre Adorno, comporte quelques illustres représentants, à savoir Max Horkheimer, Herbert Marcuse ou encore Jürgen Habermas). ◄ **Habermas**

Pour les membres de l'Institut de recherches sociales auquel appartient Adorno, la raison contemporaine est aliénée, réduite aux modalités instrumentales de la rationalité, qui sont fortifiées par des découvertes de la science et des réalisations de la technique. Adorno et ses collaborateurs invitent à développer une critique philosophique contre cette aliénation, dans la perspective de la réflexion sur le choix et la finalité du progrès.

C'est dans cette orientation qu'Adorno produit ses travaux restés célèbres sur la **personnalité autoritaire**. La personnalité autoritaire est une figure générale. Ce n'est pas seulement le patron abusif. C'est aussi l'antisémite, l'ethnocentrique, le père intolérant ou encore le pédagogue borné. Dans tous ces cas, c'est un syndrome qui s'exprime et qui se manisfeste par une très forte propension à émettre des préjugés ainsi qu'à avoir des comportements stéréotypés. Ce syndrome, conformément aux hypothèses freudiennes, prend naissance dans la petite enfance et les désirs refoulés par l'inconscient. C'est le refoulement de notre libido par les premiers éducateurs qui installerait la personnalité autoritaire.

La critique d'Adorno s'adresse aussi à la culture de masse. Pour le coauteur de *La Dialectique de la raison*, la standardisation des moyens de production invite à la consommation passive. Les marchandises et les œuvres d'art perdent leur signification sociale véritable. C'est le sujet agissant en tant qu'être de raison et de sensibilité qui est liquidé, au profit du mouvement aveugle des catégories économiques à la fois abstraites et objectives, et d'une conception totalitaire des rapports sociaux et de la maîtrise de la nature.

L'œuvre d'Adorno constitue indiscutablement une contribution intéressante pour qui veut comprendre le monde moderne. Elle n'échappe néanmoins pas à ce que l'on appelle la « thèse de la conspiration », réalisant en cela une simplification abusive des rapports sociaux. C'est en effet d'une manière un peu trop unilatérale qu'elle dénonce les « méfaits de la société capitaliste », le « pouvoir des dominants », pour promouvoir une idéologie du « grand refus ».

Bibliographie

- *La Personnalité autoritaire*, en collaboration avec d'autres membres de l'école de Francfort, 1950.
- *La Dialectique de la raison*, en collaboration avec Max Horkheimer, 1947.

Albert **Aftalion**

Albert Aftalion (1874-1956) est un économiste libéral français, conscient des dysfonctionnements du marché (notamment du fait de l'imperfection de l'information des agents économiques) et de la nécessité de l'intervention de l'État. Il a enseigné l'économie politique des années 1900 aux années 1930. Sa réflexion a été nourrie des bouleversements économiques, sociaux, politiques, de cette époque (crises, guerre mondiale, inflation, émergence de l'URSS...).

Sa contribution majeure à la théorie économique intervient en 1908 et 1909 : il élabore une explication des **crises périodiques de surproduction** et plus globalement des **cycles économiques** que Juglar avait analysés en 1860. À cette occasion, il établit les fondements du **principe d'accélération** (ou **accélérateur**) : la variation du rythme de croissance de la demande induit une variation plus que proportionnelle du rythme de croissance de l'investissement et ce d'autant plus fortement que les techniques de production sont plus capitalistiques. L'analyse développée par Aftalion prend largement en compte les **anticipations** des entrepreneurs.

Le rôle des anticipations est également très présent dans la critique de la théorie quantitative de la monnaie qu'il expose dans plusieurs ouvrages. Ainsi, l'inflation française de 1924-1926 s'explique non pas par l'accroissement de la masse monétaire mais par les anticipations des agents économiques (qui tiennent pour une grand part à leur psychologie), prévoyant la dépréciation du franc et donc le renchérissement des importations de biens intervenant dans les coûts de production des entreprises.

◄ **Fisher, Mill**

Bibliographie

- *L'Œuvre économique de Simonde de Sismondi*, 1899.
- *Les Crises périodiques de surproduction*, 1913.
- *Monnaie, prix et change*, 1927.
- *L'Or et la Monnaie*, 1928.

Michel **Aglietta**

Michel Aglietta (1938) est un ancien élève de l'École polytechnique et de l'ENSAE (École nationale de la statistique et de l'administration économique). Il est professeur à Paris-X Nanterre et conseiller scientifique du CEPII (Centre d'études prospectives et d'informations internationales). Spécialiste des mécanismes de la finance moderne et théoricien de la monnaie, il est l'un des économistes français les plus connus en France et à l'étranger.

Boyer ► (École de la régulation)

Aglietta est un des principaux fondateurs de l'**école de la régulation** apparue dans les années 70 en France. L'objectif de cette approche « est de chercher à exprimer la manière dont se reproduit la structure déterminante d'une société dans ses lois générales ». Aglietta repère dans l'histoire contemporaine du capitalisme deux **modes de régulation** principaux définis comme l'ensemble des règles et mécanismes assurant la reproduction d'ensemble d'un système :

- un **mode de régulation concurrentiel** caractérisé par la flexibilité des prix, des salaires et de l'emploi. La dépression des années 30 peut s'interpréter comme une crise de ce type de régulation ;
- un **mode de régulation monopoliste** (ou fordiste) reposant sur des gains de productivité élevés et des mécanismes de redistribution des fruits de la croissance. Ce type de régulation a caractérisé la période des Trente Glorieuses et connaît une crise depuis les années 70. La sortie de crise passe, pour Aglietta, par la construction d'un nouveau mode de régulation basé sur la mise en place de systèmes de production plus flexibles, de nouvelles relations salariales et un meilleur contrôle par les salariés des fonds de pension, ce qui correspondrait à un **capitalisme patrimonial**.

Pour Aglietta, la **monnaie** est bien plus qu'une marchandise facilitant le règlement des échanges, elle est au fondement du **lien social**. Comme le langage, la monnaie est un ensemble de signes porteurs de sens. Elle est un vecteur de communication et de coopération entre les membres de la société. Aglietta insiste sur le fait que la monnaie n'est pas la conséquence du développement des échanges mais la condition préalable de la division du travail et de l'instauration du marché. Parce que la monnaie repose sur la confiance sans laquelle aucun système de paiement ne peut être accepté, elle est un instrument de cohésion sociale. Enfin, Aglietta montre que le pouvoir monétaire est aussi un élément de domination dans la mesure où il permet d'acheter le fruit du travail des autres mais aussi leur force de travail : il parle de « violence de la monnaie ».

Michel Aglietta a étudié les relations entre les **structures des systèmes financiers** et la croissance économique. La libéralisation financière engagée dans les années 80 a été envisagée comme un moyen d'améliorer l'efficience des marchés financiers à un niveau mondial (la concurrence devait conduire à une allocation optimale des capitaux et à une baisse des taux d'intérêt) et *in fine* la croissance. Mais pour Aglietta, le passage à une économie financière globalisée s'est accompagné d'une instabilité cyclique et d'un **risque de système** (ou risque systémique). La défaillance d'un agent conduit par effet de contagion à une crise financière généralisée. Pour que la mobilité des capitaux serve véritablement l'économie réelle, Aglietta insiste sur la nécessité d'instaurer de nouvelles règles, de renforcer le contrôle prudentiel des marchés et de conduire des politiques contra-cycliques plus actives.

Bibliographie

- *Régulation et crises du capitalisme*, 1976.
- *La Violence de la monnaie*, en collaboration avec André Orléan, 1982.
- *Macroéconomie financière*, 1995.
- *La Monnaie entre violence et confiance*, 2002.

George **Akerlof**

L'économiste américain George Akerlof est né en 1940. Il enseigne l'économie dans plusieurs universités dont celle de Berkeley où il exerce depuis 1980. En 2001, il reçoit le prix Nobel d'économie, avec Joseph Stiglitz et Michael Spence, pour ses travaux sur les marchés avec asymétrie d'information.

En 1970, Akerlof publie un article précurseur sur le marché des véhicules d'occasion. Sur ce marché, les vendeurs sont mieux informés que les acheteurs de l'état réel des voitures mises en vente (**asymétrie d'information**). Mal informé, chaque acheteur se réfère à une qualité standard à laquelle il attache un prix au-delà duquel il n'achète pas. Dès lors, les vendeurs de véhicules de meilleure qualité retirent leur offre. L'asymétrie d'information provoque une **anti-sélection** (ou **sélection adverse**) : les bons produits disparaissent du marché et seuls les mauvais produits sont offerts.

Akerlof mobilise les apports de la sociologie ou d'autres sciences sociales pour enrichir ses analyses. Par exemple, pour expliquer la rigidité des salaires à la baisse en période de chômage, il évoque, d'une part, l'esprit d'équité des employeurs et leur respect à l'égard de leurs employés et, d'autre part, le besoin de reconnaissance des salariés qui, s'il est satisfait, stimule leur productivité. Dans cette perspective, baisser les salaires serait contre-productif (les travailleurs diminueraient leur productivité) et ne correspondrait pas aux préoccupations sociales des employeurs.

Stiglitz ►

Akerlof a contribué à l'émergence de la **théorie des salaires d'efficience,** qui établit que la productivité du travail est la conséquence du niveau des salaires, alors que les néoclassiques postulent que les salaires se calent sur la productivité. Les employeurs ont donc tout intérêt à ne pas diminuer les salaires en période de chômage pour ne pas démotiver les employés. Le coût du travail ne se réduit pas, ce qui freine la demande de travail ; c'est pourquoi, les chômeurs acceptant de travailler pour un salaire inférieur à celui pratiqué dans les entreprises, ne trouvent pas d'emploi (**chômage involontaire**). Cette perspective est celle du courant, encore mal unifié, de la **nouvelle école keynésienne**, qui s'oppose au courant de la nouvelle école classique : les marchés sont imparfaits, du fait notamment de l'imperfection de l'information des agents, et ils rendent nécessaire une intervention limitée de l'État dans l'économie.

Keynes ►

Bibliographie

- *The market for « lemons » : quality uncertainty and the market mechanism*, 1970.
- *Efficiency wage theories of the labor market*, avec son épouse Janet Yellen, 1986.
- *The fair wage hypothesis and unemployment* (avec Janet Yellen), 1990.

Maurice **Allais**

Maurice Allais est né à Paris en 1911. Après ses études à l'École polytechnique (1931-1933) puis à l'École nationale supérieure des mines (1934-1936), il devient ingénieur d'État en 1936. En 1946, il est nommé professeur d'économie à l'École nationale supérieure des mines et, à partir de 1948, il dirige une unité de recherche au Centre national de recherche scientifique (CNRS). Il décide alors de consacrer une grande part de ses activités à l'enseignement de l'économie et à la recherche. Parallèlement à ses investigations dans le champ de la théorie économique, il procède à d'importantes recherches en physique et en astronomie. Au cours de sa carrière, Allais affiche clairement ses options libérales sans ignorer les limites de l'économie de marché. En 1988, il reçoit le prix Nobel d'économie pour ses contributions à la théorie des marchés et de l'allocation optimale des ressources.

Allais a contribué à l'évolution de la **théorie des marchés** : un travail de formalisation mathématique rigoureux le conduit à établir ce qu'il nomme « les théorèmes d'équivalence », à savoir que toute situation d'équilibre dans une économie de marché est une situation d'efficacité maximum et, réciproquement, que toute situation d'efficacité maximum dans une économie de marché est une situation d'équilibre. Toutefois, il reconnaît que de telles propositions reposent sur des hypothèses irréalistes notamment l'absence de rendements croissants. C'est pour cette raison qu'il élabore un modèle d'**économie de marchés** (et non pas économie de marché) fondé sur le concept de **surplus distribuable**. Pour Allais, le modèle walrassien n'est pas satisfaisant car il suppose que les transactions n'interviennent que lorsque l'équilibre général est atteint après une phase de tâtonnement destiné à établir un système de prix équilibrant l'offre et la demande sur tous les marchés. En réalité, les agents économiques n'attendent pas que l'équilibre général soit atteint pour échanger (et pour produire). Pour chaque bien, les transactions interviennent à des moments successifs et les prix sont spécifiques à chaque transaction (d'où l'expression « économie de marchés » avec un 's'). La succession de transactions à des prix spécifiques conduit progressivement à un équilibre qui sera atteint lorsque les agents économiques considéreront qu'il n'y a plus de possibilités de transactions élevant leur satisfaction, c'est-à-dire selon la terminologie d'Allais, quand il n'y a plus de surplus distribuable.

◄ Walras

Les travaux d'Allais concernent plusieurs autres champs de la théorie économique. Il a établi la **règle d'or de la croissance** qui stipule que la maximisation du revenu réel par habitant ou de la consommation par tête est assurée lorsque le taux de croissance de l'économie est égal au taux d'intérêt rémunérant le capital.

Fisher, Mill ►

Il reformule la **théorie quantitative de la monnaie** pour expliquer l'inflation par l'excès de crédits et la multiplication des titres de placements liquides. Il considère que les conditions monétaires et financières qui ont conduit à la **crise** de 1929 sont à nouveau réunies depuis les années 1980 (excès de crédits, spéculation boursière, endettement excessif...). Pour éviter une nouvelle crise de grande ampleur, d'importantes réformes sont nécessaires (spécialisation des établissements bancaires et financiers, financement des investissements par une épargne placée à long terme, interdiction de financer des opérations boursières à crédit, rétablissement d'un système de changes fixes...). Il préconise par ailleurs une réforme radicale de la **fiscalité** : suppression des impôts sur les revenus, création d'un impôt sur le capital, TVA à taux unique.

Allais s'est aussi intéressé à la **théorie du risque**. Il fait apparaître un paradoxe (**paradoxe d'Allais**) : les individus n'adoptent pas obligatoirement des comportements qui leur offrent une probabilité maximale de gain. En effet, en l'absence de certitude d'obtenir un gain, leur préférence pour la sécurité devrait les conduire à adopter les comportements auxquels sont attachées les plus grandes probabilités de gains. Mais le montant des gains intervient également : un comportement X générant un gain très élevé relativement à celui que procurerait un comportement Y peut être choisi même si la probabilité de gagner attachée à X est inférieure à celle attachée à Y ; il suffit que l'écart entre les deux probabilités soit faible.

Enfin, depuis plusieurs années, Allais dénonce les excès de la **mondialisation** sans limites qui, exacerbant la concurrence, provoquent la montée du chômage et de la pauvreté, dans certains pays ou certaines régions. Il préconise la création de zones de libre-échange entre pays de même niveau de développement tandis que des barrières protectionnistes modérées seraient instaurées entre zones d'échanges différentes. Par ailleurs, il s'oppose à la création de la monnaie unique européenne tant que l'union politique n'est pas réalisée.

Bibliographie

- *À la recherche d'une discipline économique*, 1943.
- *Économie et intérêt*, 1947.
- *Fondements d'une théorie positive des choix comportant un risque et critique des postulats et axiomes de l'école américaine*, 1953.
- *L'Impôt sur le capital et les Réformes monétaires*, 1976.

(suite page suivante)

- *La Théorie générale des surplus*, 1978.
- *Combat pour l'Europe*,1992-1994, 1995.
- *La Mondialisation : la destruction des emplois et la croissance, une évidence empirique*, 1999.

Samir Amin

Samir Amin (1931) est un économiste égyptien qui s'inscrit dans une approche néo-marxiste ou tiers-mondiste. Étudiant en sciences économiques à Paris, il soutient sa thèse en 1957 qui donnera lieu à un livre intitulé *L'Accumulation à l'échelle mondiale*. Il a enseigné en France et au Sénégal, puis a occupé de 1970 à 1980 la fonction de directeur de l'Institut africain de développement économique et de planification des Nations unies. Depuis 1980, il est directeur du bureau africain du Forum du Tiers-Monde à Dakar. Il se définit comme « un militant du socialisme et de la libération des peuples ».

Samir Amin s'interroge sur la question centrale du **développement inégal** engendré par le capitalisme. Il insiste sur le colonialisme et le néocolonialisme qui ont créé une situation de dépendance de la « **périphérie** » (Tiers-Monde) à l'égard du « **centre** » (pays dominants du Nord). Les relations entre ces régions conduisent à des échanges inégaux et à une exploitation du Sud par le Nord avec pour conséquence une « polarisation des mondes ».

◄ **Prebisch**

Pour s'affranchir de cette domination, Amin préconise que les PED rompent avec la division internationale du travail et adoptent un mode de **développement autocentré** (c'est-à-dire fondé sur les ressources et demande internes). L'objectif est de dégager un surplus intérieur qui, canalisé vers l'investissement productif, permette à terme de satisfaire les besoins internes sur une base nationale. Les échanges extérieurs ne sont acceptables que s'ils renforcent cette dynamique d'accumulation interne. Cette critique radicale a tenu le haut du pavé pendant la phase de la décolonisation.

Bibliographie

- *L'Accumulation à l'échelle mondiale*, 1970.
- *Le Développement inégal*, 1973.
- *La Déconnexion*,1986.

Raymond Aron

Raymond Aron (1905-1983) est l'une des plus grandes figures de la vie intellectuelle française du XXe siècle. Philosophe de formation, il rencontre la sociologie allemande (en particulier l'œuvre de Weber) au cours d'un séjour outre-Rhin, de 1931 à 1933. À son retour, il prend conscience des périls qui menacent la démocratie, notamment en Allemagne où celle-ci s'effondre devant le totalitarisme et l'antisémitisme. Professeur à la Sorbonne de 1955 à 1968 puis de 1968 à 1970 à l'École pratique des hautes études et enfin jusqu'en 1980 au Collège de France, son interrogation fondamentale porte sur le devenir historique et notre capacité à le penser.

Weber ►

Si les ouvrages de Aron relèvent autant de la philosophie, de la théorie politique, de la critique idéologique que de la sociologie, il n'en reste pas moins qu'une unité se manifeste entre celles-ci, unité qui porte sur le projet de parvenir à la compréhension de ce que les hommes sont en train de vivre.

Son influence a d'abord été importante sur l'histoire de la pensée sociologique. Il a révélé M. Weber aux sociologues français et s'est également intéressé à G. Simmel qui était tombé dans un semi-oubli depuis la fin de la Première Guerre mondiale. S'il perçoit clairement l'opposition entre la tradition durkheimienne et la tradition webérienne, il refuse pour autant de tenter une synthèse entre celles-ci. Ses préférences se portent évidemment sur des sociologues comme Weber, Tocqueville ou encore ce précurseur génial qu'était Montesquieu, mais il s'oppose à l'idée d'un développement linéaire de la sociologie. Contrairement à la science physique, qui s'est épanouie à partir de Newton, la science du social ne peut être datée avec précision et les frontières entre sociologie, histoire, philosophie et économie sont loin d'être hermétiques.

Simmel ►

Montesquieu, Tocqueville ►

Mais c'est surtout sa contribution à l'épistémologie de la connaissance historique, ainsi que sa réflexion sur l'engagement politique, qui en font un auteur majeur de notre époque. Réfutant à la fois le marxisme et le positivisme, il souligne l'importance de la subjectivité et évite le relativisme en élaborant une philosophie de la décision qui est celle de l'engagement de la personne dans un choix politique, philosophie qui emprunte beaucoup à l'idée kantienne de Raison. Pour lui, la Raison est en effet le seul moyen dont les hommes disposent pour ordonner leur représentation du monde et, éventuellement, transformer celui-ci. En tout cas, l'histoire n'est pas déterminée à l'avance ; elle reste ouverte, dépendante de l'action des individus et de leur liberté fondamentale.

Aron met en pratique cette pensée dans ses activités d'éditorialiste au *Figaro* puis à *L'Express*, mais aussi dans ses cours à la Sorbonne où il développe, devant ses étudiants parfois surpris, l'analyse des grands problèmes de l'époque (le danger de guerre nucléaire, le totalitarisme, la question de la croissance...) réalisant, selon ses propres paroles, « une philosophie immédiate de l'histoire en train de se faire ».

Enfin, et sans que l'on puisse parler d'exhaustivité pour un auteur aussi curieux et aussi prolixe, Aron s'est aussi affirmé comme sociologue des idéologies. S'il ne cherche pas, comme Pareto, à produire une théorie originale du phénomène idéologique, il a pour souci de démontrer que l'idéologie, bien que ne tombant pas directement sous le registre du vrai et du faux, se corrige progressivement sous l'effet de l'expérience. Il démontre de la sorte que le discours de bon nombre d'intellectuels de son temps (intellectuels dits « de gauche ») sur le socialisme, sur la croissance, est souvent en décalage profond avec la réalité.

◂ Pareto

Si Aron n'a pas eu le succès qu'il méritait de son vivant, l'histoire semble aujourd'hui lui donner raison. L'effondrement des idéologies, les transformations brutales des relations internationales font maintenant resurgir l'intérêt de ses analyses. En outre, l'affaiblissement du marxisme laisse maintenant la place aux auteurs auxquels il se réfère (Tocqueville, Weber, etc.).

Bibliographie

En philosophie :

- *Introduction à la philosophie de l'histoire. Essai sur les limites de l'objectivité historique*, 1938 ;
- *La Philosophie critique de l'histoire*, 1938.

(suite page suivante)

En science politique :
- *L'Opium des intellectuels*, 1959 ;
- *Paix et guerre entre les nations*, 1962 ;
- *Démocratie et totalitarisme*, 1966 ;
- *D'une sainte famille à l'autre. Essai sur les marxismes imaginaires*, 1969 ;
- *Penser la guerre, Clauzewitz*, 1976 ;

En sociologie :
- *La Sociologie allemande contemporaine*, 1935 ;
- *18 leçons sur les sociétés industrielles*, 1962 ;
- *La Lutte des classes*, 1964 ;
- *Les Étapes de la pensée sociologique*, 1967.

Kenneth J. **Arrow**

Debreu ►

Économiste américain, Kenneth J.Arrow (1921) a reçu le prix Nobel d'économie en 1972. Ses principales contributions portent sur la théorie des choix collectifs et sur la théorie de la croissance avec le modèle d'apprentissage par la pratique *(learning by doing)*. Avec Debreu, il a démontré l'existence de l'équilibre général.

■ Le théorème d'impossibilité

En 1951, Kenneth Arrow affirme dans *Social Choice and Individual Value* (traduit en Français par *Choix collectifs et préférences individuelles*) qu'il n'est pas possible de définir l'intérêt général à partir des préférences individuelles. Cette théorie est connue sous le nom de « **théorème d'impossibilité** ».

« Le **paradoxe électoral** » qui avait déjà été mis en évidence par Condorcet montre que le vote peut mener à des résultats incohérents. Soit une collectivité, constituée de trois électeurs 1, 2 et 3, qui ait à choisir entre trois propositions mutuellement exclusives A, B et C, supposons que :

- 1 préfère A à B et B à C et donc, par transitivité, A à C.
- 2 préfère B à C et C à A et donc, par transitivité, B à A.
- 3 préfère C à A et A à B et donc, par transitivité, C à B.

Une majorité préfère A à B et B à C et donc par transitivité A à C, mais une majorité préfère aussi C à A. Cette procédure de passage des choix individuels aux **choix collectifs** semble donc mener à un résultat illogique.

Pour Arrow, cinq conditions semblent logiquement acceptables pour assurer que la procédure de choix est rationnelle :

• les différents choix individuels doivent avoir une cohérence entre eux, que l'on peut caractériser par la « complétude» (ils concernent toutes les éventualités) et la transitivité ;

• si un état social est préféré par tous les individus à un autre, alors il doit en être de même pour la préférence collective. L'ordre social varie dans le même sens que les changements des valeurs individuelles ;

• chaque choix doit être indépendant des situations extérieures. Le classement entre deux états ne dépend que des préférences individuelles concernant ces deux seuls états ;

• les individus sont souverains, ils disposent d'une liberté de choix réelle ;

• la cinquième condition, proche de la quatrième, est l'absence de dictature.

Arrow montre que les cinq conditions ne peuvent être remplies simultanément. Elles semblent tout à fait raisonnables mais elles sont en réalité trop restrictives pour qu'il soit possible de bâtir une fonction de choix collectif les satisfaisant toutes. Les seules méthodes de passage des préférences individuelles aux préférences collectives qui soient satisfaisantes, bien que ne respectant pas les deux dernières conditions, sont soit imposées, soit dictatoriales.

Le théorème d'Arrow est un apport considérable pour la compréhension des règles de choix collectifs en **démocratie**. Son étude est utilisée par certains économistes libéraux pour montrer que l'essence démocratique de l'État ne rend pas forcément légitimes ses décisions.

◄ **Tullock, Buchanan**

■ L'équilibre général

Léon Walras a été le premier à chercher à démontrer la possibilité de l'**équilibre général** ; pour cela il avait montré que le nombre d'équations et le nombre d'inconnues rendaient la résolution possible. L'étude du problème de l'existence de cet équilibre et des solutions formelles rigoureuses n'a été réellement effectuée que près d'un siècle plus tard par Kenneth Arrow et Gérard Debreu. Grâce à un nombre très restreint d'hypothèses, ils démontrent l'existence de cet équilibre général. Leur modèle devient la version moderne du modèle de la concurrence parfaite et donc, le nouveau point de départ de toutes les nouvelles **analyses néoclassiques**.

■ Le modèle d'apprentissage par la pratique

Arrow fait partie, avec Solow, des économistes qui ont cherché à analyser les causes de la **croissance de longue période**. Son idée est que l'efficacité des facteurs de production dépend de « l'apprentissage par la pratique » ***(learning by doing)***, c'est-à-dire que la combinaison productive devient de plus en plus efficace au fur et à mesure qu'elle est mise en pratique. Cette théorie sera reprise, dans

Romer ►

le cadre de la croissance endogène par Romer qui affirmera que le processus de croissance est cumulatif : plus la croissance est forte, plus l'accumulation d'expérience et de savoir-faire est forte, ce qui favorise en retour la croissance.

Bibliographie

- *Choix collectifs et préférences individuelles*, 1951.
- *Existence of equilibrium for a competitive economy,* avec Gérard Debreu, 1954.
- *The economic implication of learning by doing*, 1962.

B

Gaston Bachelard

Né à Bar-sur-Aube, Gaston Bachelard (1884-1962) a une carrière universitaire atypique. Après avoir été répétiteur de collège, surnuméraire et commis des postes, il a été licencié en philosophie et en mathématiques puis professeur de physique au collège. Il entre dans l'enseignement supérieur en 1930 en tant que professeur à la faculté de Dijon, puis à la Sorbonne jusqu'en 1954 .

Le rationalisme appliqué, ou **matérialisme rationnel**, refuse la doctrine d'une raison immuable et absolue qui n'est que l'expression d'une philosophie périmée. Avec Bachelard, la raison n'est plus un point fixe mais un dialogue qui s'établit avec l'expérience, lui interdisant de s'enfermer dans des principes figés comme des habitudes.

Pour Bachelard, la science se construit contre l'évidence, contre les illusions de la connaissance immédiate (« il n'y a pas de vérité première ; il n'y a que des erreurs premières »). C'est en ce sens qu'il parle de **philosophie du non**. La négativité est le mouvement de déstructuration et de réorganisation du savoir qui dénonce comme fausses les évidences issues de l'expérience.

L'expérience première est d'ailleurs décrite par Bachelard comme un **obstacle épistémologique**. Son attrait est caractéristique d'un état

Merton ► Théories à moyenne portée ►

pré-scientifique de la connaissance. Par exemple, au XVIIIe siècle, on identifiait électricité et sensualité, ce qui amenait à réaliser des expériences mondaines avec une file de personnes chargées de ressentir la propagation de l'électricité après un baiser initial. D'autres obstacles méritent également d'être pris en considération : **l'obstacle de la connaissance générale**, ou de la généralisation trop hâtive, qui consiste à postuler l'existence d'une théorie à portée universelle à partir d'expériences localisées (exemple : les théories générales du développement ou du changement social, contre lesquelles Merton propose d'élaborer des théories à moyenne portée) et **l'obstacle substantialiste** qui rattache les êtres à une substance fondamentale considérée comme l'intimité des choses. À titre d'illustration, au XVIe siècle, on voyait le sel partout et on pensait que si « on ôtait celui-ci des poutres, solives, chevrons, le tout tomberait en poudre » (Bernard Palissy).

L'existence de ces obstacles incite Bachelard à souhaiter l'émergence d'une psychanalyse de la connaissance objective qui ait pour objectif de retrouver les pulsions et habitudes inconscientes qui se cachent derrière les erreurs et les représentations issues du sens commun. L'histoire des sciences est riche de telles erreurs. Pour ne prendre qu'un exemple, on retiendra la manière dont on décrivait la relation entre deux corps chimiques au XVIIIe siècle, comme une relation où l'acide jouait « le rôle masculin » et la base « le rôle féminin », le sel neutre étant alors renvoyé dans la catégorie de « sel hermaphrodite ».

Popper ► École de Francfort ► Adorno, Habermas ►

L'épistémologie de Bachelard est donc une **épistémologie concordataire** proche du rationalisme critique de Popper, à mi-chemin entre empirisme et rationalisme, qualifiée d'« épistémologie heureuse ». En effet, contrairement à l'école de Francfort, Bachelard pense que la crise de la raison n'est pas un signe de déclin mais, au contraire, que l'histoire progresse grâce aux ruptures.

Bibliographie

- *Le Nouvel Esprit scientifique*, 1934.
- *La Formation de l'esprit scientifique*, 1939.
- *La Psychanalyse du feu*, 1938.
- *La Philosophie du non*, 1940.
- *Le Matérialisme rationnel*, 1953.

Georges Balandier

Georges Balandier, né en 1920, est une des grandes figures de la sociologie française de la seconde moitié du XXe siècle. Formé à l'école de l'ethnologie française, il débute sa carrière avec des travaux sur l'Afrique qui rompent avec une ethnologie passéiste pour laquelle les sociétés traditionnelles sont des sociétés figées, sans histoire. Balandier s'attache au contraire à démontrer que ces sociétés sont moins homogènes et immobiles qu'on ne le croit généralement, marquées par des conflits et des contradictions aussi importants que ceux des sociétés dites modernes.

Enseignant à l'Institut d'études politiques de Paris, à l'École normale supérieure, à l'École des hautes études en sciences sociales puis professeur à la Sorbonne de 1962 à 1985, Balandier a également pris la direction des *Cahiers internationaux de sociologie* à la suite de G. Gurvitch. Depuis 1965, il est aussi président de l'Association internationale des sociologues de langue française (AISLF).

Le projet central de l'œuvre de Balandier est de fonder une « anthropologie de l'actuel » résultant de l'expérience combinée de l'ethnologie des sociétés traditionnelles et de la sociologie de la modernité. Dans cette perspective, il remet en cause le concept de **tradition** qui évoquait jusqu'alors la permanence, l'immobilité de certaines formes d'organisation sociale. Ses études sur l'Afrique sont pour lui l'occasion de mettre l'accent sur le caractère malmené de ce continent, bouleversé par la colonisation et tous ces changements que l'anthropologie américaine baptise pudiquement d'acculturation. ◄ **Linton** Il montre par exemple, dans *Sociologie actuelle de l'Afrique noire*, comment la constitution d'églises messianiques au Congo répond à la fois à la revendication d'une spécificité culturelle par rapport au christianisme, et témoigne également d'une démarche d'opposition vis-à-vis de la domination coloniale.

Dans *Anthropologie politique*, Balandier montre les différentes figures du traditionalisme qui ne se résument pas à un enfermement dans le passé. Il distingue ainsi :

• le « traditionalisme fondamental », qui tente d'assurer la sauvegarde de valeurs et de pratiques et qui est donc le plus enraciné dans la recherche de la continuité.

• le « traditionalisme formel », qui maintient des cadres sociaux hérités du passé au service d'idées nouvelles.

• le « traditionalisme de résistance », instrument de refus souvent utilisé par les peuples dominés pour cacher leurs revendications politiques sous couvert de la religion.

• et le « pseudo-traditionalisme », tradition bricolée pour donner un visage rassurant à la modernité.

Et ce qui vaut pour la tradition vaut aussi pour la modernité. La **modernité** ne change pas d'un bloc toutes les structures de la société. L'affirmation moderniste cache en fait des ancrages difficiles à briser, qui sont ceux de la mémoire collective. La mémoire de la société est façonnée par des générations successives. Elle est faite de formes matérielles (œuvres durables) et de formes moins visibles (dispositifs mentaux, agencements symboliques) qui sont constamment réactivables dans des sociétés pourtant caractérisées par un fort changement social.

Par exemple, la modernité américaine n'a pas effacé les références au passé, comme en témoigne l'ère reaganienne. Le reaganisme, en effet, mobilise d'une part des images du présent qui abolissent la crise, comme celle de la modernité technologique ou encore celle de l'entreprise libérée, mais récupère aussi le vieux fonds imaginaire et moral américain reposant sur les vertus anciennes dont la famille est gardienne et dont la nation assure la défense.

Gurvitch ►

S'il faut résumer d'un mot l'entreprise de Balandier, on retiendra le terme d'**ethnosociologie** qui doit beaucoup à G. Gurvitch, qui tout en soulignant la nécessité d'une approche globale de la société, insiste sur la précarité de toute structure, la réalité sociale étant en renouvellement permanent par le jeu incessant des structurations, déstructurations et restructurations. C'est aussi la philosophie animant l'œuvre de Balandier qui trouve son champ d'investigation privilégié dans l'analyse des conflits et des inégalités et, plus généralement, dans les structures sociopolitiques des sociétés traditionnelles et modernes. Balandier apparaît ainsi comme un représentant majeur de **l'école dynamique** dont le propos est de porter l'attention sur le rôle et les mécanismes du changement, y compris dans les groupes réputés les plus traditionalistes, par opposition au fonctionnalisme de Malinowski ou même au structuralisme de Lévi-Strauss, écoles de pensée beaucoup plus sensibles à la mise en évidence de la permanence des sociétés.

Malinowski (fonctionnalisme) ►
Lévi-Strauss ►

Bibliographie

■ *Sociologie actuelle de l'Afrique noire*, 1955.
■ *Anthropologie politique*, 1967.
■ *Anthropo-logiques*, 1974.
■ *Le Détour : pouvoir et modernité*, 1985.

Robert J. Barro

Robert J. Barro est un économiste américain (né en 1944) diplômé de l'université de Harvard. Ses travaux vont s'orienter vers une approche résolument libérale à partir de 1972, date à laquelle il est nommé professeur associé à l'université de Chicago. Il est coéditeur avec J. Stigler de l'une des revues économiques les plus prestigieuses, *Journal of political economy*. Barro est un des représentants de la **nouvelle macroéconomie classique** avec notamment R. Lucas et T. Sargent. ◄ Lucas

Le nom de Robert Barro est associé au **théorème d'équivalence Ricardo-Barro**. Selon ce théorème, une politique budgétaire de relance qui s'appuie sur une augmentation de la dette publique est neutre, c'est-à-dire inefficace pour relancer l'activité économique. Cette idée avait déjà été développée par D. Ricardo en 1817 à propos du financement d'une guerre. Il concluait que taxer en une seule fois le montant des dépenses ou s'endetter sur plusieurs années était équivalent d'un point de vue économique. ◄ Ricardo

R. Barro conteste la vision keynésienne alors dominante (son article paraît en 1974) selon laquelle une augmentation des dépenses publiques permet d'accroître le revenu disponible et donc la croissance. Selon Barro, ce mécanisme ne joue pas car la baisse de l'épargne publique (qui découle d'une augmentation de la dette) est compensée par une hausse de l'épargne privée qui vient annuler tout effet de relance. En effet, une relance budgétaire vient se heurter aux **anticipations rationnelles** des agents qui préviennent toute hausse future des impôts par un accroissement de leur niveau d'épargne. Ce qui neutralise l'effet de relance par le déficit.

Force est de constater que cette démonstration n'a pas été validée par les faits, comme l'atteste l'expérience de l'administration Reagan de baisse des impôts qui s'est accompagnée d'une baisse du taux d'épargne des ménages...

Barro a aussi apporté sa contribution aux **théories de la croissance endogène**. D'après ces modèles, la croissance n'est pas vouée à tendre vers un état stationnaire dans la mesure où le progrès technique est un facteur endogène et produit des externalités positives. Barro montre que les dépenses d'infrastructures publiques (transports, communications...) permettent d'améliorer l'efficacité des fac- ◄ Romer teurs et induisent une croissance cumulative et auto-entretenue (la croissance induit l'augmentation des recettes publiques et donc, des possibilités de dépenses en infrastructures qui, à leur tour, favorisent la croissance). L'État est donc habilité à intervenir à condition de respecter l'équilibre budgétaire.

Bibliographie

- *Are government bonds net wealth ?*, journal of Political Economy, 1974.
- *Les Facteurs de la croissance*, 1996.

Frédéric Bastiat

Frédéric Bastiat (1801-1850) est un économiste français libéral célèbre pour ses paraboles et pamphlets. Après avoir été juge de paix, il fut député des Landes.

Ricardo (libre échange) ► Smith (commerce extérieur) ►

Bastiat est avant tout un fervent défenseur du **libre-échangisme**. Il affirme comme Smith que si le protectionnisme peut profiter à une industrie donnée, il est toujours nuisible au consommateur. Bastiat fustige les industriels favorables au protectionnisme, notamment par la fameuse pétition des fabricants de chandelles qui se plaignent de la concurrence du soleil et qui demandent à l'État d'ordonner la fermeture des persiennes.

Buchanan (droits de propriété) ►

Il annonce la théorie du *public choice* en expliquant que l'État ne doit pas définir la **propriété** qui est naturelle, mais seulement la faire respecter. Toute intervention de l'État profitant à certains individus nuit forcément à d'autres.

Smith (main invisible, fonction de l'État) ►

Reprenant la notion de la **main invisible** qu'il nomme « **harmonies économiques** », il est convaincu que les comportements individuels s'agrègent harmonieusement.

Bibliographie

- *Sophismes économiques*, 1846.
- *Harmonies économiques*, 1850.

William J. Baumol

William J. Baumol (1922) est un économiste américain qui enseigne à l'université de Princeton. Sa notoriété est surtout attachée au concept de **marché contestable** qui renouvelle l'approche néoclassique de la concurrence.

Baumol explique le ralentissement structurel des gains de productivité par son modèle de **croissance déséquilibrée**. Conformément à la loi d'Engel, l'augmentation du revenu disponible des ménages se traduit par une demande croissante de services (santé, formation, loisirs...). La croissance économique entraîne donc une tertiarisation de la demande. Or, le tertiaire se caractérise par des gains de productivité plus faibles que dans le secteur secondaire, en particulier pour ce qui est des services aux personnes. Il bénéficie donc des gains de productivité réalisés dans le secteur « progressif », pour l'essentiel le secteur industriel, qui exploite au mieux le progrès technique. Dans la mesure où la production de services s'effectue à rendements décroissants, le secteur tertiaire absorbe une partie croissante des revenus et de la population active, ce qui pousse au déclin structurel de la productivité.

◄ Engel

Baumol a renouvelé l'approche néoclassique de la concurrence en montrant qu'il n'est pas nécessaire qu'un marché soit atomistique (c'est-à-dire pourvu d'un grand nombre de vendeurs et d'acheteurs) pour qu'il fonctionne selon les règles de la concurrence pure et parfaite. Il suffit qu'un **marché** soit **contestable** (ou disputable), autrement dit que l'on puisse y entrer et en sortir librement et sans coût. En effet, si la loi et les conditions économiques autorisent l'entrée de nouveaux compétiteurs, le ou les quelques producteurs sur un marché non protégé doivent se comporter de la même façon que sur un marché atomistique. Ces producteurs sont contraints de pratiquer des prix de concurrence inférieurs à des prix de monopole pour dissuader l'entrée de nouveaux concurrents qui seraient attirés par des surprofits.

◄ Walras

En revanche, cela ne les protège pas des entreprises innovantes. Pour Baumol, l'innovation joue un rôle majeur dans la concurrence entre firmes, ce qui explique les budgets croissants qu'elles consacrent à la recherche-développement. Son analyse, d'inspiration schumpeterienne, s'en démarque toutefois sur deux points :

◄ Schumpeter

• le processus d'innovation est aujourd'hui « routinisé » *(routinized)*, ce qui permet de programmer les résultats de la recherche comme pour tout autre investissement ;

• les entreprises ont intérêt à diffuser rapidement leurs découvertes, qu'il s'agisse de vendre des licences ou de populariser une norme pour en faire un standard.

Pour Baumol, il est alors possible d'intégrer l'innovation dans un raisonnement microéconomique. Les entreprises investissent dans la recherche et développement jusqu'au moment où le bénéfice marginal de ces investissements est nul. La rente de monopole disparaît alors pourvu que les marchés soient contestables.

Mais Baumol reste prudent : si la diffusion rapide de l'innovation contribue à dynamiser la croissance, elle ne permet aucune prévision au niveau macroéconomique. Son analyse se distingue donc des modèles de croissance endogène.

Bibliographie

- *Les Marchés contestables et la théorie de la structure de l'industrie*, 1982.
- *The free-market innovation machine*, 2002.

Gary S.H **Becker**

Gary S.H Becker est né en 1930 dans l'État de Pennsylvanie. Il a obtenu son doctorat en 1955 à l'université de Chicago où il a été nommé professeur assistant. Il a ensuite enseigné à l'université de Columbia (1957-1969) puis est retourné à Chicago où il a rencontré d'éminents économistes dont J. Stigler. Ses travaux axés sur la **théorie des choix rationnels** dans des domaines aussi variés que la famille ou la criminalité lui ont valu, du moins à l'origine, un certain scepticisme de la part de ses collègues mais lui ont aussi apporté de très nombreux prix ou distinctions. La consécration sera l'obtention du prix Nobel en 1992.

Fidèle à la tradition néoclassique de l'école de Chicago, G. Becker entend appliquer à l'ensemble des relations sociales les principes de la rationalité optimisatrice. Il veut montrer que les choix des individus dans les domaines les plus variés de la vie sociale découlent d'un **arbitrage coût-avantage** afin de maximiser leur satisfaction.

Un des premiers domaines d'étude auquel il appliquera sa méthode d'analyse concerne la criminalité. Pour Becker, il est rationnel de s'engager dans la criminalité si les gains retirés de cette activité sont supérieurs à ses coûts (représentés par la probabilité d'être pris et la sévérité de la sanction). Cette méthode d'analyse peut fournir des enseignements sur la politique répressive à conduire. Si on réduit les dépenses consacrées à la lutte contre la criminalité, il est nécessaire d'alourdir fortement les sanctions. L'État doit donc trouver un équilibre optimal entre ces deux options.

À partir d'une analyse similaire, Becker considère que l'on peut expliquer l'ensemble des décisions prises au sein de la famille. Qu'il s'agisse de se marier, d'avoir des enfants, de divorcer, de la répartition des tâches domestiques, etc., ces décisions relèvent de la rationalité optimisatrice des agents. Ainsi, les personnes divorcent lorsque les coûts liés au mariage deviennent supérieurs à leurs avantages. Dans cette perspective, la progression de l'activité féminine peut expliquer l'augmentation du nombre de divorces puisqu'une partie des avantages que les femmes retiraient du mariage disparaissent à partir du moment où celles-ci deviennent financièrement autonomes.

On a souvent taxé la démarche de Becker d'impérialisme économique en voulant rendre compte de l'ensemble des phénomènes sociaux à partir de la seule rationalité des acteurs. Cette démarche s'est pourtant révélée particulièrement féconde à propos de la notion de **capital humain**. Bien que la paternité de ce concept revienne à Jacob Mincer et à Théodore W. Schultz (Nobel 1979), c'est Becker qui en dégagera toute la portée. Le capital humain désigne l'ensemble des capacités productrices des individus, dont une partie est innée, l'autre acquise à travers l'éducation ou la formation. Ces capacités mesurées en termes de savoir, savoir-faire, savoir-être et de santé conditionnent le niveau de productivité des individus et donc, leur rémunération. Une personne qui engage des dépenses en vue d'améliorer ses connaissances ou sa santé réalise donc un **investissement en capital humain** puisqu'elle en espère un accroissement de ses revenus futurs. On peut alors appliquer à ce type d'investissement les mêmes règles que celles concernant des biens physiques. Un individu rationnel poursuivra ses études jusqu'au moment où ses revenus anticipés égaliseront les dépenses engagées.

En montrant que le taux de rentabilité interne de l'éducation est souvent très élevé (jusqu'à 10 % en termes réels), Becker explique ainsi la hausse de la demande d'éducation depuis ces cinquante dernières années.

Si la notion de capital humain a longtemps été occultée pour des raisons idéologiques, sa prise en compte dans l'analyse économique a constitué une avancée incontestable.

Elle a permis de s'affranchir de l'hypothèse très contestable d'homogénéité du travail, défendue par l'analyse néoclassique. L'hétérogénéité de ce facteur peut rendre compte de la structure des salaires mais aussi de certaines formes de rigidités sur le marché du travail.

Romer ►

Elle a aussi permis d'envisager l'accumulation du capital humain comme un facteur essentiel de la croissance économique puisque la diffusion des connaissances permet des rendements croissants et génère des externalités positives.

Bibliographie

- *Crime and punishment : an economic approch*, political economy , 1968.
- *Human capital*, prix Nobel 1992, 1re édition 1964,1993.
- *A treatise on the family*, 1981.

Ruth F. Benedict

Kardiner, Linton, Mead (culturalisme), Comte, Durkheim (déterminisme) ►

Ruth F. Benedict (1887-1948) a été l'assistante de Franz Boas. C'est une grande figure de l'anthropologie américaine et un des chefs de file du courant culturaliste.

Pour Benedict, la culture se définit par des grands courants idéologiques ou affectifs qui l'imprègnent en profondeur. Sa conception du comportement humain est déterministe puisqu'elle énonce que celui-ci est modelé par l'éducation et les impératifs sociaux exprimant l'existence de ***patterns*** qui sont des modèles de culture contraignants. Chaque culture est un ensemble articulé où l'analyse des relations qu'ont entre elles les différentes institutions est plus importante que l'énoncé de tel ou tel trait culturel. Par cette affirmation, Benedict se rapproche du fonctionnalisme de Malinowski.

Elle met en pratique cette théorie à travers l'étude des Indiens du Nouveau-Mexique. Reprenant les théories de Spengler sur la civilisation occidentale qui opposent le monde classique, dit apollinien, au monde moderne qualifié de faustien, Benedict décrit les Indiens Hopi et Zuni comme relevant du **type apollinien** : ceux-ci sont doux, conformistes, peu démonstratifs et plutôt introvertis. En revanche, les Indiens des plaines (les Kwakiutl) ont un tempérament agressif, émotif, individualiste et finalement assez extraverti. Ils appartiennent au **type dionysiaque**.

◄ **Malinowski (fonctionnalisme)**

Les thèses de Benedict sur la psychologie des peuples ont connu un grand succès. Aujourd'hui, il est de mise de prendre des distances avec de telles généralités. Même s'il est difficile de comparer la culture occidentale à celle des sociétés primitives, il n'en reste pas moins que, comme le dit si bien R. Deliège, affirmer que les Zuni sont apolliniens et les Kwakiutl dyonisiaques présente autant d'intérêt que d'énoncer que les Irlandais sont avares, les Anglais flegmatiques ou les Français préoccupés avant tout par les questions d'amour…

Bibliographie

- *Patterns of culture*, traduit en français par *Échantillons de civilisations*, 1934

Jeremy Bentham

Jeremy Bentham (1748-1832) est le père de l'**utilitarisme** qui est à la fois une théorie de l'action individuelle et une théorie de la justice sociale. Son rôle dans l'histoire des idées est considérable puisqu' il pose les bases d'une théorie qui s'est révélée féconde aussi bien en économie qu'en sociologie ou en science politique.

L'utilitarisme est d'abord une théorie de l'action individuelle. Bentham fait l'hypothèse d'individus isolés, qui ne sont pas prisonniers de systèmes de valeurs mais qui sont physiquement capables de ressentir du plaisir ou de la peine. L'objectif d'un individu est de maximiser son plaisir. Pour cela il va comparer les plaisirs ou déplaisirs que sont susceptibles de lui procurer les différentes actions et choisir celle qui lui convient le mieux. Personne, en dehors de lui est capable de faire ce choix. Telle est l'origine de l'action des individus. On reconnaît là le fondement philosophique des analyses néoclassiques en économie.

Rawls ►

L'utilitarisme est ensuite une théorie de la **justice sociale**. Une action individuelle est juste si elle a pour conséquence d'accroître le bonheur de celui qui la commet. Une société juste est celle qui maximise le bonheur collectif ou, plus exactement, qui procure le plus grand bonheur possible au plus grand nombre d'individus possible. À quoi doit ressembler cette société ? Dans le domaine économique, en principe, le marché est capable d'harmoniser les conduites humaines et de maximiser le bonheur. Il n'en va pas de même dans le domaine politique. Le gouvernement doit concilier de façon artificielle les intérêts particuliers en adoptant des lois incitant les individus à aller dans le sens de l'intérêt collectif. Pour qu'il soit de l'intérêt des individus de respecter les lois, les pouvoirs publics doivent mettre en place des sanctions appropriées. La prison est l'instrument de punition par excellence puisqu'elle permet de mesurer avec précision le déplaisir procuré. La souffrance occasionnée au prisonnier doit être juste suffisante pour l'inciter à ne pas recommencer et pour inciter les autres à ne pas l'imiter.

Smith (main invisible) ►

Cette théorie de la justice sociale est restée dominante aux États-Unis jusqu'aux travaux de John Rawls.

Rawls ►

Bibliographie

- *An introduction to the principles of morals and legislation*, 1798.
- *Panopticon*, 1791.
- *Théorie des peines et des récompenses*, 1811.

William Henry Beveridge

Après des études à Oxford, le britannique William Henry Beveridge (1879-1963) a mené une carrière de haut fonctionnaire et d'économiste. Il a inspiré l'instauration, en Grande-Bretagne, de l'indemnisation du chômage (1911) et de la Sécurité sociale (1945).

Beveridge s'est également engagé dans la vie politique de son pays : il est élu député (parti libéral) en 1944 mais il est battu en 1945 ; il est anobli et devient membre de la Chambre des lords la même année.

Dans ses premiers écrits, Beveridge attribue le **chômage** aux fluctuations cycliques de la demande et aux dysfonctionnements du marché du travail du fait d'une mauvaise circulation de la main-d'œuvre de secteur en secteur (chômage structurel). De même, le niveau trop élevé des salaires est invoqué.

À la suite de la publication de *La Théorie générale de l'emploi de l'intérêt et de la monnaie* de John Maynard Keynes, Beveridge modifie son point de vue en attribuant la montée du chômage à l'insuffisance de la **demande effective** et en prônant l'intervention de l'État pour assurer le plein emploi.

◄ Keynes

En 1942 et 1944, il promeut dans deux rapports devenus célèbres, la Sécurité sociale financée par l'impôt afin de venir à bout de ce qu'il appelle les « cinq maux géants » : la pauvreté, l'insalubrité, la maladie, l'ignorance et le chômage. L'éradication des « maux géants » est la condition même du maintien de la démocratie et des libertés et légitime l'**État-providence** (ou ***Welfare state***). Pour Beveridge, comme pour Keynes, l'interventionnisme public ne signifie pas l'abolition de l'économie de marché mais, au contraire, la garantie de son meilleur fonctionnement pour le bien-être de tous.

Bibliographie

- *Unemployment : a problem of industry*, 1909.
- *Full employment in a free society* (1944, traduction française, *Du travail pour tous dans une société libre*), 1945.
- *Social insurance and allied services*, 1942.
- *Price of the peace* (traduction française, *Le prix de la paix*, 1945), 1945.

Jean **Bodin**

Penseur politique français, Jean Bodin (1530-1596) s'intéresse à la vie de la cité et cherche à trouver une réponse à l'ensemble des problèmes de son temps. Il est l'un des trois mercantilistes français

Colbert ►

qui ont le plus marqué l'histoire de la pensée économique avec Antoine de Montchrestien et Jean-Baptiste Colbert. Il est aussi connu pour avoir posé les premières bases de la théorie quantitative de la monnaie.

La pensée de Jean Bodin se différencie de celle de son époque car il affirme que l'abondance des métaux précieux n'est pas un facteur d'**enrichissement**. Au contraire, celle-ci provoque une augmentation des **prix**. À cause de l'arrivée de l'or des colonies d'Amérique, la masse monétaire double en l'espace d'un siècle. L'**inflation** importante de l'époque reste une source d'interrogation ; Malestroit, conseiller à la Chambre des comptes, affirme que l'augmentation des prix n'est qu'apparente. La *Réponse au paradoxe de Malestroit* publiée par Bodin en 1568 infirme cette théorie et, en analysant pour la première fois les origines de l'inflation, pose les premières bases de la **théorie quantitative de la monnaie**. « La principale cause qui enchérit toutes choses en quelque lieu que ce soit est l'abondance de ce qui donne estimation et prix aux choses » écrit-il. Ainsi, Bodin annonce le **quantitativisme** de Cantillon, Mill ou Fisher.

Mill, Fisher, Cantillon ►

« Il ne faut jamais craindre qu'il y ait trop de sujets, trop de citoyens : il n'y a de richesse ni force que d'hommes ». Bodin propose une vision humaniste de la politique et de l'économie en affirmant que la vraie **richesse** n'est pas matérielle et que la force d'un pays provient de sa **population** et du dynamisme de celle-ci. Cela a pu servir d'arguments à des penseurs anti-malthusiens comme Alfred Sauvy.

Malthus ►

Dans *Les Six Livres de la République*, Bodin montre que la **monarchie** est le système politique idéal car nécessaire à la stabilité, mais que le prince doit être juste, honnête et gouverner dans l'intérêt du peuple.

Bibliographie

- *Discours sur le fait des monnaies et réponse au paradoxe de Malestroit touchant l'enrichissement de toutes choses*, 1568.
- *Les Six Livres de la République*, 1576.

Eugen von Böhm Bawerk

Eugen von Böhm Bawerk (1851-1914) est un des fondateurs de l'**école autrichienne**. Il débute sa carrière à l'université d'Innsbrück puis succède en 1905 à F. von Wieser à la chaire de l'université de Vienne. Il a apporté une contribution décisive à la **théorie du capital**.

Böhm Bawerk a développé une approche originale du capital qui repose sur le concept de **détour de production**. Pour l'illustrer, il cite l'histoire, devenue célèbre, du paysan qui pour se procurer de l'eau dispose de plusieurs possibilités. Il peut aller à la source se désaltérer chaque fois qu'il a soif : la satisfaction est immédiate mais il ne peut constituer de stock. Il peut choisir d'utiliser un moyen « détourné » qu'il aura fabriqué sous la forme d'un seau, cet effort préalable lui permettant d'obtenir une plus grande quantité d'eau. Il peut enfin construire une canalisation qui, au prix d'une dépense de travail plus importante, lui permettra de disposer de l'eau courante. Cet exemple montre qu'en consacrant une partie de l'activité productive à la réalisation de biens de production, on accroît son niveau de satisfaction ultérieur. Autrement dit, un « détour de production » se traduit par un allongement du processus de production et la mise en œuvre de combinaisons plus capitalistiques avec pour résultat une plus grande quantité de biens de consommation finale.

Mais selon Böhm Bawerk, les consommateurs ont une propension à privilégier la disponibilité immédiate des biens plutôt que leur disponibilité future, ce qui pousse à un raccourcissement des détours de production et à une moindre productivité. Pour stimuler l'**investissement**, il faut donc inciter les consommateurs à préférer l'épargne au détriment de la consommation. Le taux d'intérêt, qui est le prix de la renonciation au présent, permet d'égaliser la préférence des consommateurs pour le présent et la perspective d'une satisfaction plus grande dans le futur grâce à l'allongement des détours de production.

◄ **Wicksell**

L'analyse de Böhm Bawerk inspirera plusieurs auteurs de l'école autrichienne ainsi que l'économiste suédois K. Wicksell.

Bibliographie

- *Histoire critique des théories de l'intérêt et du capital*, 1884.
- *Théorie positive du capital*, traduit en français en 1929, 1884-1889.

Raymond Boudon

Lazarsfeld ►

Raymond Boudon, né en 1934, s'est d'abord intéressé, sous le patronage de Paul Lazarsfeld, à l'étude des méthodes quantitatives en sociologie. À partir des années 1970, diagnostiquant une crise de la sociologie, il développe une critique vigoureuse des recherches qui nient plus ou moins la liberté des acteurs. La critique s'adresse aussi bien au courant structuraliste, qui réduit le sujet social à n'être qu'un « support de structure », qu'à la prétention qu'ont certains sociologues de découvrir des lois générales et des principes d'explication qui font peu de cas des motivations et des choix individuels.

Lévi-Strauss, Foucault (structure) ►

Aux sociologies objectivistes et déterministes, Boudon oppose le principe de l'individualisme méthodologique. L'**individualisme méthodologique** est à différencier nettement de la notion d'**individualisme en sociologie**. Cette dernière notion fait référence à une tendance, très présente dans les sociétés occidentales et constatée par des auteurs aussi différents les uns des autres que le sont Durkheim, Simmel ou Tocqueville, à faire de l'individu une unité de référence fondamentale. Le principe de l'individualisme méthodologique, qui s'applique aussi bien aux sociétés « individualistes » qu'aux sociétés « holistes », consiste à affirmer, conformément aux recommandations formulées par M. Weber, que l'explication d'un phénomène social nécessite qu'on le ramène aux comportements individuels qui en sont la cause. Cette méthode s'oppose aux explications globales qui mettent en relation deux variables et que l'on rencontre par exemple lorsqu'on affirme que la criminalité augmente avec le taux d'urbanisation, ou encore que la mobilité sociale croît avec le développement économique, etc. Par contraste, l'explication individualiste fait d'un phénomène agrégé la conséquence du comportement des acteurs appartenant à un système social donné. On montre de la sorte que le taux de suicide augmente quand la conjoncture économique s'améliore, tout simplement parce que les attentes des individus s'élèvent lorsque le climat est à l'optimisme (Durkheim), ou encore que les révolutions se déclenchent lorsque la prospérité est de retour.

Weber ►

L'individualisme méthodologique doit être tenu pour Boudon comme un principe fondateur de toutes les sciences sociales. S'il est de toute façon très présent en économie, certains épistémologues des sciences sociales, comme Hayek ou Popper, ont tenté de montrer que la mise en évidence d'une corrélation ne saurait être confondue avec une explication. L'explication suppose que l'on mette à jour la logique sous-jacente des actions individuelles qui sont à l'origine de cette corrélation.

◄ **Hayek, Popper**

Si l'individualisme méthodologique part de l'acteur, il ne faut pas en conclure que celui-ci nie pour autant les contraintes pesant sur l'action, comme les structures ou encore les institutions. On parle d'**individualisme structurel** (Wippler) ou encore d'**individualisme institutionnel** (Bourricaud) pour indiquer que l'explication de l'action d'un individu demande que l'on prenne en compte les données structurelles et institutionnelles qui sont le cadre de cette action, comme par exemple les effets de la socialisation. Dans ces conditions, la rationalité supposée de l'acteur n'est pas seulement une **rationalité de type utilitariste**, si on entend par là la poursuite de fins correspondant à des intérêts immédiats en employant des moyens appropriés. Boudon parle plutôt de **rationalité située**, faisant ainsi référence à une conception étendue de la rationalité. À l'image de Weber, qui évoque la rationalité par rapport à des valeurs ou encore par rapport à la tradition, Boudon cherche à répertorier dans un sens très large les bonnes raisons (type utilitariste, type téléologique ou tout autre type) qui poussent un individu à adopter un comportement donné. Évidemment, le risque d'une conception aussi étendue de la rationalité est qu'elle peut vider la notion de sa signification en lui donnant un spectre trop large. Ainsi, dans certaines circonstances, agir selon la tradition peut être vu comme irrationnel, alors que Weber et Boudon pensent que cette forme d'action relève d'un certain type de rationalité.

Tout au long de son œuvre, Boudon accorde une attention particulière à la mise en évidence d'**effets émergents**, ou encore d'**effets pervers**. Il s'intéresse alors au phénomène d'**agrégation complexe**, que l'on différencie de l'**agrégation simple**. L'agrégation simple est celle des économistes : le phénomène macroéconomique est le résultat de la sommation des comportements individuels. L'agrégation complexe met en relief des effets de composition non désirés par les acteurs sociaux. Par exemple, l'augmentation du niveau de vie des plus modestes est un objectif de politique sociale que peut pratiquer un gouvernement soucieux de corriger les inégalités. Néanmoins, au cours de cette opération, il est possible que les bénéficiaires voient leur **frustration relative** (frustration qui naît par comparaison de sa situation avec celle d'autrui et qui s'oppose donc à une frustration que l'on pourrait qualifier d'absolue) augmenter, tout simplement parce qu'ils commencent à se comparer aux plus favorisés et ne supportent plus les inégalités parfaitement admises jusqu'alors.

Les travaux de Boudon se sont appliqués aussi bien à la sociologie de l'école qu'à celle du changement social, ou encore celle des idéologies et des croyances collectives.

Dans *L'Inégalité des chances*, il cherche à montrer que pour analyser un tableau de mobilité sociale, il faut partir de la juxtaposition des comportements individuels qui sont ceux d'acteurs situés socialement, qui font des choix scolaires ou professionnels. Le point de départ de la problématique est le fameux **paradoxe d'Anderson**, paradoxe mis à jour dans les années soixante aux États-Unis par le sociologue portant ce nom, qui établit que l'acquisition d'un titre scolaire supérieur à celui de son père ne garantit pas nécessairement une position sociale plus élevée. Boudon éclaire ce paradoxe par le décalage qui se crée entre positions sociales disponibles et positions scolaires acquises. Dans un contexte de démocratisation scolaire, la demande individuelle d'éducation s'élève, puisque bon nombre d'étudiants font le choix de la promotion sociale par l'école (système méritocratique). Comme les positions sociales ne suivent pas nécessairement (puisqu'elles dépendent de facteurs exogènes comme le progrès technique), les diplômes se dévalorisent et il est nécessaire d'investir de plus en plus dans le système éducatif pour un rendement très incertain. L'effet pervers est donc ici que la démocratisation scolaire, qui obéit par ailleurs aux meilleures intentions, finit elle aussi par augmenter la frustration relative des agents.

Dans *La Place du désordre*, Boudon part du constat que les grandes théories du changement social, qui obéissent à une logique déterministe, sont presque toutes démenties par les faits. Et, en effet, cela s'explique parce que l'histoire n'est jamais écrite d'avance, parce que les individus sont capables d'innovations surprenantes ou encore tout simplement parce que le changement social résulte aussi du hasard. Fidèle à l'esprit de Merton, Boudon propose d'élaborer plutôt des théories à moyenne portée, qui sont des constructions modestes du type « Si A, alors peut-être B, ou peut-être C aussi » s'appliquant à des situations définies, datées et situées, également soumises au principe de réfutabilité. Les théories du changement social sont donc toujours provisoires, soumises à une variation du contexte dans lequel elles s'inscrivent. Pour évoquer ce rejet de la causalité absolue,

Merton (théorie à moyenne portée) ►

Popper ►

Boudon parle de **déterminisme tempéré** ou de **déterminisme par plaques**.

Dans *L'Idéologie*, notre auteur aborde un sujet qui constitue apparemment un défi à la méthode individualiste. Est-il raisonnable de voir une action compréhensible dans l'adhésion à des idées manifestement fausses ? La plupart des théoriciens qui se sont penchés sur la question préfèrent y voir l'effet des passions ou du fanatisme. En fait, dès lors que l'on prend en considération la culture des individus et leur place dans la société, beaucoup de croyances deviennent compréhensibles ou rationnelles. Par exemple, l'ouvrier qui perd son emploi et qui accuse de cette situation le progrès technique n'est pas nécessairement victime d'une idéologie passéiste. Car, même s'il est vrai que le progrès technique est créateur d'emplois à long terme, il est vrai aussi que l'arrivée de nouvelles machines prive souvent les travailleurs non qualifiés de leurs moyens de subsistance, les mettant ainsi dans une situation économique et sociale difficile. De même, la danse du faiseur de pluie dans une société primitive est, elle aussi, à certains égards, rationnelle. S'il est bien établi qu'elle ne peut pas faire tomber la pluie, elle soude tout de même le groupe social et exerce une fonction de réassurance.

Bibliographie

- *L'Analyse mathématique des faits sociaux*, 1967.
- *L'Inégalité des chances*, 1973.
- *Effets pervers et ordre social*, 1977.
- *La Place du désordre*, 1984.
- *L'Idéologie*, 1986.
- *L'Art de se persuader*, 1990.
- *Le Juste et le Vrai*, 1995.

Célestin **Bouglé**

Célestin Bouglé (1870-1940) fut, de son vivant, un des membres les plus en vue et les plus influents du groupe durkheimien. Après avoir été reçu à l'agrégation de philosophie en 1893, il obtient une bourse d'études pour l'Allemagne où il suit les enseignements de quelques penseurs célèbres, dont Simmel. Ces enseignements sont à l'origine de son intérêt pour les sciences sociales, qui se manifeste

◄ Simmel

notamment en 1899 dans son doctorat ès Lettres sur les origines de l'égalitarisme. Nommé à la faculté de lettres de Toulouse en 1900 et à la Sorbonne en 1908, il fait ensuite une carrière administrative en tant que directeur-adjoint (1927-1935) puis directeur (1935-1940) de l'École normale supérieure. Il a également fondé et dirigé le Centre de documentation sociale.

L'ouvrage de Bouglé le plus typiquement durkheimien, et aussi le seul dont l'importance soit reconnue par les spécialistes modernes, s'intitule l'*Essai sur le régime des castes*. Loin de voir dans le système des castes un ensemble de pratiques qui, correctement adaptées, pourraient servir de guide à l'homme moderne, Bouglé est horrifié par ce qu'il a pu voir en Inde. Pour lui, le système des castes a des racines si profondes dans la société indienne que toute la littérature est sacrée. Il n'y a pas de littérature profane sur la terre des brahmanes, et cette littérature sert les intérêts des membres de l'élite qui la produisent. Bouglé constate que l'obscurité et le formalisme très présents dans la pensée hindoue cachent en fait une forme de domination de la classe dirigeante constituée par les brahmanes. On voit immédiatement en
Durkheim ►
quoi ce travail relève d'un déterminisme de type durkheimien.

Mais, si Bouglé a une conscience sociale, il est aussi philosophe et cela l'incite à être très sensible aux limites du déterminisme.

Ses critiques à l'égard de Durkheim sont très vives sur plusieurs points. En effet, dès *Les Sciences sociales en Allemagne* (1896), il rejette la notion d'unité méthodologique des sciences sociales et des sciences de la nature, à la différence de la tradition positiviste. Il affirme égale-
Fait social ►
ment que les faits sociaux ne peuvent pas être simplement compris en les étudiant de l'extérieur, réhabilitant par là-même l'introspection et la psychologie dont Durkheim croyait pouvoir se passer. Il soutient enfin que la science sociale n'est pas utile à la détermination des fins que les hommes poursuivent, alors que Durkheim pense plutôt que la science, en anticipant les causes de l'évolution sociale et morale, peut nous diriger vers les objectifs que nous devons poursuivre.

Bibliographie

- *Les Sciences sociales en Allemagne. Les méthodes actuelles*, 1986.
- *Qu'est-ce que la sociologie ?* 1907.
- *Essai sur le régime des castes*, 1908.
- *Bilan de la sociologie française contemporaine*, 1935.

Pierre **Bourdieu**

Pierre Bourdieu (1930-2002) suit des études de philosophie, débute comme ethnologue en Algérie puis, à partir de 1961, enseigne la sociologie en France. Il crée sa revue *Actes de la recherche en sciences sociales* en 1975 et devient professeur au Collège de France en 1981. Héritier de Marx et de Weber, Bourdieu développe une théorie de la domination et de la reproduction sociale. Son ambition est de dévoiler les stratégies mises en places par les dominants afin d'éviter les conflits sociaux.

◄ **Marx, Weber**

C'est donc en tant qu'ethnologue et sous l'influence du structuralisme que Bourdieu a débuté ses recherches sur le mariage dans les populations kabyles. Il constate que ces mariages n'obéissent pas parfaitement aux règles mises en valeur par Lévi-Strauss et qu'il n'est pas possible d'en rendre compte sans partir des histoires des familles et de leurs stratégies.

◄ **Lévi-Strauss (structure)**

Cela l'amène à développer un premier concept fondamental dans sa sociologie qui est celui d'habitus et que Norbert Elias avait déjà ébauché. Son ambition est alors de dépasser une opposition entre deux conceptions de l'homme : celle d'un individu rationnel qui maximiserait ses intérêts et celle du membre d'un groupe qui obéirait inconsciemment à une règle transmise de génération en génération. Il veut rendre compte du fait que les individus agissent et, en même temps, que leurs choix sont orientés par leur position sociale. L'**habitus** est, selon Bourdieu, l'ensemble des dispositions durables d'un individu (goûts, préférences, aptitudes) construites par relations avec les autres individus et qui guident son action en l'adaptant aux possibilités offertes par sa place dans l'espace social. L'habitus offrirait à chacun une échelle de préférence qui lui permettrait, à chaque fois que se produit une situation nouvelle, d'agir spontanément mais de façon cohérente avec sa position sociale. L'habitus, qui est le fruit de toutes les expériences d'un individu, serait à la fois durable et toujours en construction. C'est d'abord un habitus individuel car chaque individu a une expérience singulière mais il existe des **habitus de classe** caractéristiques d'individus ayant des conditions d'existence semblables.

◄ **Elias**

Ces agents entretiennent des relations avec tous ceux qui sont situés dans le même espace social. Le concept de champ permet de comprendre ces relations. Un **champ social** est un domaine dans lequel des agents entrent en concurrence pour tirer des avantages matériels et symboliques. L'économie, l'art, l'école, la politique... sont autant de champs sociaux que l'on peut subdiviser en des champs plus restreints. Dans le champ de l'école, les élèves cherchent à obtenir des diplômes qui devraient leur procurer, à terme, un certain niveau de revenu et de prestige social. Tous les champs ont en commun d'être des domaines de concurrence entre les agents mais chacun d'entre eux possède des règles de fonctionnement spécifiques qui valorisent un habitus particulier. Ainsi les qualités requises pour réussir dans le domaine universitaire ne sont pas strictement identiques à celles nécessaires pour réussir en tant que chef d'entreprise ou qu'homme politique. Bourdieu développe ici, à sa façon, l'idée d'une pluralité des élites, toutes ces fractions dominantes étant présentes sur un champ spécifique, le champ du pouvoir, dont l'enjeu est de distinguer l'activité la plus valorisée dans la société et donc l'élite dominante. En dépit de sa volonté affichée, on voit que Bourdieu n'échappe pas totalement à l'influence du structuralisme.

Weber ►

Les relations dans les champs ne sont jamais égalitaires. Bourdieu emprunte le concept de domination à Weber en l'adaptant à sa propre vision de l'espace social. La **domination** est la capacité d'un groupe à faire reconnaître ses pratiques sociales comme légitimes par les autres groupes. Dans un champ social, la lutte entre les agents porte à la fois sur les bénéfices que l'on peut retirer du champ (de l'argent, des diplômes...) et sur la légitimité d'un groupe à dominer le champ. Cette légitimité n'est jamais définitivement acquise. La domination se traduit, d'après Bourdieu, par une **violence symbolique** qui est une contrainte d'ordre culturelle subie par un agent acceptant une vision de l'ordre social qui lui est défavorable.

Marx ►

Dans un champ, les agents sont donc en lutte. L'influence de Marx est manifeste mais alors que la structure sociale est uni-dimensionnelle chez Marx, elle est pluri-dimensionnelle chez Bourdieu. Les agents sont caractérisés par une inégale possession de divers capitaux dont les quatre principaux sont :

- le **capital économique**, qui est le patrimoine (biens mobiliers et immobiliers) qu'un individu cherche à valoriser parce qu'il lui procure des avantages matériels ;
- le **capital culturel**, qui se décline sous trois formes : l'habitus, les biens culturels (objets d'art par exemple) et les diplômes qui sont des reconnaissances scolaires d'un habitus ;

• le **capital social**, qui est l'ensemble des relations sociales qu'un agent peut mobiliser ;

• le **capital symbolique** (le prestige social qui assure la légitimité des pratiques de l'agent), qui résulte des trois premiers.

Cela permet à Bourdieu de préciser sa conception des classes sociales : une **classe sociale** est un ensemble d'agents caractérisé par le volume global de ses capitaux économique et culturel, la répartition de cet ensemble entre les deux capitaux retenus et finalement des pratiques sociales proches.

À partir de cette définition très générale, il distingue trois grandes classes :

• la **classe dominante**, qui est la classe composée de l'ensemble des agents fortement dotés en capitaux et dont les pratiques sont légitimes. Elle est composée des cadres (dont les professeurs) fortement dotés en capital culturel et des « gros » indépendants pour lesquels le capital économique est prédominant ;

• les **classes populaires**, qui sont l'ensemble des agents faiblement dotés en capitaux et dont les pratiques reflètent l'intériorisation des contraintes sociales qui pèsent sur eux. Ces contraintes sont d'ordre économique mais surtout culturel puisque ces agents adoptent pour l'essentiel une conception de l'ordre social qui est celle de la classe dominante et qui délégitime par avance leurs éventuelles aspirations. Bourdieu regroupe ici les ouvriers, agriculteurs et contremaîtres ;

• les **classes moyennes**, qui sont des classes dominées dont les membres aspirent à des pratiques légitimes. Composées des employés, artisans, petits commerçants, techniciens et instituteurs, elles sont principalement caractérisées par une volonté d'ascension sociale.

Toute pratique sociale (assister à un opéra, écouter un enregistrement de jazz ou participer à un karaoké) est analysée par ce sociologue comme la rencontre entre un habitus et un champ social. Un agent doté d'un habitus qui est à la fois individuel et de classe participe au classement spécifique à un champ social (ici, la culture) et agit spontanément conformément à son habitus tout en acceptant les règles du jeu spécifiques au champ en question (ici, la règle du jeu serait de montrer son degré de maîtrise d'une culture légitime). Ce que Bourdieu résume grâce à cette formule :

$$[(\text{habitus})\ (\text{classe})] + \text{champ} = \text{pratique}$$

Les pratiques de la classe dominante sont consciemment ou non des pratiques distinctives qui consistent à rendre visible l'écart entre leur position sociale et celle des dominés et à reproduire cette opposition. Elles ont donc objectivement pour but de favoriser la reproduction sociale qui est la tendance à perpétuer les inégalités économiques et sociales. Dans la mesure où la domination est efficace, les pratiques des classes dominées concourent également à cette reproduction sociale.

L'école a été pour Bourdieu l'occasion d'illustrer cette thèse. À un moment où la croyance en la fonction libératrice de l'école restait forte (les années 60-70), il a soutenu qu'elle était un instrument de la **reproduction sociale** pour deux raisons essentielles :

• d'une part, elle exige des élèves des aptitudes et capacités (maîtriser une langue savante, s'exprimer de façon brillante, être capable d'une réflexion d'ordre théorique) qui est caractéristique de l'habitus de la classe culturellement dominante. Alors que les enfants issus des familles bourgeoises ont plus ou moins acquis ces aptitudes ou goûts dans leur famille, les autres doivent les acquérir à l'école, bien souvent en opposition à leur culture familiale. Ainsi s'expliquent les inégalités sociales à l'école ;

• d'autre part, elle légitime les inégalités sociales en faisant passer une sélection qui est essentiellement sociale pour une pratique méritocratique.

Cette analyse de l'école entraîne une réflexion sur ce qu'est la sociologie. En tant que discipline universitaire, elle participe à la reproduction sociale et le fait d'autant plus facilement que cette fonction est occultée par les enseignants et leurs étudiants. En tant que source de connaissances sur les relations sociales, elle peut mettre à jour des mécanismes de domination qui, pour être efficaces, ont besoin de discrétion. La sociologie rendrait possible un affaiblissement des mécanismes de domination en les rendant visibles.

Pierre Bourdieu avait pour ambition de dévoiler les mécanismes de la domination et c'est bien ce à quoi il s'est attaché. Mais il voulait aussi penser à la fois l'influence de la structure sociale sur un agent et la capacité de cet agent à modifier les relations sociales. Le fait que sa sociologie soit souvent empreinte de « fatalisme » montre qu'il n'a sans doute pas parfaitement atteint son objectif. Cependant, la mort de Pierre Bourdieu n'a pas figé sa sociologie. De nombreux sociologues, souvent d'anciens disciples, l'ont soumise à la critique et contribuent à la faire évoluer.

Bibliographie

- *Les Héritiers. Les étudiants et la culture* (avec Jean-Claude Passeron), 1964.
- *Le Métier de sociologue. Préalables épistémologiques* (avec Jean-Claude Chamboredon et Jean-Claude Passeron), 1968.
- *La Reproduction. Éléments d'une théorie du système d'enseignement* (avec Jean-Claude Passeron), 1970.
- *La Distinction. Critique sociale du jugement*, 1979.
- *Le Sens pratique*, 1980.
- *La Misère du monde* (dir. Pierre Bourdieu, avec Alain Accardo), 1993.
- *Méditations pascaliennes. Éléments pour une philosophie négative*, 1997.
- *Les Structures sociales de l'économie*, 2000.

Robert **Boyer**

Robert Boyer (né le 25 mars 1943) est directeur de recherche au CNRS et directeur d'études à l'EHESS. Il est aussi économiste au Centre d'études prospectives d'économie mathématique appliquées à la planification (CEPREMAP) où il coordonne les recherches sur l'évolution du capitalisme français sur longue période. Il est un des fondateurs de l'**école de la régulation** qui s'est développée au milieu des années 70.

◄ **Aglietta (École de la régulation)**

Dans son ouvrage *La Théorie de la régulation* publié en 1986, Boyer fournit à l'**école de la régulation** une grille d'analyse susceptible de constituer un cadre alternatif au modèle néoclassique d'équilibre général. Cette approche s'inscrit dans une perspective « institutionnaliste » de l'économie selon laquelle les phénomènes économiques ne peuvent se comprendre qu'en privilégiant l'interdisciplinarité. L'analyse est originellement d'inspiration marxiste puisqu'elle accorde une place centrale aux rapports sociaux pour expliquer le changement social. S'il s'agit plus « d'une problématique générale que d'une théorie totalement bouclée », l'approche régulationniste cherche à comprendre comment se transforment les régularités économiques et sociales sur longue période. Boyer définit la **régulation** d'un mode de production comme « la manière dont se reproduit la structure déterminante d'une société dans ses lois générales ».

À ce titre, les **formes institutionnelles** jouent un rôle central dans la façon dont se régule l'économie. Boyer en distingue cinq formes fondamentales :

• les configurations du rapport salarial (déterminants du salaire et de l'emploi, organisation du travail, etc.) ;

• les formes de la concurrence (degré de concentration, formation des prix) ;

• les formes de la contrainte monétaire (gestion de la monnaie et mode de financement de l'économie) ;

• les formes de l'État (modalités de l'intervention économique et sociale de l'État) ;

• les relations économiques internationales (commerciales, financières et monétaires).

C'est la cohérence entre ces différentes formes institutionnelles qui permet à un **régime d'accumulation** (ou de croissance) d'assurer « une progression générale et relativement cohérente de l'accumulation du capital, c'est-à-dire permettant de résorber ou d'étaler dans le temps les distorsions et déséquilibres qui naissent en permanence du processus lui-même ».

Les crises économiques majeures sont des crises structurelles qui affectent le régime d'accumulation de telle sorte que la dynamique économique n'est plus assurée. Aucun mécanisme autorégulateur n'est à même d'assurer le retour à une croissance durable, seule une reconfiguration des formes institutionnelles antérieures peut conduire à une sortie de crise.

De ce point de vue, le ralentissement de la croissance depuis le milieu des années 70 s'apparente à une obsolescence des formes institutionnelles de la période des Trente Glorieuses. Le **mode de régulation fordiste**, caractérisé par de forts gains de productivité permettant à la fois une croissance des salaires et des profits et un bouclage vertueux entre production et consommation de masse, va progressivement s'essouffler. L'épuisement de ce **régime de croissance** va conduire à une remise en cause du compromis capital-travail d'après guerre.

Boyer s'interroge sur l'émergence possible d'un mode de régulation gouverné par la finance pour succéder au régime fordiste et sa capacité à relancer la croissance à long terme. Un questionnement qui apparaît essentiel face aux transformations du capitalisme actuel.

Bibliographie

- *La Théorie de la régulation : une analyse critique*, 1986.
- *Théorie de la régulation. L'état des savoirs*, 1995.

James M. Buchanan

Économiste américain néolibéral, James M. Buchanan (1919-) a reçu le prix Nobel d'économie en 1986. Il est, avec Gordon Tullock, le fondateur de l'école des **choix publics** qui met l'accent sur les dysfonctionnements de l'intervention publique et qui prend le parti d'expliquer le comportement de l'État à partir du comportement rationnel des agents qui le constituent.

◄ Tullock

Accepter l'intervention de l'**État** suppose de façon arbitraire qu'elle sera plus efficace que la régulation par le **marché**. Or il convient d'adopter vis-à-vis de l'État la même attitude critique qu'à l'égard du marché, d'autant plus qu'Arrow a démontré que les choix collectifs ne peuvent pas toujours être déduits des préférences individuelles. Dans certains cas, la **concurrence** est inefficiente, mais rien ne prouve que le **monopole** d'État soit plus efficace. De toute façon, aucun monopole d'État réglementaire ne se justifie car, soit l'activité n'est pas rentable et il ne sert à rien de l'interdire à la sphère privée, soit elle est rentable et il faut laisser jouer la concurrence.

◄ Arrow (théorème d'impossibilité)

James Buchanan affirme que la **liberté** de l'homme est le principe fondamental. L'État est le dépositaire de deux fonctions bien distinctes : la protection des « **droits de propriété** » et la production de certains **biens publics**. Mais l'État doit remplir cette deuxième fonction en respectant les droits de propriété individuels et donc ne nuire à aucun individu et n'obliger personne à contribuer financièrement à un bien public qu'il ne désire pas.

◄ Coase (droits de propriété)

◄ Samuelson (biens publics)

Or il est rare que la production d'un bien public par l'État soit légitime parce qu'à partir du moment ou quelqu'un participe obligatoirement au financement d'un bien public qu'il ne souhaite pas, il est lésé. Buchanan affirme : « Une personne peut s'apercevoir qu'une décision majoritaire concernant un bien public l'a déplacée vers le bas plutôt que vers le haut dans son espace d'utilité. (...) La coercition exercée contre lui est apparemment du même ordre que celle qu'il subit lorsqu'un voleur lui prend son porte-monnaie à Central Park ».

◄ Bentham (utilitarisme)

Une possibilité serait de demander aux individus qui souhaitent le bien public de faire part de leurs préférences et de contribuer seuls à son financement, mais cela ne peut fonctionner car certains seront incités à déclarer qu'ils ne souhaitent pas le bien public et néanmoins à en profiter et donc, à adopter un comportement de « **passager clandestin** ».

S'il est possible d'exclure les agents qui ne souhaitent pas le bien public, le problème du « passager clandestin » est résolu, mais dans ce cas la production par l'État de ces biens n'est pas légitime ; il vaut mieux faire appel au secteur privé.

Le seul cas où la production d'un bien public par l'État est légitime, c'est si elle fait l'unanimité. Les échanges privés entre deux individus s'opèrent dans un cadre d'unanimité implicite ; dans ce cas, les échanges collectifs sont aussi efficients.

Selon Buchanan, les individus intéressés et rationnels lorsqu'il s'agit de la production et de la consommation de biens marchands ne deviennent pas inintéressés et irrationnels dès qu'il s'agit de sphère non marchande. Le **personnel politique** et les **fonctionnaires** recherchent en premier lieu leur intérêt personnel et il est déraisonnable de croire qu'ils œuvrent pour l'intérêt général. La démocratie ne confère pas à l'État une légitimité : « On peut soutenir que, pour accomplir son rôle d'application de la loi, l'État devrait embaucher des « experts », des « savants » qui recherchent la «vérité» et qui scrutent les « faits », des gens qui ont une formation spécialisée en droit ; il n'a pas besoin d'être démocratique, il n'a qu'un rôle technique ».

Comme le **Léviathan** (monstre aquatique incarnant le mal), l'État se développe et est dangereux. Il faut donc « enchaîner le Léviathan ». La solution est de rendre au domaine marchand tout ce qui peut l'être. Pour éviter les dérives budgétaires, il faudrait interdire, par un pouvoir supérieur à celui du gouvernement (par exemple, la constitution), les déficits budgétaires et fixer des seuils maximaux de prélèvements obligatoires.

Bibliographie

- *Journal of political economy*, 1954.
- *Social choice, democracy and free markets et individual choice in voting and the market*, (1954)
- *The calculus of consent*, G. Tullock, 1962.
- *Les Limites de la liberté*, 1975.

C

Richard Cantillon

Économiste français, Richard Cantillon (naissance entre 1680 et 1690 et décès par accident en 1734) est le premier économiste à se démarquer de la pensée mercantiliste et à poser les fondements de la théorie classique. Il a influencé la physiocratie de Quesnay.

◄ Quesnay

Pour Cantillon, la **richesse** provient de la terre et du travail. Cantillon réfute la pensée mercantiliste qui fait du commerce la source de la richesse. Il annonce les physiocrates en affirmant que la terre est la source principale d'enrichissement ; elle ne fait pas seulement vivre ceux qui y travaillent directement, mais elle dégage une richesse qui fait travailler l'ensemble de la société dans tous les secteurs. Bien avant Schumpeter, Cantillon explique que l'**entrepreneur** joue un rôle essentiel dans la production et la circulation des richesses, le travail de l'entrepreneur permettant d'enrichir la société et de fournir les choses utiles.

◄ Schumpeter (entrepreneur) Smith, Walras

Cantillon est un précurseur des classiques car il affirme que l'économie s'équilibre automatiquement. Il explique que le niveau des **prix** dépend de l'offre et de la demande et il annonce la théorie du **rééquilibrage automatique de la balance des comptes** de Ricardo en affirmant que la balance commerciale ne peut être durablement excédentaire car l'entrée de monnaie qu'elle induit fait augmenter les

◄ Ricardo

prix et donc baisser les exportations, alors que les importations vont augmenter. Il explique que le **taux d'intérêt** dépend de l'offre et de la demande de monnaie. Il annonce la théorie de Malthus lorsqu'il explique que la population s'équilibre naturellement : par le jeu de l'immigration, de l'augmentation de la mortalité et de la baisse de la nuptialité lorsque les conditions sont difficiles, la quantité de population s'ajuste aux besoins de l'économie. Il reprend le **quantitativisme** de Bodin en l'enrichissant lorsqu'il expose que les prix dépendent non seulement de l'abondance ou de la rareté de la monnaie, mais aussi de sa vitesse de circulation ; cette idée sera reprise par Mill puis par Fisher.

Mathus ►

Bodin, Mill, Fisher ►

Cantillon a regroupé l'ensemble de ses analyses sur l'économie dans *Essai sur la nature du commerce en général* qu'il a très probablement écrit entre 1728 et 1730. Le terme de commerce employé dans le titre n'a pas l'acceptation étroite que nous lui attribuons aujourd'hui et pouvait être compris dans le sens actuel d'« économie ».

Edward H. Chamberlin

Edward H. Chamberlin (1899-1967) est un économiste américain, professeur à l'université de Harvard des années 1930 à sa retraite.

En 1927, il soutient sa thèse de doctorat consacrée à la concurrence monopolistique qui l'amène à rejeter certaines hypothèses du modèle néoclassique de concurrence pure et parfaite. La suite de sa carrière est consacrée à défendre et promouvoir sa conception de la concurrence monopolistique.

Debreu, Arrow, Walras ►

La **concurrence pure et parfaite** est l'exact opposé du **monopole** ; toute situation intermédiaire reflète l'imperfection de la concurrence. Tel est le cas lorsque les produits ne sont pas homogènes mais différenciés ou lorsque le nombre d'offreurs est réduit.

Chamberlin relève que la **différenciation des produits** associe monopole et concurrence indépendamment du nombre d'offreurs. En effet, ceux-ci sont en concurrence dans la mesure où les produits différenciés (en particulier par leur marque) sont substituables ; c'est le cas notamment des automobiles, des appareils électroménagers... Mais, en même temps, la différenciation des produits confère à leurs fabricants un monopole de fait puisque chacun d'entre eux est le seul à offrir le produit différencié. Cette configuration associant concurrence et monopole définit la **concurrence monopolistique**.

La différenciation des produits destinée à influer sur la demande, peut intervenir à différents niveaux : marques, service après-vente et garantie, emballage, conditions de vente... Il en résulte des coûts spécifiques, que Chamberlin appelle des « coûts de vente », qui s'ajoutent aux coûts de production. Les prix des produits sont donc plus élevés qu'en situation de concurrence pure et parfaite, mais pour autant le bien-être de la population peut s'accroître car la différenciation des produits élargit l'éventail des choix des consommateurs.

◄ Triffin

Bibliographie

- *The theory of monopolistic competition*, 1933 ; en français : *La Théorie de la concurrence monopolistique*, 1953.

Aaron V. **Cicourel**

Aaron V. Cicourel est né à Atlanta en 1928. Après avoir obtenu son doctorat en sociologie à Cornell University en 1957, il a été nommé enseignant à l'université de Californie à partir de 1960, université où il fera ensuite toute sa carrière.

Cicourel a joué un rôle important dans la diffusion de l'ethnométhodologie. Toutefois, sa pensée présente aussi des caractères originaux qui s'appliquent à des sphères aussi différentes que l'éducation, les méthodes de recherche ou encore la sociologie cognitive.

◄ Garfinkel (ethnométhodologie)

En ce qui concerne la sociologie de l'éducation, Cicourel a publié, en collaboration avec J. Kitsuse, *The Educational Decision Makers* un ouvrage consacré à la prise de décision dans le champ éducatif. Il y montre que la performance scolaire des élèves ne s'explique par seulement par le niveau intellectuel ou par l'origine sociale, mais aussi par l'organisation même du milieu scolaire. Les enseignants et conseillers d'orientation, dans leurs actions quotidiennes, exercent un contrôle effectif sur l'accès des étudiants aux différentes filières. Le système éducatif est donc responsable de l'exclusion d'élèves qui montrent de bonnes aptitudes, tout simplement parce qu'ils ne sont pas évalués selon des critères académiques. Renouvelant ainsi la problématique de l'échec scolaire, Cicourel invite à se pencher sur les mécanismes internes d'évaluation et d'orientation des élèves produits par le système scolaire.

Lazarsfeld ►

L'apport de Cicourel à la méthodologie des sciences sociales n'est pas non plus négligeable. Pour lui, la mesure quantitative des faits sociaux suppose une clarification antérieure de l'action sociale. Les dispositifs de mesure imposent souvent des procédures numériques extérieures au monde social observable. Avant de se livrer à l'ivresse de la quantophrénie, Cicourel invite donc à se pencher sur l'existence des réseaux de signification socialement partagés. En bref, la théorie de l'action sociale doit, pour Cicourel, précéder la mesure des faits sociaux.

Mais c'est surtout dans la sphère de la sociologie cognitive que l'apport de Cicourel est le plus connu en France. Il étudie à ce titre les **règles de surface**, qu'il définit comme les interdits et les obligations qui jalonnent la vie quotidienne, et les **procédures interprétatives** qui reconnaissent la pertinence des règles de surface et les convertissent en comportement pratique imposé. Les règles de surface sont des cadres ayant une multitude de significations envisageables. Selon Cicourel, ce sont les procédures interprétatives qui leur donnent du sens. Par analogie avec la linguistique de Chomsky, on peut dire que l'action des individus joue ici le rôle de « structure générative ».

Bibliographie

- *The educational decision markers*, en collaboration avec J. Kitsuse, Indianapolis, Bebbs-merail, 1963.
- *Cognitive sociology : language and meaning in social interaction*, New York, Free Press, 1972 ; en français : *La Sociologie cognitive*, PUF, 1979.

Robert W. **Clower**

Économiste américain né en 1926, Robert W. Clower est surtout connu pour ses contributions à la théorie du déséquilibre.

Robert Clower est avec Axel Leijonhufvud un des fondateurs de la **théorie du déséquilibre**. Ses travaux seront notamment développés par le Français Edmond Malinvaud. L'objectif de la théorie du déséquilibre, aussi appelée de façon plus appropriée « **théorie de l'équilibre à prix fixes** », est de rechercher les fondements microéconomiques de la macroéconomie keynésienne, mais de le faire sur une autre base que la microéconomie walrassienne. Clower va ainsi créer une microéconomie du **rationnement** qui considère qu'il faut prendre en compte des fonctions d'offre et de demande qui incluent comme variables déterminantes aussi bien les quantités que les prix. Clower démontre que les différents marchés ne peuvent connaître instantanément les prix d'équilibre lorsque les offreurs et les demandeurs ne sont pas réunis dans un même lieu.

◄ Malinvaud

◄ Hicks, Samuelson

Bibliographie

- *La Contre-Révolution keynésienne : une évaluation théorique*, 1965.

Ronald H. Coase

Économiste britannique né en 1910, Ronald H. Coase a reçu le prix Nobel en 1991. Sa première contribution majeure explique l'existence de la firme par l'importance des coûts de transaction. Puis, il s'intéresse aux procédures mises en œuvre pour corriger les externalités.

En 1937, Coase oppose « la **firme** » et « le **marché** ». Il pense que les firmes de grande taille se développent car leur forme organisationnelle permet de réduire les **coûts de transaction** ; elles sont donc souvent plus efficaces que le marché.

En effet, la loi du marché suppose de nombreux changements de prix, de fournisseurs et de clients, qui multiplient les coûts de transaction : recherche de l'information pour connaître tous les prix, coûts de négociation, coûts de conclusion de nombreux contrats séparés... La grande entreprise permet de diminuer les coûts de transaction, car elle se fonde sur des relations contractuelles plus durables. Elle a, par contre, des coûts d'organisation qui peuvent être très élevés. Le marché n'est efficace que si ces derniers sont supérieurs aux coûts de transaction économisés par la firme. Le concept de « coûts de transaction » de Coase est à l'origine de la nouvelle économie des organisations.

Pigou (effets externes) ►

Depuis Pigou, la théorie libérale acceptait l'idée que le marché soit inefficient dans le cas d'**externalités** positives ou négatives. Pigou concluait alors que l'action de l'État était légitime et qu'il fallait taxer les agents à effets externes négatifs et subventionner les agents à effets externes positifs. Ronald Coase explique, dans *Le Problème du coût social* (1960), que l'État ne doit pas intervenir économiquement en taxant ou en subventionnant, et ainsi en modifiant la répartition des revenus. Coase considère qu'il suffit de définir les **droits de propriété** qui peuvent être échangés. Ainsi par exemple, il faut instituer le droit de chacun à disposer d'air pur : si une entreprise pollue, les ménages du voisinage se mobilisent pour faire valoir leurs droits et obtenir ainsi de l'entreprise soit l'arrêt de la pollution, soit l'achat de leur droit à l'air pur. C'est le marché et non l'**État** qui est efficace en cas d'externalités. L'État n'a à intervenir que si les droits de propriété ne sont pas respectés ; il retrouve son rôle traditionnel, défini par Smith, de police et de justice. Le théorème de Coase stipule donc que tous les droits de propriété doivent être définis et pouvoir être échangés ; si les coûts de transaction sont nuls, l'efficacité économique est alors maximale et l'intervention économique de l'État inutile. Coase contribue donc au mouvement de mise en cause des interventions de l'État en affirmant que les agents, en faisant des échanges entre eux et en s'accordant sur des compensations mutuelles, peuvent faire aboutir à une position optimale bien plus sûrement que ne le ferait l'intervention publique. Coase a ainsi fondé l'**analyse économique du droit**.

Buchanan (droits de propriété) ►

Smith (fonctions de l'État) ►

Bibliographie

- *The nature of the firm*, 1937.
- *The problem of social cost*, 1960.

Jean-Baptiste **Colbert**

En 1661, après la mort de son conseiller Mazarin, Louis XIV (roi de France depuis 1643) exerce un pouvoir absolu. Jean-Baptiste Colbert (1619-1683) le seconde et devient contrôleur général des finances puis secrétaire d'État à la maison du roi et à la marine. Il assainit les finances publiques et modernise l'économie française.

Les conceptions économiques de Colbert tirent leur inspiration du **mercantilisme**. L'État doit intervenir dans l'économie : le **protectionnisme** permet de favoriser l'essor des industries nouvelles. Le soutien actif à la création de **manufactures** et de compagnies commerciales, la création ou l'amélioration d'infrastructures routières, fluviales, portuaires favorisent le développement. Les importations qui seraient sans utilité pour l'activité économique doivent être minimisées, tandis que les exportations sont encouragées : l'excédent commercial, source d'entrées d'or ou d'argent, enrichit le royaume. La **colonisation** est également un moyen d'accroître la richesse et la puissance du royaume.

◄ List

L'État doit par ailleurs garantir la sécurité du commerce intérieur (la liberté d'entreprendre doit notamment être préservée) et du commerce extérieur.

Bibliographie

■ *Lettres, Instructions et Mémoires*, 1661-1683.

Auguste **Comte**

Auguste Comte (1798-1857) est un précurseur de la sociologie puisqu'il a essayé de fonder scientifiquement l'étude des sociétés. À ce titre, il est le père du **positivisme**, doctrine énonçant qu'il faut s'en tenir aux faits. Il a également tenté de fonder une nouvelle religion (la religion positiviste) qui devait mettre fin au désordre spirituel instauré, selon lui, par la Réforme. C'est évidemment le père du positivisme qui nous intéresse ici.

Le positivisme est une doctrine affirmant que la vérité ne peut provenir que de la connaissance scientifique et que toute réalité peut faire l'objet d'une telle connaissance. Le positivisme ne se réduit pas à un empirisme car Comte estime que l'étude des faits suppose que l'on dispose, au préalable, d'une théorie permettant de les classer, ou au moins d'une hypothèse. Dans le domaine des sciences de la nature, l'utilisation de l'outil mathématique a permis de découvrir des lois et Comte est persuadé que ces méthodes de recherche peuvent être transplantées aux sciences sociales.

◄ Durkheim

En effet, toutes les sciences ont le même objectif (découvrir la vérité sous la forme de lois) et les mêmes méthodes (partir des faits et de leur analyse). Mais elles diffèrent les unes des autres, par leur degré d'abstraction et par leur enchaînement logique : les mathématiques, qui sont utilisées par toutes les autres sciences, doivent se développer en premier, puis viennent les sciences de la nature en fonction de leur degré de généralité : astronomie, physique, chimie et pour finir la biologie qui étudie les humains. Avec elle s'arrêtent les sciences de la nature et commence la sociologie qui étudie les relations entre les humains. La **sociologie** (terme que Comte crée en rapprochant le terme latin *socio* qui signifie *société* et le nom grec *logos* qui signifie *science*) est donc la dernière des sciences et doit couronner toutes les autres. Elle est encore embryonnaire, Comte la situant dans les premiers stades de l'évolution de la pensée humaine alors que les sciences de la nature en sont déjà au dernier stade. C'est une science particulièrement complexe car elle étudie des êtres capables d'actions. Comme il est difficile de réaliser des expériences sur eux, l'outil privilégié du sociologue est la comparaison entre les peuples ou entre les étapes de développement d'une même population. C'est ce que faisait, au même moment A. de Tocqueville dans son ouvrage sur *La démocratie en Amérique*.

Tocqueville ►

L'objectif d'Auguste Comte est donc de faire entrer la sociologie dans la maturité. Comme toutes les sciences elle se partage en deux : la statique qui étudie les relations entre les éléments et la dynamique qui étudie l'évolution de l'ensemble. En sociologie, il faut donc distinguer une **statique sociale** orientée vers les lois de la société d'une **dynamique sociale** focalisée sur les lois du changement de la société.

La statique sociale étudie la société et plus précisément l'ordre social. La société est, selon Comte, comme un organisme vivant dont les éléments sont complémentaires. Il existe un ordre naturel des choses que la sociologie peut découvrir. Elle peut ainsi alimenter une réflexion sur ce que doit être l'organisation de la société. Cela permettrait de fonder la politique sur une réflexion scientifique et d'éliminer le désordre.

La dynamique sociale étudie l'évolution des sociétés. Dans la **loi des trois états**, Comte affirme que toute société passe par trois phases qui correspondent chacune à un stade du développement de l'esprit humain. Ces trois stades sont :

- un **état théologique**, qui consiste à expliquer la réalité par l'action d'êtres surnaturels et qui a dominé dans les sociétés hiérarchisées et militaires (ex : la société médiévale) ;
- un **état métaphysique**, qui consiste à expliquer la réalité par des forces abstraites (ex : la nature) et qui est caractéristique d'une société commençant à s'industrialiser ;

• un **état positif**, dans lequel les chercheurs, sur la base du raisonnement et de l'observation, déterminent des lois statistiques. Cet état d'esprit culmine avec les sociétés industrielles.

Comte espère, grâce à son œuvre, faire passer la réflexion sur la société des deux premiers stades à l'esprit positif.

Auguste Comte est un auteur important car il a poussé le plus loin la prétention d'importer les objectifs et les méthodes des sciences de nature dans les sciences de la culture. Il a influencé Marx puis Durkheim et, sous certains aspects, P. Bourdieu. Mais les sociologues ont rejeté son évolutionnisme strict, son culte de la raison et sa volonté de déterminer les lois naturelles de l'ordre social.

◄ **Spencer (évolutionnisme)**

Bibliographie

- *Cours de philosophie politique*, (1830-1842).
- *Discours sur l'esprit positif*, 1844.
- *Catéchisme positiviste*, 1844.
- *Système de politique positive*, (1822-1854).

Antoine-Augustin **Cournot**

Antoine-Augustin Cournot (1801-1877) est à la fois mathématicien, philosophe et économiste. Il obtient un doctorat ès sciences en 1829. Au cours de sa carrière professionnelle, il a surtout exercé des fonctions à responsabilité au sein de l'administration publique. En 1838, il publie son premier ouvrage économique, *Recherche sur les principes mathématiques de la théorie des richesses*, qui préfigure l'approche néoclassique et la microéconomie.

Cournot promeut l'usage des mathématiques pour formaliser des relations entre variables économiques et renforcer le caractère scientifique de l'économie politique. Par exemple, il conçoit une fonction mathématique de demande décroissante par rapport aux prix (sauf cas particulier où la demande croît avec le niveau des prix).

Il élabore une théorie du **monopole** qui montre que le producteur unique détermine son offre et son prix de vente à un niveau tel que sa recette marginale (la recette que procure la dernière unité produite) égalise son coût marginal (le coût de production de la dernière unité produite).

Dans le cas d'un **duopole** (deux offreurs), Cournot établit que chaque producteur détermine son niveau d'offre en fonction du niveau d'offre de son concurrent ; celui-ci va alors réagir en modifiant son offre en fonction de celle du premier offreur, etc., jusqu'à ce qu'une position d'équilibre soit atteinte et maximise le profit de chaque producteur.

Walras ►

Enfin, en cas de **concurrence** entre un grand nombre d'offreurs tel qu'aucun ne puisse influer sur le prix du marché, Cournot montre que les prix seront plus bas qu'en cas de monopole ou de duopole, ce dont bénéficient les consommateurs. Il y voit une preuve de la supériorité de l'économie de marché, tout en redoutant ses effets négatifs sur le prix du travail (le salaire) en cas de main-d'œuvre surnuméraire : dans ce cas, la misère des travailleurs est un danger pour l'ensemble de la société.

Bibliographie

- *Recherche sur les principes mathématiques de la théorie des richesses*, 1838.
- *Principes des richesses*, 1863.
- *Revue sommaire des doctrines économiques*, 1877.
- *Considérations sur la marche des idées et des événements dans les temps modernes*, 1872.

Michel **Crozier**

Malinowski (fonctionnalisme) Merton, Radcliffe-Brown ►

Michel Crozier (né en 1922) est diplômé de l'École des hautes études commerciales ainsi que docteur en droit et en lettres. Ses recherches en sociologie du travail l'amènent à se familiariser avec la théorie fonctionnaliste… Il prend ses distances avec ce courant de pensée et développe une analyse qu'il qualifie « d'**analyse stratégique** » car elle accorde une place centrale aux stratégies d'acteurs situés dans des organisations (administrations, grandes entreprises). Il entre au CNRS où il fonde, en 1961, le Centre de sociologie des organisations qu'il dirige jusqu'en 1993, tandis qu'il poursuit une carrière universitaire aux États-Unis (Stanford, Harvard, université de Californie). Depuis 1993, il est conseiller scientifique dans des cabinets de consultant.

Weber (bureaucratie) ►

L'analyse de la bureaucratie par Michel Crozier s'appuie, pour la critiquer, sur celle de Max Weber. Celui-ci faisait du développement de la bureaucratie un des signes de la rationalisation des activités sociales. Crozier reconnaît que les organisations sont omniprésentes et qu'elles sont caractéristiques de nos sociétés, mais il insiste, à l'inverse de Weber, sur leurs dysfonctionnements.

Il définit l'**organisation bureaucratique** par la conjonction de quatre éléments :

• l'existence de règles impersonnelles qui précisent les attributions de chaque agent ;

• la centralisation des décisions ;

• l'isolement de chaque catégorie du personnel qui exerce une pression sur chacun de ses membres ;

• l'existence de relations de pouvoir non officielles qui se développent en dépit de la volonté de la direction de tout réglementer.

Une organisation est la résultante des actions de chacun de ses membres. Il faut donc partir de ces actions et de leurs logiques afin de comprendre les blocages qui peuvent entraver le fonctionnement des bureaucraties. Crozier s'inspire alors de la théorie de la **rationalité limitée** développée par Herbert Simon. Dans une organisation, contrairement au modèle néoclassique standard, un acteur ne cherche pas à maximiser un résultat mais à obtenir un résultat satisfaisant. Le choix d'un acteur dépend de ses valeurs mais également des informations dont il dispose, des moyens institutionnels attachés à sa fonction et des réactions prévisibles de ses interlocuteurs. L'action d'un agent dépend donc de sa place dans l'organisation sans que celle-ci ne la conditionne : il existe toujours des espaces de liberté dans lesquels les agents peuvent développer des stratégies.

◄ **Simon (rationalité limitée)**

L'objectif de tout agent est d'améliorer sa situation qui, dans une organisation, se mesure principalement en terme de pouvoir. Le **pouvoir** est une relation qui permet à un acteur d'obtenir d'un autre acteur un comportement spécifique. Ces relations sont évidemment inégales, un supérieur hiérarchique ayant plus de pouvoir qu'un subordonné, mais jamais à sens unique : un groupe de salariés peut résister au pouvoir de la direction et s'aménager une zone de relative autonomie. L'objectif de chaque agent est donc d'accroître sa marge d'autonomie tout en restreignant celle des autres acteurs avec lesquels il est en relation. Pour cela, il peut s'appuyer sur son groupe et défendre les intérêts de la catégorie de salariés à laquelle il appartient.

Toutes ces actions peuvent déboucher sur de la routine lorsque les relations de pouvoir sont en équilibre ou sur un conflit lorsqu'une des parties rompt cet équilibre. Ces conflits éventuels dépendent des relations de pouvoir, des marges de liberté mais également de la capacité d'un groupe à se mobiliser (existence d'une culture spécifique).

Tout cela permet à Crozier de développer une analyse en terme de **cercle vicieux bureaucratique** : la centralisation du pouvoir déresponsabilise les agents d'un service, qui se désintéressent des objectifs globaux de l'organisation pour se focaliser sur leur fonctionnement interne. Cela crée des dysfonctionnements entre services auxquels l'administration répond par une centralisation plus poussée. La bureaucratie est donc inefficace du fait même de son organisation.

De l'analyse des organisations, Crozier est passé à celle de la société française. La bureaucratie, affirme-t-il, est en phase avec la culture française qui concilie un goût pour un pouvoir fort (principe de centralisation) et le refus de la servitude (principe des règles impersonnelles qui protègent le salarié subalterne). D'autres formes d'organisations plus souples et plus favorables à l'autonomie et à la responsabilité des acteurs n'arrivent pas à supplanter l'organisation bureaucratique. La solution au blocage français passe par une réforme radicale de son administration, ce qui suppose l'affaiblissement de l'État-nation grâce à la décentralisation et un approfondissement de la construction européenne.

Toute l'œuvre de Michel Crozier s'organise autour de trois thèmes principaux. Le premier est celui de l'action d'un individu et de la mobilisation collective. Il montre que des individus dont la rationalité est limitée sont pris dans des relations de pouvoir et peuvent se mobiliser collectivement pour défendre ou améliorer leur situation. Le second est une théorie de l'organisation qui critique la bureaucratie et valorise des formes plus souples d'organisation. La troisième est une critique de l'organisation politique et administrative française.

Bibliographie

- *Le Phénomène bureaucratique*, 1964.
- *La Société bloquée*, 1970.
- *L'Acteur et le Système* (en collaboration avec Frieberg), 1977.
- *On ne change pas la société par décret*, 1979.
- *État modeste, État moderne*, 1987.
- *La Crise de l'intelligence : essai sur l'impuissance des élites à se réformer*, 1995.
- *Quand la France s'ouvrira*, en collaboration avec Bruno Tilliette, 1999.
- *Ma Belle Époque, Mémoires*, 2002.

D

Ralf **Dahrendorf**

Ralf Dahrendorf (né en 1929) a étudié les langues et la littérature, la philosophie et la sociologie à Hambourg puis à Londres. Initialement proche des libéraux allemands, il a mené une carrière politique (député au parlement de la République fédérale allemande, membre du premier gouvernement Willy Brandt, membre de la Commission européenne en 1970, membre de la Chambre des lords à Londres après avoir été fait Lord par la Reine), une carrière professionnelle en Allemagne, aux États-Unis et en Angleterre (directeur de la London School of Economics en 1974) et des activités de chercheur sur la place des conflits dans la société moderne.

Dahrendorf fait le constat de la complexité de la société moderne : à la hiérarchie économique (la richesse) s'ajoutent une hiérarchie sociale (le prestige social) et une hiérarchie politique (l'autorité). Il distingue le **pouvoir** de l'**autorité** : alors que le premier est une relation fondée sur la personnalité d'un individu, la seconde est l'exercice d'un pouvoir légitime lié à la position sociale occupée dans une organisation (entreprise, administration, association, église, etc.). La hiérarchie fondée sur l'autorité diffère des hiérarchies économique ou sociale. Il y a, en effet, un continuum de situations

◄ Crozier (pouvoir)

tant dans le domaine économique que dans le domaine social tandis qu'il y aurait une opposition interne à chaque organisation entre ceux qui exercent l'autorité et ceux qui la subissent. Il y voit la possibilité de l'existence des **classes sociales** qui sont des collectivités d'individus ayant la même position dans la hiérarchie de l'autorité et donc les mêmes intérêts.

Marx, Weber ►

À chacune des places dans l'une ou l'autre de ces hiérarchies correspondent des **intérêts latents** qui sont des intérêts dont les individus n'ont pas nécessairement conscience. L'ensemble des individus ayant des intérêts latents analogues mais qui ne s'organisent pas pour les défendre forme ce que Dahrendorf appelle un **quasi-groupe**. Ce groupe devient un **groupe d'intérêt** lorsque ses membres prennent conscience de leurs intérêts communs et qu'ils se mobilisent. De ce fait, les intérêts latents deviennent des intérêts manifestes.

Cela rend fréquents les **conflits de groupe** qui sont des relations d'antagonisme entre des collectivités organisées relevant de la structure sociale. Ces conflits débouchent sur un changement social qui peut être plus ou moins profond (transformation importante d'un domaine social) et plus ou moins étendu (il peut affecter un ou plusieurs domaines sociaux).

Comme Marx, Dahrendorf reconnaît que le conflit est un facteur essentiel du changement social mais les points de divergences entre les deux auteurs l'emportent sur ce qui les rapproche. Non seulement, Dahrendorf ne situe pas l'origine des classes sociales dans les rapports de production, mais il ne ramène pas tous les conflits à des conflits de classe (conflit de groupe dans le domaine de l'autorité). Il soutient, en outre, que ces conflits de classe n'ont rien d'automatique. Il y a bien, dans chaque organisation, un groupe privé de l'autorité, mais un individu privé d'autorité dans une organisation peut en détenir dans une autre. Or, il faudrait qu'il y ait superposition des groupes d'intérêt dans le domaine de l'autorité pour que ceux-ci se transforment en classes sociales et que les conflits d'intérêt deviennent des conflits de classe. Il existe donc une multitude de conflits d'intérêts qui ont peu de chance de fusionner pour former un conflit central.

Dans la société moderne, l'organisation de tous ces groupes d'intérêt s'accompagne d'une reconnaissance mutuelle des acteurs et d'une acceptation par tous des règles de déroulement des conflits. Cette institutionnalisation des conflits est à la fois la cause et la conséquence de la pacification des relations sociales. Dans ces conditions, la mise en concurrence de ces groupes devrait déboucher sur la situation sociale la plus satisfaisante possible. Le rôle de l'État consiste alors à assurer l'égalité des chances dans cette compétition généralisée. Cela peut passer par des aides accordées aux plus défavorisés de façon à leur permettre d'exercer réellement leur liberté de choix. Mais ces aides ne doivent pas concourir à les déresponsabiliser et doivent alors être conditionnelles.

L'originalité de Ralf Dahrendorf est donc à la fois de faire une analyse en terme de conflits (ce qui pourrait le rapprocher de Marx) et d'affirmer que la mise en concurrence des groupes d'intérêts aboutit à la situation sociale la plus favorable possible (ce qui le situe clairement comme un penseur libéral). Le rôle de l'État est alors d'assurer, dans les faits, l'égalité des chances entre les individus et les groupes d'intérêt. On reconnaît là une des idées centrales de « la troisième voie » prônée par Tony Blair et dont il est un des théoriciens.

Bibliographie

- *Classes et conflits de classes dans la société industrielle*, 1972.
- *Réflexions sur la révolution en Europe, 1989-1990*, 1991.

Gérard Debreu

Gérard Debreu, économiste américain d'origine française a reçu le prix Nobel d'économie en 1983 pour ses travaux sur l'équilibre général. Mathématicien de formation, il deviendra l'un des économistes néoclassiques les plus reconnus de la seconde moitié du XXe siècle.

Léon Walras a été le premier à chercher à démontrer la possibilité de l'**équilibre général** ; pour cela il avait montré que le nombre d'équations et le nombre d'inconnues rendaient possible la résolution du système. L'étude du problème de l'existence de cet équilibre et des solutions formelles rigoureuses n'a été réellement effectuée que près d'un siècle plus tard par Kenneth Arrow et Gérard Debreu. Grâce à un nombre très restreint d'hypothèses, ils démontrent l'existence de cet équilibre général :

◄ Walras, Arrow (équilibre général)

- les marchés sont de **concurrence parfaite** et sont complets (ce qui signifie qu'il existe un marché pour chaque bien) ;

• chaque ménage dispose d'une dotation initiale qui lui permet de survivre sans faire d'échanges ;

• les préférences sont convexes ;

• les rendements ne sont pas croissants et les coûts ne sont pas fixes.

Pareto (optimum) ►

À ces conditions, non seulement l'équilibre général est possible, mais en plus il assure l'**optimum de Pareto**. Le modèle Arrow-Debreu devient la version moderne du modèle de la concurrence parfaite et donc le nouveau point de départ de toutes les nouvelles **analyses néoclassiques**.

Mais si la démonstration d'existence montre qu'il existe un prix d'équilibre général, elle ne dit pas comment on peut parvenir à cet équilibre dans le cadre d'une économie de marché, c'est-à-dire comment les agents, au travers de leurs échanges peuvent le faire émerger. Ce problème est celui de la **stabilité de l'équilibre général** : le théorème de Sonnenschein-Mantel-Debreu montre que la stabilité de l'équilibre (c'est-à-dire la convergence vers l'équilibre) n'est pas garantie même lorsque les différentes hypothèses sont réunies. L'équilibre général existe, mais il n'a aucune raison d'émerger naturellement.

Bibliographie

- *Existence of equilibrium for a competitive economy*, avec K. Arrow, 1954.
- *Théorie de la valeur*, 1959.

Wilhem Dilthey

Wilhem Dilthey (1833-1911), élève à Heidelberg de Kuno Fischer et de Friedrich Trendelenburg, s'intéresse à la philosophie au moment où se dessine en Allemagne un mouvement de révolte contre l'hégélianisme jusqu'alors triomphant. Il refuse la théologie, comme il refuse aussi la métaphysique, pour affirmer les droits de l'expérience historique. Pour lui, la conscience humaine n'est pas une intelligence infinie. Le moi et le monde sont corrélatifs et il importe donc de prendre conscience de la relativité du sujet connaissant. Dilthey pense que la vie est en elle-même source de savoir, bien que la saisie du sens de celle-ci nécessite un détour réflexif.

Dilthey réfute la thèse positiviste qui réduit la connaissance historique à une collection de faits soumis ensuite à la recherche causale. Si tel était le cas, l'histoire devrait se borner à l'utilisation de méthodes descriptives et comparatives dont on trouve le modèle en botanique, ou encore en zoologie. Or, contre cette tentative d'assimilation des sciences historiques aux sciences naturelles, Dilthey pense qu'il faut creuser la différence entre ces deux groupes de sciences en les situant par rapport à la place respective qu'y occupent l'**explication** et la **compréhension**. Cette idée est résumée dans cette formule célèbre : « Nous expliquons la nature, nous comprenons la vie psychique ».

◄ Comte (positivisme)

La compréhension ne se situe pas vraiment dans le registre psychologique. Ce n'est pas, comme Dilthey lui-même a pu l'affirmer dans un premier temps, la participation vécue à l'expérience d'autrui (la « sympathie » consistant à revivre ce que l'autre a vécu), mais plutôt la saisie du sens immanent à toute réalité humaine. L'histoire individuelle et collective des hommes s'analyse comme un texte à déchiffrer. L'**herméneutique** est le seul but valable que peut poursuivre une conscience humaine : comprendre l'expression et la vie dans l'expression, en adoptant une démarche d'interprétation des manifestations concrètes de l'esprit humain.

Si on accepte l'épistémologie de Dilthey, la question fondamentale qui se pose est celle de l'objectivité des sciences historiques (ou des sciences humaines). Si l'historien ne s'occupe pas des faits tels qu'ils se sont passés, mais des faits tels qu'on suppose qu'ils se sont passés, l'histoire n'est-elle pas « un continuel enfantement de fantômes sur les profondes nuées de la réalité impénétrable » ? (Nietzsche).

Le pari de Dilthey, conscient des difficultés, est de tenter de surmonter les illusions du positivisme sans céder pour autant au vertige du subjectivisme. La problématique qu'il énonce clairement est celle du degré d'objectivité à laquelle peut prétendre la connaissance historique. Toutefois, en refusant de distinguer jugements de fait et jugements de valeur, Dilthey n'évite pas totalement le piège de l'**historisme**, doctrine qui débouche sur le relativisme absolu et la négation de toute vérité transcendantale.

En tout cas, le mérite essentiel de Dilthey aura été d'initier une tradition intellectuelle que l'on retrouvera chez des auteurs comme Rickert, Weber ou encore Simmel.

◄ Simmel, Weber

Pour remédier aux difficultés que font naître l'affirmation de l'autonomie des sciences de l'esprit, Rickert atténue l'opposition entre celles-ci et les sciences exactes en affirmant que cette opposition réside plus dans la méthode que dans l'objet des sciences.

Quant à Weber, il se distingue de Dilthey sur trois points importants :

• d'abord, l'auteur d'*Économie et société* affirme une ambition modélisante à travers le concept d'idéal-type ;

• ensuite, il insiste sur la nécessité d'associer étroitement démarche compréhensive et explication causale ;

• enfin, la distinction entre rapport aux valeurs et jugement de valeurs, qui se traduit par l'expression de neutralité axiologique, permet de dépasser le subjectivisme de Dilthey.

Bibliographie

- *Gesammelte Werke*, 12 volumes, Leipzig, 1914 - 1958 ; en français : *Introduction à l'étude des sciences humaines*, Paris, 1942.
- *Théorie des conceptions du monde*, Paris, 1946.
- *Le Monde de l'esprit*, 2 volumes, Paris, 1947.

Evsey D. **Domar**

Evsey D. Domar (1914-1997) est un économiste nord-américain. Son nom est parfois associé à celui de R. Harrod pour avoir publié en 1947 un modèle de croissance proche de celui de ce dernier, connu sous le nom de **modèle de « Harrod-Domar »**.

Harrod ►

Domar a développé indépendamment de Harrod un modèle de croissance qui montre qu'il n'y a aucun mécanisme sur le long terme qui assure à l'économie un taux de croissance équilibré.

Selon Domar, pour analyser le processus de la croissance, il faut envisager la double nature de l'investissement :

• l'investissement est une composante de la demande globale (c'est-à-dire de la demande agrégée de biens de production et de biens de consommation), son accroissement génère des flux de revenu qui tirent la production et donc l'emploi. C'est le principe du

Keynes ►

multiplicateur d'investissement décrit par Keynes dans la *Théorie générale, de l'emploi, de l'intérêt et de la monnaie* ;

• l'investissement a aussi des effets sur l'offre dans la mesure où l'investissement net accroît le stock de capital, donc les capacités de production disponibles.

Pour qu'il y ait croissance équilibrée (c'est-à-dire croissance de plein emploi sans gaspillage de capacités de production), il faut donc que la demande augmente au même rythme que les capacités de production. Autrement dit, les revenus dégagés par l'accroissement de l'investissement (effet revenu) doivent permettre d'écouler le supplément de produits qui résulte de l'augmentation des capacités de production (effet capacité).

Mais Domar montre que seul un accroissement de l'investissement permet d'élever le niveau des revenus tandis que c'est la totalité de l'investissement qui accroît les capacités de production. On est donc devant un dilemme : si l'investissement est insuffisant, les capacités de production disponibles ne permettront pas d'embaucher toute la population active (**hypothèse de fixité du coefficient de capital**). Mais si on accroît l'investissement, il faudra investir encore plus par la suite pour ne pas laisser se développer surcapacités et chômage. Ce que Domar résume en disant que l'investissement est « en même temps un remède contre la maladie et la cause de plus grands troubles pour le futur ».

Pour Domar, il n'est pas suffisant d'accroître les dépenses publiques d'investissement pour faire reculer le chômage, il faut également agir sur le taux d'épargne pour le faire reculer.

Bibliographie

- Expansion and Employment, *American Economic Review,* 1947.

James S. **Duesenberry**

James S. Duesenberry est un économiste américain, né en 1918. Il obtient un doctorat en économie en 1938 et entame une carrière d'enseignant à l'université du Michigan. En 1946, il devient chargé d'enseignement à l'université de Harvard où il est nommé profes-

Samuelson, Hicks ►

Keynes ►

Kuznets ►

seur chargé du département d'économie, en 1955. Il enseigne à Harvard jusqu'à sa retraite, en 1989. Ses travaux l'apparentent au courant de la synthèse.

À la fin des années 1940, les premiers travaux de Duesenberry portent sur la **fonction de consommation** keynésienne. Il explique que les ménages déterminent leur consommation non seulement en fonction de leur revenu mais aussi en fonction de leur volonté d'imiter les ménages d'une catégorie qu'ils jugent supérieure (**effet d'imitation**). Leur propension à consommer va alors être supérieure à celle des ménages d'un niveau de revenu supérieur.

Par ailleurs, Duesenberry lie la consommation des ménages à leur revenu courant mais aussi à leur revenu maximal atteint dans le passé. C'est pourquoi, lorsque leur revenu courant diminue, leur consommation ne recule pas ou diminue peu : un **effet de cliquet** maintient le niveau de leur consommation faisant croître leur propension moyenne à consommer. Cette approche permet d'expliquer pourquoi la propension à consommer est instable à court terme : elle augmente quand le revenu courant diminue et recule quand le revenu courant augmente. Mais à long terme elle est stable, conformément au constat empirique établi par Kuznets en 1946 qui contredit la thèse de Keynes selon laquelle la propension (marginale ou moyenne) à consommer diminue quand le revenu national augmente.

Duesenberry s'est également intéressé à la **théorie des cycles**. Il a notamment établi un modèle dans lequel l'**investissement** courant dépend du revenu national de la période antérieure (plus le revenu national est élevé, plus la demande est forte et plus l'incitation à investir est grande) et du volume de capital de la période antérieure (plus le stock de capital est élevé, moins est grande l'incitation à investir, du fait de la décroissance de la productivité marginale du capital).

Bibliographie

- *Income, saving and the theory of consumer behaviour*, 1949.
- *Business cycle and economic growth*, 1958.
- *Money and credit : impact and control*, 1964.
- *Money, banking and the economy*, 1981.

Émile Durkheim

Émile Durkheim (1858-1917), né dans une famille de rabbins à Épinal, s'est intéressé aux sciences sociales dès sa sortie de l'École normale supérieure en tant que jeune agrégé de philosophie, en 1882. À partir de 1896, il entreprend de réunir une équipe de collaborateurs qui vont publier chaque année, entre 1898 et 1912, une revue nommée *L'Année sociologique*, qui assurera la renommée de l'école française de sociologie.

L'œuvre de Durkheim est à la fois celle d'un scientifique et d'un homme tourné vers l'action.

D'un scientifique tout d'abord, puisque son projet est de fonder une science nouvelle, la sociologie, qui a pour finalité d'étudier les faits sociaux et leurs lois. Ce projet s'inscrit dans de multiples polémiques qui ont marqué le développement des sciences sociales à la fin du XIXe siècle. D'un côté, on trouve ceux qui affirment la thèse de l'unité du champ scientifique et qui ne font donc pas de distinction radicale entre l'étude des phénomènes sociaux et celle des phénomènes naturels ; de l'autre côté, figurent les partisans d'une séparation entre « les sciences de la nature » et « les sciences de l'esprit ». Durkheim, fidèle à l'esprit du positivisme d'A. Comte, se range résolument dans le camps des « unitaires ».

◄ **Comte, Dilthey (positivisme)**

D'un homme d'action ensuite, puisque, comme de nombreux intellectuels de son époque, Durkheim est particulièrement sensible aux problèmes de société qui s'expriment à la fin du XIXe siècle. Conscient de la grave crise morale qui secoue alors la société française, il pense que la religion n'est plus en mesure de freiner les appétits individuels et de jouer le rôle de ciment social. Dans ces conditions, la question fondamentale qui traverse la recherche de Durkheim est la suivante : comment, face à la progression inébranlable de l'individualisme, maintenir l'ordre social ? D'une certaine façon, on peut dire que toute son œuvre est tendue vers la recherche d'une réponse à cette question cruciale.

Dans *De la division du travail social* (1893), Durkheim aborde un thème qui lui est cher, à savoir la question de la cohésion sociale. Comment une collection d'individus peut-elle former une société ? Il répond à cette interrogation par la distinction de deux formes de solidarité : la solidarité mécanique et la solidarité organique.

La **solidarité mécanique** est une solidarité par similitude qui caractérise les sociétés traditionnelles. Dans ces sociétés, la **conscience collective** (qui est l'ensemble des sentiments et des croyances communs à la moyenne des membres d'une société) est forte. Les individus sont semblables et interchangeables, et le corps social est constitué de segments juxtaposés (un **segment** est un groupe social séparé du monde extérieur, qui mène une vie propre et dans lequel les individus sont étroitement intégrés). Le droit en vigueur est un **droit répressif** sanctionnant les fautes et les crimes.

La **solidarité organique** est une solidarité par différenciation, qui caractérise les sociétés modernes. Les individus sont différents et le poids de la conscience collective est faible : chacun est libre de penser et d'agir à sa guise. Cette solidarité est appelée organique par analogie avec les organes de l'être vivant qui, tout en remplissant chacun une fonction propre, participent néanmoins à la survie de l'ensemble. Dans la société à solidarité organique, le droit est **restitutif** ou encore coopératif : il ne sanctionne pas par nature ; son but est de remettre les choses en l'état pour mieux organiser la coopération des individus.

L'extension du droit restitutif va logiquement de pair avec la réduction du **crime** que Durkheim définit comme un acte qui viole un impératif ou un interdit, ou même qui heurte la conscience collective. Si le crime, au sens sociologique, est l'acte qu'interdit la conscience collective, la réduction du champ de celle-ci va de pair avec la diminution d'actes repérés comme criminels, sans que l'on puisse pour autant se prononcer sur l'évolution réelle de la criminalité.

Rousseau
Spencer ►

Pour Durkheim, la société moderne n'est pas fondée sur le **contrat**, c'est-à-dire sur des accords librement conclus entre les individus. La cause de la solidarité organique, donc la cause de l'augmentation de la division du travail, ne saurait résider dans des motivations d'ordre psychologique (l'intérêt ou la recherche du bonheur). Cette cause ne peut être que sociale, puisqu'il s'agit d'expliquer un fait social par un autre fait social (voir plus bas). En l'occurrence, c'est l'accroissement de la densité matérielle et morale de la société qui est la cause de la différenciation. La **densité matérielle** résulte de l'accroissement démographique : c'est le nombre d'individus sur une surface donnée au sol. La **densité morale** est l'intensité des communications et des échanges entre les individus, résultat de la densité matérielle.

Les Règles de la méthode sociologique (1895) exposent les deux conditions auxquelles la sociologie doit satisfaire pour devenir une science : avoir un objet d'étude propre et mettre en œuvre une méthode de recherche qui s'inspire de celle existant dans les sciences de la nature.

L'objet d'étude de la sociologie est le **fait social** : « manière d'agir, de penser et de sentir, extérieure à l'individu, et douée d'un pouvoir de coercition en vertu duquel elle s'impose à lui ». Le fait social se reconnaît ainsi à l'extériorité et à la contrainte. Il est extérieur à l'individu parce que nous ne sommes pas à l'origine des règles sociales que nous respectons. Il est contraignant parce que nous sommes tenus de respecter ces règles, sous peine de sanctions formelles ou informelles.

La méthode d'analyse prônée par Durkheim vise à atteindre l'objectivité. Elle se décompose en deux règles fondamentales :

• la **première règle de la méthode sociologique** explique qu'il faut traiter les faits sociaux comme des choses. Cela signifie qu'il est nécessaire d'écarter les **prénotions** (jugements spontanés que le sens commun formule sur telle ou telle question) et de définir précisément les phénomènes étudiés ;

• la **deuxième règle de la méthode sociologique** énonce qu'il faut expliquer un fait social par un autre fait social. En d'autres termes, on explique le collectif par le collectif et non le collectif par l'individuel. Par exemple, l'accroissement de la division du travail caractéristique du passage à une solidarité de type organique s'explique par l'accroissement démographique (fait social) et non par l'intérêt que les agents pourraient y trouver (explication psychologique).

Le troisième grand livre de Durkheim, *Le Suicide* (1897), applique à la lettre les règles que l'on vient d'énoncer. Durkheim commence par y définir le suicide comme « tout cas de mort qui résulte directement ou indirectement d'un acte positif ou négatif accompli par la victime elle-même et qu'elle sait devoir produire ce résultat ». On notera au passage que cette définition ne correspond pas à celle du sens commun. Pour Durkheim, le héros qui sacrifie sa vie pour sauver des innocents appartient à la nomenclature du suicide, alors que la société en fait plutôt un être exceptionnel méritant d'être distingué.

Dans un deuxième temps, Durkheim élabore une typologie du suicide reposant sur trois formes fondamentales, plus une quatrième que l'on cite par souci de symétrie mais qui ne fait pas l'objet d'une analyse détaillée :

• le **suicide égoïste** se produit lorsque les cadres sociaux intégrateurs (famille, église, école ...) se relâchent. L'individu désormais livré à lui-même est animé de désirs qui ne sont pas compatibles avec sa destinée et qui ne sont plus bornés par son groupe d'appartenance. La déception qu'il ressent résultant de l'écart entre la vie réelle et la vie rêvée peut l'amener à s'ôter la vie ;

• **le suicide altruiste**, à l'inverse, se produit lorsque les cadres sociaux intégrateurs sont trop forts. Peu fréquent dans les organisations modernes, on le rencontre dans certaines sociétés archaïques (ex : la femme qui accepte d'être enterrée vivante avec le corps de son mari) ;

• le **suicide anomique**, le plus intéressant d'après Durkheim, accompagne la société moderne. Il survient lorsque la réglementation est trop faible, c'est-à-dire lorsque les règles sociales qui orientent la vie des individus sont, soit relâchées, soit en nombre insuffisant. L'**anomie** est un dérèglement social qui se rencontre dans la sphère de la famille (divorce) ou dans la sphère économique (crise). Dans ce dernier cas, elle peut prendre des formes aiguës ou durables. Dans sa forme aiguë, elle correspond aux situations de misère ou d'extrême prospérité (l'individu perd alors ses repères) ; dans sa forme durable, elle évoque par exemple des carences de la réglementation industrielle ou commerciale.

Merton ►

Pour rester sur l'anomie, on observera cependant que, dans sa thèse de 1893 (*De la division du travail social*, voir plus haut), Dukheim lui donnait un sens un peu différent. L'anomie était alors un état anormal de la division du travail ne produisant pas de la solidarité sociale. Il en est ainsi lorsque surviennent des faillites d'entreprises, lorsque l'opposition entre le capital et le travail prend une tournure exacerbée (multiplication des conflits du travail) ou encore lorsque le travail scientifique est trop spécialisé (le morcellement de la science provoque son incompréhension, voire son rejet) ;

• quant au **suicide fataliste**, il apparaît lorsque la réglementation est trop forte ; ce serait, à titre d'illustration, celui des « époux mariés trop jeunes ».

Dans tous ces cas de suicide, on remarque que Durkheim ne met pas en avant des causes psychologiques (le mal être, la névropathie, ...) mais un **courant suicidogène** que l'on peut définir comme une force sociale et collective, émanation du groupe, qui pousse l'individu à se tuer. Cette expression est d'ailleurs révélatrice de ce que l'on appellera plus tard le **holisme** durkheimien (qui est une tendance à considérer que l'individu est le jouet de forces qui le dépassent). Tout dépend en effet de ce que l'on entend par courant suicidogène. Si on considère celui-ci comme une cause déterminante qui emporte les individus, on est alors dans un cadre de pensée holliste qui laisse peu de place à la marge de liberté de l'acteur social. Si, au contraire, on pense que le fait statistique résulte de la combinaison de données psychopathologiques et de faits sociaux, on se situe dans une perspective que l'on peu qualifier de « **déterminisme tempéré** ».

Les Formes élémentaires de la vie religieuse (1912) concluent l'œuvre de Durkheim. Il appréhende la **religion** comme la division en phénomènes sacrés et en phénomènes profanes, et non comme la croyance en un Dieu transcendant. Pour comprendre le phénomène religieux, Durkheim propose de revenir à l'analyse de ses formes les plus simples et les plus primitives, qu'il identifie avec le totémisme australien. Le totémisme s'analyse à travers les notions de clan et de totem. Le **clan** est un groupe de parenté qui n'est pas constitué par des liens de consanguinité. Le **totem** est une plante ou un animal qui exprime l'identité du groupe humain auquel celui-ci se rattache. Selon l'auteur des *Formes élémentaires de la vie religieuse,* le totémisme montre que la religion est une chose éminemment sociale, à savoir qu'à travers celle-ci, c'est en fait la société qui devient objet de croyance et de culte. Les individus croient adorer des forces supérieures ; en réalité, c'est la société même qui éveille en eux le sentiment du divin. Du même coup, cette explication permet de découvrir l'origine des catégories de l'entendement humain, tels les concepts de force, de totalité, de causalité… qui ne sont que des expressions de la vie collective. Si la thèse de Durkheim est séduisante, on observera cependant qu'elle a l'inconvénient majeur de définir la religion en évacuant ce qui en fait certainement l'essentiel : l'expérience de la transcendance. L'adoration que l'individu porte dans certains cas au groupe social n'est-elle pas précisément le signe de l'impiété ?

D'une manière plus générale, et en guise de conclusion, s'il est vrai que la sociologie de Durkheim comporte une contradiction majeure puisqu'elle veut à la fois fonder scientifiquement la société et en même temps en faire le foyer de l'idéal moral, il n'en reste pas moins qu'elle est fondatrice d'une méthode d'investigation basée sur l'élimination des prénotions, le recours systématique aux statistiques, la volonté de dégager des régularités, bref sur un désir d'objectivité qui la distingue bien souvent de la méthodologie plus qualitative de l'historien.

Bibliographie

- *De la division du travail social*, 1893.
- *Les Règles de la méthode sociologique*, 1895.
- *Le Suicide*, 1897.
- *Les Formes élémentaires de la vie religieuse*, 1912.

E

Norbert Elias

Norbert Elias (1897-1990) fait des études de médecine, de philosophie et de sociologie en Allemagne. Il s'exile en France en 1933 puis en Grande-Bretagne. Son travail est longtemps resté méconnu pour des raisons historiques (il publie son ouvrage majeur en Allemagne en 1939 alors qu'il est réfugié en Angleterre), linguistiques (il publie parfois en allemand et parfois en anglais) et scientifiques (son œuvre a surpris par son aspect historique et son ambition : étudier le processus de civilisation). Il enseigne à l'université de Leicester à partir de 1954 puis au Ghana, aux Pays-bas et, enfin, en Allemagne. La reconnaissance de son apport à la réflexion sociologique a été tardive (à partir des années 60) mais ne fait que s'affirmer.

Über den Prozess der Zivilisation, initialement publié en 1939 et édité en France en deux ouvrages *La Civilisation des mœurs* et *La Dynamique de l'Occident,* est considéré comme l'ouvrage majeur d'Elias.

Elias montre qu'à partir du XVIe siècle en Occident les individus ont cherché à maîtriser leur violence, leurs émotions et tout ce qui semblait appartenir à la « nature animale » pour gagner en civilité grâce à l'observation des règles de politesse et de savoir-vivre. Cette évolution, uniquement perceptible à l'échelle historique, s'explique par la transformation des relations sociales : elle a été initiée par l'aristocratie puis imitée par la bourgeoisie avant de gagner tardivement, et de façon encore plus déformée que dans le cas de la bourgeoisie, le peuple. Cette sensibilité nouvelle de l'aristocratie s'explique par la constitution d'un État centralisé monopolisant progressivement la fiscalité et la violence légitime. Cela s'est traduit par la création d'une **noblesse de cour** qui a cherché à se distinguer de l'aristocratie guerrière par ses « bonnes manières ». Au monopole de la violence par l'État a répondu une renonciation des individus à l'exercice de leur propre violence. Cela s'est traduit par le développement de la **civilisation** qu'Elias définit à partir de quatre critères :

Weber ►

- la monopolisation de la violence par l'État ;
- la pacification des relations interpersonnelles ;
- l'élévation du degré de pudeur ;
- l'intériorisation de l'auto-contrôle des émotions par les individus.

De cette étude, Norbert Elias tire la conclusion que l'on ne peut pas opposer « individu » et « société ». Ce sont, d'après lui, deux concepts théoriques qui alimentent des oppositions factices (holisme/individualisme par exemple) mais qui ne sont pas vérifiés empiriquement. En revanche, ce que le sociologue peut observer, ce sont des relations sociales.

Elias nomme **interdépendance** (ou interrelation) toute forme de dépendance entre des individus. Ces derniers peuvent entretenir des relations directes (ex : des joueurs de cartes) ou indirectes (tel est le cas du planteur de café et du spéculateur sur cette marchandise). Dans les deux cas, le comportement d'un des acteurs dépend du comportement des autres et ne peut se comprendre que par référence à cet ensemble. Ces relations sont souvent déséquilibrées, un des acteurs pouvant avoir plus de pouvoir que l'autre. L'influence de la sociologie structuraliste sur celle d'Elias est ici perceptible.

Structuralisme ►

Une **configuration** désigne toute situation concrète d'interdépendance, de la partie de carte à la nation. C'est un système d'interaction dans lequel aucun acteur ne peut agir sans modifier la situation des autres et n'est indépendant des autres. Cela se rapproche de ce que P. Bourdieu nomme un champ social.

Bourdieu (champ social) ►

Les individus entretiennent des relations multiples et sont donc soumis à de nombreuses interdépendances qui limitent leur liberté, sans pour autant les empêcher d'agir. Elias cherche ainsi à dépasser l'opposition entre la liberté et le déterminisme. De ces relations sociales émergent des normes qui sont intériorisées par les personnes mises en relation. Il développera le concept d'**habitus** en 1987 (mais l'utilise dès 1939) pour désigner cette incorporation des compétences et des normes par un individu à l'occasion des relations qu'il entretient avec les autres.

◄ **Bourdieu (habitus)**

Du fait de la relative autonomie des individus, ces configurations sont évolutives et la sociologie est inévitablement une science dynamique, le changement social étant une modification des relations sociales.

Fortement influencée par Weber, la sociologie d'Elias présente l'intérêt de vouloir dépasser toute une série d'oppositions classiques : histoire ou sociologie, individu ou société, liberté ou déterminisme. Elle est un chaînon qui relie Max Weber à Pierre Bourdieu.

Bibliographie

- *La Civilisation des mœurs*, (1939), Calmann-Levy, 1973.
- *La Dynamique de l'Occident*, (1939), Calmann-Levy, 1975
- *La Société de cour* (1969), Flammarion, 1985.
- *Qu'est-ce que la sociologie ?* (1970), Éditions de l'Aube, 1991.
- *La Société des individus*, 1987.

Arghiri Emmanuel

D'origine grecque, Arghiri Emmanuel (1911-2001) s'installe en France après la Seconde Guerre mondiale. Ses travaux, pourtant inspirés des thèses de Marx, développent un point de vue critique à l'adresse des analyses marxistes du sous-développement et réfutent certaines hypothèses de l'analyse ricardienne du commerce international, en particulier l'immobilité du facteur capital.

Emmanuel applique aux échanges entre pays pauvres et pays riches la théorie de l'exploitation de Marx. Le **commerce international** régi par les principes libre-échangistes est néfaste aux pays en développement : les exportations des pays capitalistes à destination

◄ **Marx, Ricardo**

des pays en développement incorporent moins d'heures de travail que les importations en provenance de ces pays. Cet **échange inégal** implique un transfert de valeur se traduisant par un surprofit pour les firmes des pays avancés, qui est en partie distribué à leurs salariés sous forme de hauts salaires, relativement à ceux des pays en développement. Par conséquent, les salariés des pays riches participent à l'exploitation des salariés des pays pauvres.

Par ailleurs, Emmanuel s'intéresse aux effets des **transferts de technologies** sur les pays en développement. La dépendance n'est pas tant la cause, que la conséquence du **sous-développement**. L'indépendance sera réelle lorsque ces pays auront adopté les technologies des pays les plus avancés. De ce point de vue, le rôle des firmes multinationales peut être positif, alors qu'un développement autocentré fondé sur des technologies du passé entretiendrait le sous-développement.

Bibliographie

- *L'Échange inégal*, 1969.
- *Technologies appropriées ou technologies sous-développées*, 1982.

Ernst **Engel**

Ernst Engel (1821-1896) est un économiste et statisticien prussien. En 1850, il crée l'Office saxon de statistique et devient en 1860 le directeur de l'Office de statistique de la Prusse dont il démissionne en 1882 pour marquer son opposition à la politique protectionniste de Bismarck.

Engel souhaite analyser les faits sociaux en mobilisant les outils de l'observation statistique. En 1857, il établit, sur la base de données portant sur les conditions de vie de familles belges, une loi économique stipulant que lorsque le revenu s'accroît, la part de la **consommation** consacrée à l'alimentation diminue (**loi d'Engel**). Une enquête ultérieure montre que cette part peut cependant rester élevée, quand le revenu augmente, si les ménages accroissent et diversifient leur ration alimentaire. Engel observe d'autres évolutions sur certains postes budgétaires, sans leur conférer le statut de loi. D'ailleurs, des travaux conduits en 1895 l'amènent à modifier certaines de ses conclusions antérieures : par exemple, en 1857, il constatait que la part de la consommation consacrée au logement était stable quand le revenu augmentait ; en 1895, il montre que cette part décline dans un premier temps, puis augmente au-delà d'un certain seuil de revenu. En revanche, il confirme que la part de la consommation consacrée aux produits de luxe, d'hygiène et de santé augmente quand le revenu s'accroît.

Par ailleurs, l'étude de la consommation des ménages au plan national conduit Engel à s'opposer aux thèses malthusiennes, en affirmant que la croissance démographique ne peut être néfaste dès lors que la structure de la population active correspond à celle de la consommation nationale. De plus, les gains de productivité permettent d'accroître la production agricole quand la population augmente.

◄ Malthus

Bibliographie

- *Les Conditions de la production et de la consommation en Saxe*, 1857.
- *Le Coût de la vie pour les familles ouvrières belges hier et aujourd'hui*, 1895.

Friedrich **Engels**

Friedrich Engels (1820-1895) est à la fois un militant politique (il participe à la fondation de l'Association internationale des travailleurs en 1864), un philosophe qui critique Hegel et développe la thèse du matérialisme historique, et un économiste soucieux d'analyser le développement industriel de l'Angleterre. Son nom est inévitablement associé à celui de Marx dont il a été le principal ami et collaborateur.

◄ Marx

Engels découvre l'économie de l'intérieur en 1842 en tant qu'employé dans une filature de Manchester qui appartient pour partie à son père. Il en profite pour étudier à la fois le développement industriel de l'Angleterre et la situation de la classe ouvrière (*La Situation de la classe laborieuse en Angleterre*, 1845). Il développe l'idée d'une révolution

Bourgeoisie, prolétariat ►

industrielle qui débouche sur la constitution de classes sociales antagoniques : la bourgeoisie et le prolétariat. Comme d'autres avant lui, il dénonce la misère ouvrière mais a l'originalité de l'inscrire dans un processus économique : le développement du capitalisme. Cette réflexion économique alimentera celle de Marx, qu'il rencontre en 1844.

Dans l'*Anti-Düring* (1878), Engels expose les principes de base du **matérialisme historique**, théorie qui cherche à analyser l'évolution des sociétés en donnant la priorité à l'économie sur les autres activités sociales. Non seulement la réalité matérielle existe indépendamment de la pensée mais la pensée est le reflet des conditions d'existence. Celles-ci dépendent des relations (à la longue contradictoires) entre les rapports de production (division en classes sociales) et les forces productives (outils de production et travail). Les sociétés se transforment sous l'effet de cette contradiction et de la lutte des classes qu'elle provoque. En tant que méthode d'analyse du monde, le matérialisme historique doit mettre en évidence les lois d'évolution interne de chaque mode de production.

L'Origine de la famille, de la propriété privée et de l'État (1884) est pour Engels l'occasion d'expérimenter ce matérialisme historique dans un travail inspiré de l'anthropologie. Il soutient que les formes familiales sont déterminées par les rapports de production : ainsi, l'industrialisation est la cause de la diminution de la taille des familles. Il en va de même pour l'État qui apparaît avec la propriété privée et qui est un instrument de domination d'une classe sur une autre.

Bibliographie

- *La Situation de la classe laborieuse en Angleterre*, 1844.
- *Anti-Düring*, 1878.
- *L'Origine de la famille, de la propriété privée et de l'État*, 1884.
- *L'Idéologie allemande*, en collaboration avec Marx, 1845.
- *Manifeste du parti communiste*, en collaboration avec Marx, 1847.
- *Critique du programme de Gotha*, en collaboration avec Marx, 1875.

F

Paul Feyerabend

Paul Feyerabend (1924-1994) est né en Autriche. Après les années de guerre passées dans l'armée allemande, il obtient un doctorat ès sciences en 1951. Dès 1952, il part pour l'Angleterre où il étudie sous la direction de K. Popper. En 1955, il est nommé professeur de philosophie des sciences à l'université de Bristol puis s'installe en Californie, à Berkeley, en 1958. C'est là qu'il accomplira l'essentiel de sa carrière en tant que professeur de philosophie des sciences, tout en assurant des enseignements dans bon nombre d'universités (Auckland, Berlin, Londres, Yale, Sussex, Kassel).

◄ Popper

La pensée de Feyerabend se distingue de l'épistémologie classique qui affirme que la science procède selon une **méthode inductive**, méthode qui consiste pour un chercheur à accumuler des faits et observations diverses avant de dégager une théorie générale. Elle se distingue aussi de l'épistémologie poppérienne qui refuse la procédure de la confirmation (toutes les idéologies font valoir des « preuves » ; elles n'appartiennent pas pour autant au monde de la science), pour mettre en avant le critère de la réfutabilité. Une science qui se veut telle doit accepter d'être remise en cause par les faits.

Pour Feyerabend, la procédure scientifique est souvent **contre-inductive**. On veut dire par là qu'une théorie a tendance à se maintenir, même en cas de discordance grave avec les faits. D'ailleurs, l'application stricte du principe de réfutabilité conduirait à faire disparaître toute la science. Même la science galiléenne ne se construit pas selon les canons d'une démarche impeccable. Feyerabend montre ainsi que Galilée, cherchant à remettre en cause le **système géocentrique** qui affirme que le soleil tourne autour de la terre pour promouvoir une **conception héliocentrique de l'univers** d'après laquelle la terre tourne autour du soleil, l'emporte grâce à son habileté, à son art de la persuasion et non pas simplement sur la base de la qualité de ses arguments scientifiques.

Toujours pour Feyerabend, les théories sont incommensurables entre elles. Elles s'affrontent ou se succèdent au cours de l'histoire mais ne sont pas comparables. Si cette idée de l'incommensurabilité des théories est proche de l'épistémologie de T. Kuhn, qui accorde une place privilégiée à la notion de paradigme, elle va encore plus loin en ce qu'elle affirme que la science ne vaut pas plus que d'autres formes du savoir, comme le mythe. Bien souvent, les théories scientifiques ne sont que « le mythe du jour ». Or, l'enseignement scolaire et universitaire présente comme des vérités indiscutables ce qui ne sont en fait que des constructions provisoires. On ne dit pas : « certains pensent que la terre tourne autour du soleil, alors que pour d'autres, la terre est une sphère qui contient le soleil, les plantes et les étoiles visibles », mais on déclare, sans nuances : « La terre tourne autour du soleil ».

Kuhn ►

L'épistémologie radicale de Feyerabend a suscité un courant de recherche très fécond en sociologie de la connaissance. Cette sociologie s'intéresse à la manière somme toute si peu rationnelle qui préside à l'élaboration de théories par les scientifiques. Dans une approche relativiste, de nombreux travaux montrent les rapports de pouvoir au sein de la communauté des savants. Ils établissent aussi le fait que le savoir qui finit par s'imposer procède avant tout de l'accord entre les membres de cette communauté plutôt que d'une démonstration dont la rigueur s'impose à tous.

Mais cette épistémologie a aussi suscité des critiques importantes émanant du courant rationaliste. Si on affirme que la science et le mythe sont à mettre sur un pied d'égalité, comment peut-on dire que la méthode scientifique est la seule compatible avec l'humanisme (valeur à laquelle Feyerabend est lui-même particulièrement attaché) ? D'autre part, la négation des faits à laquelle Feyerabend se livre conduit à des absurdités évidentes. Comme le dit son ami I. Lakatos, « où est l'anarchiste épistémologique qui, par esprit de contradiction, sort d'un bâtiment par la fenêtre du cinquième étage au lieu de prendre l'ascenseur ? ». Enfin, à la différence du mythe, la science peut faire valoir son efficacité sur le monde réel ; pensons à la disparition des épidémies, la conquête spatiale, l'amélioration des niveaux et modes de vie.

Bibliographie

- *Contre la méthode. Esquisse d'une théorie anarchiste de la connaissance*, Seuil, 1979.
- *Adieu la raison*, Seuil, 1989
- *Tuer le temps, une autobiographie*, Seuil, 1996
- *Dialogues sur la connaissance*, Seuil, 1996

Irving **Fisher**

Irving Fisher (1867-1947) est un économiste et mathématicien américain néoclassique, enseignant à l'université de Yale des années 1890 à sa retraite en 1935. Parallèlement à sa carrière universitaire, il milite pour les idées hygiénistes et eugénistes. Il exploite une de ses inventions (un indice d'évaluation des actions) en créant sa propre entreprise. La crise boursière de 1929 le ruine et le discrédite dans la mesure où il avait annoncé juste avant le krach que le cours des actions avait atteint durablement un haut niveau.

Fisher, adepte du **marginalisme**, a contribué à une plus grande formalisation mathématique de la **microéconomie**. Il a en outre participé à l'essor de l'**économétrie**. ◄ Jevons

Il s'est également intéressé à la **théorie quantitative de la monnaie** : en 1911, il opère une distinction entre monnaie fiduciaire (M) et monnaie scripturale (M') auxquelles sont attachées des vitesses de circulation spécifiques (V et V'). Il formalise alors la théorie quantitative par une équation de l'échange (ou **équation de Fisher**) : ◄ Mill ◄ Pigou

$M \times V + M' \times V' = P \times T$ (P étant un indice des prix et T, le volume des transactions). Dès lors que V, V' et T sont stables, la croissance de la masse monétaire provoque celle des prix. Mais Fisher reconnaît qu'au cours de certaines périodes, la stabilité de V, de V' et de T n'est pas vérifiée.

Par ailleurs, Fisher a développé une **théorie de l'intérêt** : le taux d'intérêt est déterminé par la confrontation de l'offre de capitaux (l'épargne) et de la demande (l'investissement) résultant de deux types de comportements. Le premier repose sur ce que Fisher nomme l'impatience à dépenser (consommer davantage immédiatement) et le second, sur une renonciation immédiate à consommer (l'épargne augmente) pour saisir les opportunités d'investissements et de placements dont le taux de rentabilité dépasse le taux d'intérêt du marché. Les agents économiques privilégient l'un ou l'autre de ces comportements. Globalement, il peut en résulter un déséquilibre entre épargne et investissement : si, par exemple, l'épargne est supérieure à l'investissement, le taux d'intérêt diminuera et rétablira l'équilibre en dopant le désir d'investir et d'emprunter pour dépenser.

Par ailleurs, pour Fisher, le **taux d'intérêt nominal** est égal au **taux d'intérêt réel**, auquel s'ajoute le taux d'inflation. En effet, les épargnants anticipant l'inflation, prennent en compte ses effets sur le pouvoir d'achat de leur épargne. De ce fait, ils ajoutent au taux réel une prime compensant l'inflation anticipée. C'est pourquoi Fisher constate une corrélation positive entre hausse des prix et hausse des taux d'intérêt, cette dernière étant décalée dans le temps (la hausse du taux d'intérêt suit celle des prix).

Au cours des années 1930, après son erreur de prévision à propos de la crise boursière de Wall Street, Fisher s'intéresse aux **fluctuations** économiques. Il établit une théorie de la **déflation** qui l'amène à rejeter la thèse du rééquilibrage automatique des déséquilibres sur les marchés et justifie l'intervention régulatrice de l'État. L'expansion accroît les perspectives de profits, ce qui stimule le cours des actions. Les entreprises sont incitées à emprunter tant que les taux d'intérêt sont inférieurs au taux de rentabilité. Leur endettement s'alourdit, menaçant leur solvabilité, alors que les cours boursiers s'accroissent. Arrive le moment d'une crise de confiance qui provoque un krach. Dès lors, les entreprises bradent leurs produits, et les actionnaires, leurs actions, pour trouver les liquidités qui leur sont nécessaires. Comme les prix baissent, la valeur réelle des dettes augmente et comme les prix diminuent plus que les taux d'intérêt, les taux réels augmentent et la charge de la dette s'alourdit... Les entreprises bradent leurs produits, et/ou font faillite, etc. La dépression devient cumulative et l'intervention de l'État est nécessaire pour stopper la spirale déflationniste.

Bibliographie

- *Mathematical investigations in the theory of value and prices*, 1897.
- *The nature of capital and income*, 1906.
- *The rate of interest*, 1907.
- *The purchasing power of money*,1911.
- *The theory of interest*, 1930.
- *Theory of great depressions*, 1933.

Robert W. **Fogel**

Robert W. Fogel est né à New York, en 1926. Après son doctorat qu'il obtient en 1963, il enseigne dans différentes universités dont celle de Chicago, où il est nommé professeur d'économie en 1981. En 1993, il reçoit le prix Nobel d'économie (avec Douglass North) pour avoir renouvelé la recherche en histoire économique.

Fogel est un des fondateurs de la **cliométrie** ou **nouvelle histoire quantitative** (ou encore **nouvelle histoire économique**), qui ambitionne de mobiliser la théorie économique (pour l'essentiel l'approche néoclassique) et les techniques économétriques afin d'expliquer les faits historiques.

L'une des méthodes de traitement des données qu'il privilégie consiste à établir des séries statistiques théoriques ne prenant pas en compte les effets de certains facteurs, pour ensuite les comparer aux séries historiques afin d'évaluer l'importance de ces facteurs dans le processus étudié (**analyse contrefactuelle**). Les travaux de Fogel portent essentiellement sur 3 domaines et aboutissent à différentes conclusions :

- Le rôle du chemin de fer dans la révolution industrielle américaine de la deuxième moitié du XIXe siècle a été limité ;

• le système esclavagiste appliqué par les États du sud des États-Unis était rationnel et rentable ;

• la nutrition est un facteur important du développement qui, en retour, améliore celle-ci.

Bibliographie

- *Railroads and american economic growth : essays in econometric history*, 1964.
- *Without consent or contract : the rise and fall of american slavery*, 1989.
- *The fourth great awakening and the future of egalitarianism*, 2000.

Michel **Foucault**

Michel Foucault (1926-1984) a longtemps enseigné à la faculté des lettres et sciences humaines de Clermont-Ferrand. Après un bref passage à Tunis et à l'Université de Paris-Vincennes, il est élu en 1970 au Collège de France où il occupe la chaire d'histoire des systèmes de pensée.

Lévi-Strauss (structure) ►

Foucault, qui a récusé avec vigueur l'étiquette de structuraliste qu'on accolait à son nom, est pourtant celui qui incarne peut-être le mieux l'analyse structurale dans les années soixante et soixante-dix.

La question qu'il se pose dans son œuvre porte sur les modalités de constitution d'un savoir à une époque donnée. Pour répondre à cette question, il récuse la méthode de l'histoire traditionnelle qui décrit celle-ci comme un écoulement continu et linéaire d'événements. Pour lui, l'histoire des idées comporte des ruptures fondamentales (**basculement épistémique**) et chaque époque possède sa

Gurvitch ►

propre vérité. Par ailleurs, il énonce qu'il est possible de constituer en objet d'étude l'ensemble du discours qui unifie à un moment donné le savoir d'une communauté humaine (**épistémé**). La méthode de Foucault repose sur une **généalogie** proche de celle mise en œuvre par Nietzsche (dont il se réclame explicitement) dans *La Généalogie de la morale*. Cette méthode réfute la recherche des origines mais détecte plutôt les transformations et glissements qui affectent nos valeurs et conduites. Comme un archéologue, l'épistémologue gratte le sous-sol de notre savoir pour faire surgir une histoire de la pensée.

M. Foucault a parcouru dans ses recherches trois domaines de généalogie (la vérité, le pouvoir, l'éthique) qui apparaissent dès son premier travail d'envergure intitulé l'*Histoire de la folie*. Il se propose alors de faire une histoire de la psychiatrie originale, qui a pour finalité de dégager les conditions de l'exclusion et de l'enfermement des fous, conditions qui reposent sur un partage des sphères de la raison et de la folie susceptible d'évoluer dans le temps.

Au Moyen Âge, et jusqu'à la fin de l'âge classique (l'âge classique étant situé de la fin de la Renaissance à la Révolution de 1789), la société donne sa place au lépreux et au fou, même si elle les écarte ou les enchaîne comme des êtres à part, « symboles toutefois de la condition humaine » et du passage vers la mort. La création de l'asile, puis la psychiatrie moderne délivrent le fou de ses chaînes. C'est à partir de ce moment que le fou est réduit au silence et à la déraison, victime d'une exclusion autre que celle de l'âge classique mais au moins aussi redoutable.

Dans *Les Mots et les Choses* et *L'Archéologie du savoir*, Foucault explore le domaine du savoir. Son but est de faire la généalogie des sciences humaines et de montrer qu'une science ne doit son contenu qu'à l'épistémé caractéristique d'un moment de la connaissance. Il croit pouvoir ainsi distinguer trois espaces épistémologiques :

◄ **Kuhn**
Popper

• du Moyen Âge à la Renaissance, c'est la ressemblance qui est la matrice du discours scientifique. Les signes paraissent alors inscrits dans les choses et on y retrouve les traces de la création divine. Par exemple, puisque la noix ressemble à une tête, son écorce doit guérir certaines plaies du crâne ;

• l'âge classique est le moment d'un premier basculement dans l'ordre du savoir. Le signe acquiert une sorte d'autonomie et le langage perd son rapport direct aux choses. Parallèlement, cette époque privilégie la forme du tableau (on classe, on met en ordre) pour comprendre le monde ;

• c'est au XIXe siècle que l'homme émerge comme objet de connaissance. Auparavant ignoré par la science, il devient objet du savoir. C'est ainsi que la grammaire générale se transforme en philologie, l'histoire naturelle en biologie, l'analyse des richesses en économie politique. Mais cette science est ambiguë puisque c'est au moment où l'homme découvre sa finitude qu'il commence à se mettre à la place de Dieu. Tout cela rend les sciences humaines extrêmement fragiles. Pour Foucault, elle ne sont qu'un moment donné de notre histoire. Rien ne dit qu'ultérieurement, l'homme comme objet de connaissance ne s'effacera pas « comme à la limite de la mer un visage de sable ».

Dans *Surveiller et punir*, Foucault établit que les sciences humaines sont nécessaires au pouvoir moderne. Celui-ci, moins soucieux maintenant de terroriser que de discipliner, a désormais besoin de connaissances indispensables à son exercice. La psychiatrie, la psychologie, la médecine viennent à point nommé pour définir des normes, fixer des procédures de contrôle, cataloguer les déviances et les délinquances. La prison, plus que la pièce centrale de l'institution pénitentiaire, devient l'institution où se joue une subtile articulation savoir/pouvoir. Elle se met alors à ressembler aux écoles, casernes et usines, à moins que ce ne soient celles-ci qui ressemblent à une prison.

Si l'œuvre de Foucault témoigne d'ouvrages brillants et érudits qui ont gagné un large public, elle n'est pas exempte de tout reproche. Le structuralisme de l'auteur des *Mots et Des Choses* est quelquefois excessivement dogmatique. En outre, son œuvre n'échappe pas au reproche de relativisme et la théorie du pouvoir qui y est développée est sans doute trop substantialiste.

Bibliographie

- *Folie et déraison. Histoire de la folie à l'âge classique*, 1961.
- *Les Mots et les Choses*, 1966.
- *L'Archéologie du savoir*, 1969.
- *Surveiller et punir. Naissance de la prison*, 1972.
- *Histoire de la sexualité, en trois tomes*, 1984.

Milton **Friedman**

Milton Friedman est né à New York en 1912. Ses parents sont des émigrants d'Autriche-Hongrie, dont les conditions de vie sont très précaires. Il doit exercer différents petits métiers pour aider sa famille et poursuivre ses études. Ses brillants résultats scolaires lui permettent de décrocher une bourse et d'obtenir un double diplôme de mathématiques et d'économie. En 1937, il devient l'assistant de S. Kuznets au *National Bureau of Economic Research*, où il étudie les revenus et les cycles économiques. Il obtient son doctorat d'économie en 1945 et enseigne à l'université de Chicago, de 1948 à 1977. Friedman devient rapidement le chef de file des économistes libéraux, en stigmatisant les politiques interventionnistes d'inspiration keynésienne. Il a été un conseiller influent des présidents Nixon et Reagan. Spécialiste des questions monétaires, il reçoit le prix Nobel de sciences économiques en 1976. Il est le fondateur d'un véritable courant de pensée que l'on appelle le monétarisme ou encore l'école de Chicago. Friedman s'impose comme un des représentants contemporains les plus importants au sein du courant libéral et un farouche adversaire du **keynésianisme**.

L'inflation : un phénomène monétaire

On doit à Friedman une redéfinition de la théorie **quantitative** traditionnelle de la **monnaie** formalisée au début du siècle par I. Fisher et A. Marshall (théorie qui postule une dichotomie entre sphère réelle et sphère monétaire : les variables monétaires n'ont aucun effet sur l'économie réelle). Le « néoquantitativisme » friedmanien conteste l'idée selon laquelle l'évolution de la quantité de monnaie n'agit que sur le niveau général des prix, sans affecter l'économie réelle.

◄ Fisher

En étudiant l'histoire monétaire des États-Unis, Friedman constate une corrélation positive entre abondance monétaire, **inflation** et croissance économique, au moins sur le court terme.

L'**offre de monnaie** est exogène, elle est régulée par la Banque centrale. En période de récession et de chômage, les autorités monétaires sont tentées d'accroître la masse monétaire en abaissant les taux d'intérêt, afin de relancer l'activité économique.

Sur courte période, l'augmentation de la quantité de monnaie se traduit par une hausse de la demande et conduit les entrepreneurs à augmenter leur prix et leur production. Les entreprises doivent alors embaucher davantage de travailleurs et, pour les attirer, leur proposer une hausse des salaires nominaux.

Les travailleurs acceptent d'accroître leur offre de travail car ils pensent bénéficier d'une hausse des salaires réels. Mais lorsque va se dissiper cette illusion monétaire (c'est-à-dire lorsque les agents économiques vont prendre connaissance de l'augmentation des prix), les entreprises et les salariés vont réajuster à la baisse leurs offres et demandes d'emploi,

◄ Keynes

le niveau de la production et de l'emploi retrouvant progressivement leur volume antérieur mais accompagné d'un taux d'inflation plus élevé.

Pour Friedman, les agents économiques sont capables d'**anticipations adaptatives**. Ils peuvent corriger a posteriori leurs erreurs concernant l'évolution des prix. Pour qu'une politique monétaire puisse avoir des effets à court terme, il faut donc accepter une accélération du taux d'inflation qui « surprendra » consommateurs et entrepreneurs dans leurs anticipations.

Finalement, l'économie réelle rejoindra sa trajectoire initiale mais avec une hausse des grandeurs nominales. Une **politique monétaire** laxiste est donc à la fois inefficace à long terme et dangereuse car difficilement maîtrisable. Il faut donc encadrer la **création de monnaie**.

Puisque « l'inflation est toujours et partout un phénomène monétaire », il convient de contraindre les banques centrales à pratiquer une politique monétaire non-inflationniste. Pour cela, Friedman envisage plusieurs solutions :

- l'introduction d'un bien étalon qui a l'avantage de supprimer toute intervention gouvernementale. La masse monétaire évolue au gré de la production du bien étalon. Friedman conclut pourtant que ce « n'est ni réalisable ni même souhaitable [...] en raison de son coût de production » ;
- la deuxième solution vise à rendre la banque centrale indépendante du pouvoir politique. Mais une telle mesure n'est pas suffisante car d'une part, il y a un risque d'éparpillement des responsabilités parmi les personnes placées à la tête de l'institution monétaire ; d'autre part, il est impossible pour une banque centrale de mener une politique monétaire autonome dans un système de changes fixes ;
- la troisième solution, qui a la préférence de Friedman, consiste à faire croître la **quantité de monnaie** à un taux stable et prédéfini suivant approximativement l'évolution prévue de la production. Il faut pour cela « livrer la conduite de la politique monétaire non plus à des individus mais à des lois ». En encadrant l'accroissement de la masse monétaire par un dispositif réglementaire (par exemple, en fixant légalement la hausse d'un agrégat monétaire dans une fourchette de 3 à 5 %), les individus peuvent exercer un contrôle sur la politique monétaire via leurs représentants. En outre, cela joue un rôle favorable sur les anticipations des agents économiques.

La relation inflation-chômage

Pour expliquer le chômage, Friedman reprend à son compte les analyses libérales traditionnelles selon lesquelles c'est la rigidité des salaires, notamment à la baisse, qui empêche le marché de jouer son rôle équilibrant. L'existence de contraintes législatives (salaire minimum, allocations chômage...) et l'opiniâtreté des syndicats pour défendre les salaires sont autant de freins limitant la flexibilité des salaires.

◄ Pigou

Mais pour Friedman, l'aggravation du chômage s'explique avant tout par l'accélération de l'inflation. Partant de ce constat, il remet en cause l'existence d'un arbitrage entre inflation et chômage. Dans un article publié en 1968 (*Le rôle de la politique monétaire*), il montre que la **courbe de Phillips** (du nom de l'économiste néo-zélandais qui a mis en évidence en 1958 une corrélation négative entre taux de chômage et croissance des salaires nominaux, courbe réinterprétée un an plus tard par P. Samuelson et R Solow en une relation entre chômage et inflation) n'a qu'une existence transitoire. Tant que les agents économiques ne modifient pas leurs anticipations, un surcroît d'inflation peut faire reculer le chômage.

◄ Phillips

Mais à long terme, il n'y a pas de **dilemme entre inflation et chômage**. Il existe « un taux de chômage naturel », c'est-à-dire un taux de chômage minimal qui ne peut pas être réduit par la politique conjoncturelle. Le **chômage naturel** dépend de variables structurelles de l'économie comme la qualification de la main d'œuvre ou les règles régissant le marché du travail.

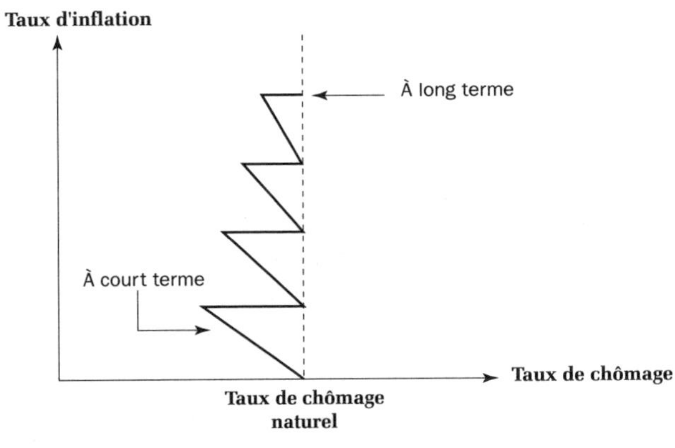

Selon Friedman, la courbe de Phillips est à long terme verticale. Toute tentative d'abaisser le taux de chômage en-dessous de son niveau naturel conduit à la fois à plus de chômage et plus d'inflation, ce qu'illustre la stagflation des années 70.

Lucas ►

L'école des anticipations rationnelles radicalise les thèses monétaristes de Friedman en montrant que les agents économiques anticipent parfaitement l'avenir. Dans ce cas, la politique économique est inefficace, y compris à court terme.

■ La théorie du revenu permanent

Keynes ►

Dans *A theory of the consumption function* paru en 1957, Friedman remet en cause la fonction de consommation keynésienne. Il ne conteste pas que ce soit le revenu qui détermine la consommation, contrairement aux néoclassiques traditionnels pour lesquels c'est le taux d'intérêt qui explique le partage du revenu entre épargne et consommation. Mais il veut montrer que le niveau de la consommation d'un individu n'est pas lié au revenu courant perçu par l'agent à un instant donné. Il est fonction de son « **revenu permanent** », c'est-à-dire du revenu moyen de longue période anticipé. Pour le démontrer, il confronte sa théorie aux faits et observe que, si la corrélation entre le revenu et la consommation est faible à court terme, elle devient forte à long terme. La **théorie du revenu permanent** permet de comprendre ce phénomène dans la mesure où les agents sont peu sensibles aux variations de prix et de revenus sur courte période car ils fondent leurs anticipations sur la longue période.

Mais s'il n'y a pas de lien entre revenu courant et consommation courante, cela invalide l'efficacité des politiques de relance keynésiennes. Par exemple, si une hausse des prestations sociales décidée par les pouvoirs publics est perçue comme transitoire par les agents économiques, ils épargneront le supplément de pouvoir d'achat, ce qui annihile tout effet de relance.

Barro ► (Théorème d'équivalence Ricardo-Barro)

■ Plaidoyer pour des taux de change flexibles

Friedman est favorable à une régulation des taux de change par le marché. Pour résoudre le problème du déséquilibre des balances des paiements, il faut réformer le système monétaire international et adopter un système de change flexible. Dans un tel système, un pays qui connaît un déficit de sa balance des paiements verra sa monnaie se déprécier (baisse de la demande pour la monnaie du pays). Les marchandises du pays concerné gagnent alors en compétitivité-prix sur les marchés extérieurs, tandis que les marchandises importées deviennent plus chères. Il s'ensuit une hausse des exportations et une baisse des importations de nature à rééquilibrer la balance des paiements. Un pays excédentaire connaît un mécanisme inverse.

En outre, un système de change flexible permet aux autorités monétaires de recouvrer toute leur autonomie puisqu'elles n'ont plus à intervenir sur le marché des changes pour maintenir la parité de leur monnaie. Elles peuvent « s'orienter vers la recherche de la stabilité interne, sans pour autant être obsédées par le problème de la balance des paiements ».

◄ **Mundell (triangle des incompatibilités)**

Il faut bien reconnaître que l'adoption de changes flottants entre les grandes monnaies à la suite de l'effondrement du système de Bretton-Woods au début des années 70 n'a pas contribué à réduire les déséquilibres commerciaux, comme le prévoyait Friedman. En revanche, on a assisté, depuis, à une instabilité croissante des monnaies sur le marché des changes et à des crises financières récurrentes.

Bibliographie

- *L'Histoire monétaire des États-Unis,* 1867-1960.
- *A theory of the consumption function*, 1957.
- *Inflation et systèmes monétaires*, 1re édition en 1969, 1976.
- *La Théorie des prix*, 1983.
- *La Monnaie et ses Pièges*, 1992.

Georges **Friedmann**

Georges Friedmann (1902-1977), après des études scientifiques de chimie industrielle, entre à l'École normale supérieure en 1923 et en sort agrégé de philosophie en 1926. Dès 1931, il s'intéresse aux problèmes du travail et plus particulièrement à l'effet des techniques sur les mentalités de l'homme contemporain. Il mène alors de nombreuses enquêtes dans les centres industriels de différents pays (France, Angleterre, Tchécoslovaquie, URSS, Pologne). À partir de 1946, il contribue à la renaissance de la sociologie en France, en introduisant des études empiriques qui poseront les bases des méthodes de la sociologie du travail dont il est le fondateur en France. De 1946 à 1960, il occupe la chaire d'histoire du travail au Conservatoire national des arts et métiers et il est aussi nommé directeur d'études à l'École pratique des hautes études en 1948. De 1949 à 1951, il dirige le Centre d'études sociologiques dont il est à l'origine avec G. Gurvitch, centre qui sera fréquenté dans les années cinquante

◄ **Gurvitch**

et soixante par des sociologues qui connaîtront une carrière aussi prestigieuse que celles de P. Bourdieu, de M. Crozier ou encore de A. Touraine. En collaboration avec P. Naville, il réalise le *Traité de sociologie du travail*, qui fait le point sur l'état de la recherche en la matière à cette époque. La curiosité intellectuelle de Friedmann dépasse le cadre de la sociologie pour aborder les questions du progrès technique, du travail et du loisir, de la communication de masse et, d'une manière plus générale, de la civilisation technicienne et de l'attitude de l'homme face aux possibilités offertes par le développement de la technique.

Dans ses travaux de sociologie industrielle, Friedmann se montre pessimiste quant à l'impact de l'évolution technologique sur le travail humain. La rationalisation des activités, l'introduction des chaînes de montage dépouillent les ouvriers de leur savoir-faire traditionnel pour y substituer un **travail en miettes** dans lequel les tâches sont éclatées, les qualifications réduites à leur plus simple expression et où les travailleurs ne sont plus, finalement, que des « appendices » de la chaîne, déplacés en fonction des besoins de l'appareil productif. Si cette évolution est regrettable, Friedmann pense néanmoins qu'il n'y a pas de « loi d'airain du progrès ». Les employeurs ont la capacité de promouvoir une évolution volontariste de la division du travail, reposant sur l'élargissement des tâches, la rotation des postes et, plus généralement, la polyvalence des ouvriers.

Taylorisme ►

Dans ses recherches de nature plus philosophique, Friedmann adopte la même attitude de refus du **déterminisme technologique**. L'exemple des États-Unis manifeste à ses yeux l'illustration parfaite du contraste entre l'importance du développement économique et la faiblesse du développement moral de l'humanité, écart qu'il qualifie de **grand déséquilibre**. On ne peut, selon lui, qu'être frappé d'une part par la beauté des villes, les promesses de l'uniformisation, le confort omniprésent et, d'autre part, par l'existence des taudis, des populations qui vivent dans la misère, ou encore de l'irréflexion des masses. Pour remédier à ce grand déséquilibre, Friedmann estime que seule une éducation repensée et un effort intérieur de l'individu sur lui-même éviteront à l'homme d'être broyé par le progrès technique.

Bibliographie

- *Où va le travail humain ?* Gallimard, 1950.
- *Le Travail en miettes*, Gallimard, 1956.
- *Sept Études sur l'homme et la technique*, Gallimard, 1966.
- *La Puissance et la Sagesse*, Gallimard, 1970.

G

John Kenneth Galbraith

John Kenneth Galbraith est né au Canada en 1908. Ses parents sont fermiers sur une grande exploitation agricole dans l'Ontario mais c'est vers l'économie que Galbraith est attiré. Il fait ses études à l'université de Berkeley (il a notamment comme professeur J. Schumpeter) où on lui propose une bourse pour faire une thèse en économie agricole.

Journaliste, ambassadeur (en Inde entre 1961 et 1963), il enseigne dans les universités les plus prestigieuses : Princeton, Harvard (de 1949 à 1975), Cambridge et Oxford. Il devient le conseiller de Kennedy et influence la politique économique américaine dans les années 60.

Pour Galbraith, il est nécessaire d'intégrer le rôle des institutions pour comprendre les phénomènes économiques. Il est à ce titre un des principaux représentants de l'école institutionnaliste américaine. Se situant parmi les keynésiens de « gauche », il critique la théorie néoclassique de la firme, la souveraineté du consommateur et le rôle autorégulateur du marché.

Le pouvoir de la technostructure

Dans son livre majeur *Le Nouvel État industriel* paru en 1967, Galbraith montre que dans nos sociétés modernes, le pouvoir économique n'est pas détenu par les capitalistes mais par une bureaucratie industrielle. Elle est constituée de travailleurs « doués de connaissances techniques, d'expériences et de qualités différentes que requièrent la technologie et la planification modernes ». Autrement dit, ce que Galbraith appelle « la technostructure » regroupe non seulement la direction et l'encadrement mais aussi tous ceux qui ont une expertise et qui donc jouent un rôle dans la prise de décision.

Crozier, ► Weber

Ce glissement de pouvoir s'explique par la complexification croissante des technologies et de la production qui nécessite des investissements de plus en plus lourds. Pour réduire le risque d'échec, la firme est amenée à planifier son organisation productive : nature des biens produits, prix avec les fournisseurs, accords salariaux avec les syndicats, coût de production et donc prix de vente sont fixés par l'entreprise.

Comme on le voit, on est loin d'une concurrence pure et parfaite qui régulerait à elle seule les activités économiques. Les managers n'ont pas comme objectif la maximisation du taux de profit comme le postule la théorie économique dominante, mais la croissance de l'entreprise dont dépend en partie leur salaire.

Walras ►

D'ailleurs, Galbraith considère le modèle néoclassique de concurrence comme inefficace. La constitution de grands groupes permet de réaliser des économies d'échelle, d'abaisser les coûts de production et les prix, ce qui accroît le niveau de vie de la population.

Si le pouvoir des firmes n'est limité ni par les assemblées d'actionnaires ni par le libre jeu de la concurrence, il existe selon Galbraith un « pouvoir compensateur » sous la forme des associations de consommateurs ou des syndicats de travailleurs. Il peut jouer le rôle d'un contre-pouvoir et il revient à l'État d'en favoriser le développement.

Tocqueville ►

■ La « filière inversée »

La volonté de planifier la production n'est rien si les firmes ne sont pas assurées de vendre les quantités produites. Le conditionnement de la demande devient alors un objectif essentiel pour l'entreprise. Les techniques du marketing et en particulier la publicité représentent les principaux outils de l'assujettissement du consommateur. Cette approche prend le contre-pied de l'analyse néoclassique traditionnelle qui consacre le mythe du consommateur-roi, la firme ne faisant que répondre passivement aux besoins exprimés par les consommateurs.

Au contraire, Galbraith inverse la relation en montrant que la souveraineté du consommateur est un leurre : « les ordres ne vont pas seulement du consommateur au producteur ; ils vont aussi du producteur au consommateur conformément aux besoins de la technostructure. C'est ce que nous appelons la **filière inversée** ».

La principale conséquence que tire Galbraith de cette analyse, c'est qu'un surcroît de production ne diminue pas l'intensité des besoins. Les firmes créent en permanence de nouveaux besoins qu'elles cherchent en même temps à satisfaire. « Le niveau supérieur de production a simplement pour corollaire un échelon plus élevé de création de besoins nécessitant un degré correspondant de satisfaction des besoins » (*L'Ère de l'opulence*).

L'accroissement de la production n'apparaît plus comme un moyen d'améliorer le bien-être mais devient une fin en soi.

■ L'intervention de l'État est légitime

Selon Galbraith, l'inégale répartition des revenus contribue à réduire la demande globale. S'appuyant sur un raisonnement keynésien, il montre que la propension à consommer (dans la terminologie keynésienne) est plus forte parmi les classes défavorisées et les classes moyennes que parmi ceux disposant de hauts revenus. Si les classes favorisées réduisent leurs investissements notamment dans les périodes d'incertitude, il en résulte une baisse de la demande et une augmentation du chômage. Il n'y a alors que l'État qui puisse sortir l'économie d'un **équilibre de sous-emploi**. Le moyen d'y parvenir, « c'est que l'État emprunte les fonds non dépensés, ou, plus précisément, leur équivalent, et qu'il les dépense, accroissant ainsi la demande agrégée et l'emploi ». Autrement dit, l'État doit accepter un déficit pour soutenir la demande. Dans le cas contraire, c'est-à-dire en situation de surchauffe économique, Galbraith prône une hausse des impôts plutôt qu'une diminution des dépenses qui serait néfaste pour les plus pauvres.

◄ Keynes

Galbraith précise que l'action de l'État sert aussi les intérêts de la grande entreprise dans la mesure où la rentabilisation de capitaux immenses nécessite une régulation de la demande globale sur longue période.

Enfin, l'État doit assurer un « équilibre social », c'est-à-dire un équilibre entre l'offre de biens privés et l'offre de biens publics. Le pouvoir des firmes pousse en permanence vers un accroissement de la production privée, « les services publics ont une tendance inhérente à être en retard sur elle ». Il en résulte nécessairement une dégradation des services publics préjudiciable pour tous. L'État doit donc veiller à cet équilibre pour assurer un développement harmonieux.

Imitation ►
Duesenberry ►

Bibliographie

- *La Crise économique de 1929*, 1954.
- *L'Ère de l'opulence*, 1961.
- *Le Nouvel État industriel*, 1968.

Harold Garfinkel

Harold Garfinkel, né en 1917, a fait ses études à Newark, près de New York, puis à l'université de Caroline du Nord. En 1946, il entreprend une thèse qu'il soutiendra en 1952 à Harvard sous la direction de T. Parsons. En 1954, il est nommé à l'université de Los Angeles, où il fera toute sa carrière. H. Garfinkel est le fondateur de l'ethnométhodologie.

Parsons ►

L'**ethnométhodologie** est une science qui a pour but d'analyser les procédures que les individus utilisent pour mener à bien les différentes opérations qu'ils accomplissent dans la vie quotidienne. Son objet est l'étude des **ethnométhodes**, méthodes ordinaires mises en œuvre par chacun de nous pour donner sens aux situations. Alors que la sociologie suppose que la réalité sociale existe indépendamment des recherches dont elle est l'objet, l'ethnométhodologie porte le regard sur la manière dont les acteurs produisent leur univers. Selon Garfinkel, contrairement à ce que Durkheim affirme quand il dit qu'il faut considérer les faits sociaux comme des choses, la réalité sociale n'est pas extérieure à l'individu. Le fait social est le produit de l'activité continuelle des hommes.

Durkheim (fait social) ►

Les ethnométhodologues s'appuient notamment sur les concepts d'indexicalité et de descriptibilité.

L'**indexicalité** se réfère au fait que la plupart des pratiques ne prennent leur sens qu'en liaison avec la situation concrète dans laquelle elles se déroulent.

◄ **Schütz (phénoménologie)**

La **descriptibilité** (*accountability*) désigne l'effort que les individus font pour établir des compte-rendus du monde social dans lequel ils vivent. Le rôle du sociologue est de révéler au grand jour ce travail d'interprétation du monde que chacun fournit dans sa vie quotidienne, sans qu'il y ait de confusion entre l'objet décrit par l'acteur social et celui par le sociologue.

Si l'ethnométhodologie prend, à l'évidence, son inspiration dans la phénoménologie, Garfinkel n'abandonne pas pour autant la méthode scientifique. La prise en compte de la subjectivité n'empêche pas la construction d'objets sociologiques différents des objets de la vie quotidienne. Au même titre que la cartographie de la ville s'élabore à l'aide de procédures scientifiques, et non à partir de la perception que les acteurs en ont, les constructions du sociologue sont des généralisations différentes des individus concrets. Évidemment, si ce souci de mise à distance du monde immédiat est louable, l'ethnométhodologie, parce qu'elle refuse d'opposer les savoirs profanes utilisés par les membres de la société pour produire leurs univers et les savoirs scientifiques qui, par définition, se construisent en rupture avec l'expérience du sens commun, n'est pas exempte du reproche de relativisme. Comme l'a bien montré Bachelard, le discours scientifique exige une rupture épistémologique avec les perceptions habituelles, rupture que l'ethnométhodologie refuse.

◄ **Bachelard**

Bibliographie

- *Studies in ethnomethodology*, Englewood Cliffs, New Jersey, Prentice-Hall, 1967.
- *L'Ethnométhodologie*, avec A. Coulon, PUF, 1990.

George **Gilder**

George Gilder (1944) est un des représentants de l'économie de l'offre (*supply side economics*), avec Arthur Laffer notamment.

Laffer ►

Proche conseiller du président Reagan, il a inspiré la politique économique conduite aux États-Unis au début des années 80.

Comme tous les théoriciens de l'offre, Gilder adhère à la loi de Say selon laquelle l'offre est première dans l'activité économique. Il faut donc diminuer la pression fiscale pesant sur les revenus du capital pour stimuler l'investissement, lequel permet la création de richesses et une hausse des revenus.

Gilder s'oppose vigoureusement aux politiques redistributives conduites dans la plupart des pays industrialisés depuis l'après-guerre. Selon lui, ces politiques, loin de permettre une réduction de la pauvreté n'ont fait que l'accentuer : « on est tenté de conclure que plus l'État intervient pour remédier à la pauvreté, plus cette pauvreté augmente ».

Pour Gilder, les politiques d'assistance génèrent des **effets pervers** qui se sont finalement retournés contre ceux qui devaient en bénéficier. Les revenus sociaux distribués aux plus pauvres ont découragé leurs efforts et diminué leur capacité d'initiative. Les politiques redistributives ont finalement nourri la pauvreté tandis que les systèmes fiscaux « les plus répressifs à l'égard de la richesse » ont freiné le dynamisme économique. Ce que Gilder résume ainsi : « Dans le système de l'État Providence, l'argent n'est pas le fruit du travail de l'homme mais un droit que l'État accorde. Protestation et revendication remplacent diligence et discipline comme source de revenu. [...] Pour vivre bien et échapper à la pauvreté, il faut [...] travailler davantage encore que les moins défavorisés. L'aiguillon de la pauvreté est la chose la plus nécessaire aux pauvres ».

La conclusion de Gilder est claire : l'activité fiscale et réglementaire de l'État doit reculer pour laisser prospérer les petites entreprises innovantes qui sont les plus efficaces pour créer des richesses et, *in fine*, pour faire reculer la pauvreté.

Bibliographie

- *Richesse et pauvreté*, 1981.

Edmond Goblot

Edmond Goblot (1858-1935) a été professeur de philosophie de 1890 à 1910 dans les villes d'Angers, de Toulouse et de Caen.

Logicien avant tout, il a publié un *Traité de logique* (1918) ainsi qu'un *Système des Sciences* (1922). Toutefois, l'observation de la bourgeoisie à laquelle il a pu se livrer pendant son long séjour en province a été pour lui l'occasion de mener une réflexion sur ce corps social. Il a ainsi pu découvrir la coupure qui sépare la bourgeoisie des autres classes et constater que toute démarcation sociale est à la fois barrière et niveau. La **barrière** est constituée des éléments qui ne sont pas accessibles aux autres membres de la société. Le **niveau** se compose des aspects qui fonctionnent comme critères de reconnaissance pour une communauté sociale, et qui gomment les différences éventuelles au sein de celle-ci. Les propos de Goblot sur la mode, les professions ou encore sur l'éducation bourgeoise en font indiscutablement un précurseur de la connaissance sociologique des classes sociales.

◂ **Bourdieu (habitus)**

Au sujet de la mode, par exemple, Goblot montre que ce qui sépare le bourgeois, c'est la « distinction ». Le costume a pour fonction de concilier des exigences contradictoires. D'une part, il doit être assez facile à imiter pour devenir uniforme (niveau). Il efface de cette manière les inégalités de fortune et d'intelligence au sein de la classe bourgeoise. D'autre part, il doit être assez difficile à imiter pour rester distinctif (barrière). La mode bourgeoise, selon Goblot, se caractérise plus par la recherche de raffinement que d'élégance. Le bourgeois a une apparence sérieuse et austère qui lui permet de figurer honorablement à côté des plus riches, mais qui le distingue à la fois de la manière de s'habiller des gens du peuple, marquée par la nécessité, et de la manière de s'habiller du parvenu, qui se vêt « trop bien ».

La barrière est, par ailleurs, mouvante. Si le bourgeois ne lance pas la mode, puisqu'il a le souci de ne pas se singulariser, il cherche tout de même à établir une distinction bien tranchée avec la classe populaire. Lorsque les gens du peuple arrivent à copier son habit, celui-ci n'est plus distingué, il devient « vulgaire » et il est alors nécessaire de le changer.

◂ **Duesenberry (imitation)**

On voit immédiatement en quoi les observations de Goblot ont pu inspirer les théories modernes de la consommation, qu'elles soient en termes d'« imitation » ou de « rattrapage ».

La dialectique de la barrière et du niveau s'applique aussi à la sphère de l'éducation. Prenant appui sur l'examen du baccalauréat en vigueur à son époque, Goblot montre que celui-ci est une barrière car il matérialise une instruction qui demeure inaccessible au peuple. Mais il est aussi un niveau parce qu'il est la constatation des études faites par un groupe social, symbole de l'appartenance à une élite, au-delà des différences entre le bon élève qui obtient le baccalauréat du premier coup avec mention et celui qui le décroche péniblement après trois ou quatre tentatives.

Avec de telles affirmations, novatrices pour l'époque, Goblot établit que l'école contribue à reproduire les classes sociales, ouvrant par là-même la voie à un courant important de la sociologie contemporaine de l'éducation.

Bibliographie

- *La Barrière et le Niveau. Étude sociologique sur la bourgeoisie française moderne*, PUF, 1925.

Erving **Goffman**

Malinowski, Touraine (observation participante) ►

Erving Goffman (1922-1982), canadien d'origine, a étudié la sociologie à l'université de Chicago. Il est l'un des promoteurs de la méthode d'observation participante dès le début de sa carrière, et notamment dans *Asiles* où, pour comprendre les modes d'adaptation des malades dans un hôpital psychiatrique, il n'hésite pas à endosser le rôle d'assistant du directeur. Plus généralement, Goffman est considéré comme le sociologue qui a poussé le plus loin l'**approche interactionniste**, qui consiste à étudier les interactions des individus dans leur cadre naturel, c'est-à-dire dans la vie quotidienne, là où se produit la vie sociale.

Park ►

Le thème central de l'œuvre de Goffman est donc l'ordre interactionnel, qui est fait de règles sociales, de conduites dont il importe de découvrir les propriétés et les procédures. Il analyse de la sorte les **situations de co-présence** qui sont des situations où deux ou plusieurs individus sont suffisamment rapprochés pour que leurs actions soient interdépendantes et que chacun des protagonistes soit une source d'information pour l'autre. Le déroulement de ces interactions exige que l'on porte un regard sur les conditions qui les rendent possibles. En effet, l'échange suppose un accord préalable qui dépasse les individus. C'est ainsi que Goffman dégage l'existence de **rites profanes** (pratiques périodiques à caractère public assujetties à des règles précises) comme de **rites d'interactions** : lorsqu'ils échangent une poignée de main, engagent une conversation, les individus mettent en scène leur vie tout en étant attentifs à l'image qu'ils donnent d'eux-mêmes. Ils s'efforcent alors de ne pas perdre la face et de ne pas la faire perdre à autrui non plus.

Un apport important de Goffman se situe au niveau de l'analyse du **processus de stigmatisation** (mise à l'écart de certains membres du groupe social). Si le **stigmate** se définit comme la possession d'un attribut susceptible de jeter le discrédit sur celui qui le porte, la cause de la stigmatisation réside plutôt dans la relation entre l'identité sociale virtuelle (ce que la société attend de l'individu et de son attribut) et l'identité sociale réelle de chacun. Tout membre du corps social possède ces deux identités, et c'est dans l'interaction que s'opère la catégorisation de la déviance et la stigmatisation. La normalité perdure tant que les comportements correspondent à l'identité virtuelle. La stigmatisation s'opère lorsque la société estime que les acteurs ont recours à de faux semblants (par exemple, l'homosexualité est perçue comme déviante à partir du moment où l'on soupçonne qu'elle cache un mode de vie coupable). L'intérêt de cette approche est de faire de la déviance un phénomène omniprésent de la vie sociale dans lequel tout individu cherche à se dissimuler d'autrui pour éviter le processus de stigmatisation.

Si on se place maintenant d'un point de vue méthodologique, la sociologie de Goffman a l'avantage de mettre en évidence les pratiques par lesquelles la société se produit. Elle apporte la démonstration qu'il est possible d'étudier sociologiquement des événements mineurs à partir d'une microsociologie qui ne se réduit pas à l'individualisme. Comme le dit si bien Goffman lui-même, il y a entre l'ordre de l'interaction et les structures sociales un couplage flou qui unit les concepts macrosociaux et les événements.

◄ Simmel

Bibliographie

- *Asiles, études sur les conditions sociales des malades mentaux*, Éditions de Minuit, 1973 (Ire édition anglaise 1961).
- *La Mise en scène de la vie quotidienne*, Éditions de Minuit, 1973 (Ire édition anglaise, 1956).
- *Les Rites d'interaction*, Éditions de Minuit, 1974 (Ire édition anglaise, 1967).
- *Stigmate, les usages sociaux des handicaps*, Éditions de Minuit, 1975 (Ire édition anglaise, 1963).

Georges Gurvitch

Georges Gurvitch (1894-1965) est né à Novorossisk en Russie dans une famille bourgeoise. Après des études de philosophie à Rostov-sur-le-Don et à Riga, il adhère avec enthousiasme au projet de la révolution d'Octobre. Toutefois, rapidement en désaccord avec le dogmatisme des nouveaux dirigeants du pays, il quitte l'université de Pétrograd, prend un poste à Prague et finit par s'installer à Paris où il acquiert la nationalité française en 1929 et soutient sa thèse de doctorat en 1932. Après avoir enseigné à Bordeaux, puis à Strasbourg, il est privé de la citoyenneté française par le gouvernement de Vichy et part alors pour New York. À son retour, en 1946, il ouvre, dans le cadre du Centre national de la recherche scientifique (CNRS), le Centre d'études sociologiques, crée les *Cahiers internationaux de sociologie* et fonde l'Association internationale des sociologues de langue française (AISLF). Élu à la Sorbonne puis à l'École pratique des hautes études, il développe une pensée originale qui attire de nombreux étudiants. Bien que Gurvitch ait formé maints sociologues, aucun d'entre eux ne se réclame aujourd'hui explicitement de sa pensée. Cependant, on peut dire qu'il a tout de même joué un rôle de premier plan dans l'institutionnalisation de la sociologie en France après la seconde guerre mondiale et que, de ce fait, il a profondément influencé toute une génération de sociologues.

Mauss (fait social total) ►

Sous l'influence de M. Mauss, à qui il emprunte la notion de « fait social total », la sociologie de Gurvitch cherche à saisir les paliers en profondeur qui stratifient l'organisation sociale, du plus superficiel au plus caché. Il dénombre ainsi dix paliers, allant de la morphologie sociale aux idées et valeurs collectives s'intégrant dans des types bien particuliers (manifestations de sociabilité, classes sociales, sociétés globales). Cette analyse statique est complétée par une attention particulière au mouvement des couches sociales qui sont, par nature, en conflit, comme le montre la lutte que se livrent les groupes, notamment les classes.

Décrivant ainsi la réalité sociale comme un « foyer d'élaboration volcanique compris dans un mouvement de flux et de reflux », comme un « réservoir de jaillissement des actes et des efforts collectifs », Gurvitch qualifie sa sociologie de **pluralisme irréductible**, dans la mesure où il n'y a pas de phénomène social stable dont l'interprétation puisse être uniforme et univoque. Par ailleurs, sa méthode de travail, souvent complexe, repose sur un va-et-vient entre l'abstrait et le concret, sur la mise en évidence de complémentarités entre la perspective microsociologique et la perspective macrosociologique, qu'il qualifie lui-même d'« **hyperempirisme dialectique** ».

Les travaux de Gurvitch se sont également appliqués à la sociologie de la connaissance. Se démarquant de la philosophie pour laquelle les jugements cognitifs doivent posséder une validité universelle, il établit que les cadres de la connaissance sont des cadres sociaux. Par exemple, chaque classe sociale, chaque institution (comme la famille), émettent des jugements en vertu d'un cadre qui n'appartient qu'à elles. Il renoue ainsi avec la tradition durkheimienne qui affirme l'existence de connaissances collectives, propres aux différents groupes sociaux que l'on peut repérer dans l'histoire des civilisations.

◄ **Durkheim**

Bibliographie

- *Traité de sociologie*, PUF, 1958.
- *La Vocation actuelle de la sociologie*, PUF, 1963.
- *Les Cadres sociaux de la connaissance*, PUF, 1966.

H

Trygve Haavelmo

Trygve Haavelmo (1911-1999) est un économiste norvégien dont la carrière débute au cours des années 1930 à l'institut d'économie d'Oslo. Lorsque la Seconde Guerre mondiale éclate, il séjourne aux États-Unis. Il s'y installe et soutient une thèse de doctorat en 1941, consacrée à l'usage des probabilités en économie. Il revient en Norvège en 1947. Il est nommé professeur à l'université d'Oslo en 1948 où il enseigne jusqu'à sa retraite en 1979. Il reçoit le prix Nobel d'économie en 1989.

À partir des années 1930, les travaux d'Haavelmo promeuvent l'**économétrie**, discipline mobilisant les outils mathématiques et statistiques pour inférer à partir de données réelles des relations entre variables économiques et pour confronter les théories aux faits. C'est à ce titre que lui a été décerné le prix Nobel.

Haavelmo s'est également intéressé aux modalités des **politiques budgétaires**. Un accroissement des dépenses publiques financé par une augmentation identique des impôts exerce tout de même un effet de relance (l'effet de relance de l'accroissement des dépenses publiques est supérieur à l'effet de freinage de la hausse des impôts). C'est sur cette base qu'il élabore un théorème portant son nom : le

◄ **Keynes**
Samuelson

théorème d'Haavelmo, qui stipule que lorsque le budget de l'État est équilibré et qu'intervient une hausse simultanée et d'égal montant des recettes et des dépenses budgétaires (le budget reste donc équilibré), l'activité économique sera quand même relancée.

Parallèlement à ses travaux économétriques, Haavelmo s'est intéressé à partir des années 1950 au problème du sous-développement, aux déterminants de l'investissement et aux fluctuations économiques.

Bibliographie

- *The probability approach in economics*, 1944.
- *Multiplier effects of a balanced budget*, 1945.
- *A study in the theory of economic evolution*, 1954.
- *A study in the theory of investment*, 1960.

Jürgen **Habermas**

École de Francfort ►

Jürgen Habermas, né en 1929, a fait ses études à Göttingen et à Bonn entre 1949 et 1956. De 1956 à 1959, il est l'assistant d'Adorno à Francfort. Il lit alors tout ce qu'Adorno écrit à ce moment et l'entend parler, dans ses séminaires, de Durkheim, Hegel et Freud. Toutefois, à l'époque, il ignore tout de ce que fut la théorie critique de l'école de Francfort dans les années trente. De 1961 à 1964, il enseigne à Heildelberg, puis à Francfort de 1964 à 1971 et au Max Plank Institut, à Starnberg de 1971 à 1983. Depuis 1983, il exerce ses activités à Francfort.

Si Habermas est souvent présenté aujourd'hui comme le continuateur de la théorie critique, il n'en a pas moins renoncé à certaines hypothèses fondatrices de l'école de Francfort. Pour lui, en effet, la théorie critique présente trois failles importantes :

- en premier lieu, elle est incapable de se rapporter à la moindre forme d'analyse empirique des conditions sociales ;
- deuxièmement, elle reste attachée au concept hégélien de vérité et ne comprend donc pas la réalité du travail scientifique ;
- enfin, elle sous-estime la vigueur de l'État de droit démocratique.

Habermas a d'abord fait œuvre d'épistémologue en dénonçant la prétention positiviste à extrapoler le modèle des sciences exactes pour en faire une forme universelle qui s'applique également aux sciences humaines. Pour lui, le programme de la « science unitaire » n'a pas de sens. À partir de là, il distingue trois types de démarche scientifique :

◄ Comte
Popper

– les **sciences empirico-analytiques** (ou sciences exactes) reposent sur la formalisation mathématique et le recours à l'expérimentation. Elles sont, par essence, généralisantes et correspondent à une rationalité de type instrumental dont l'objectif premier est l'appropriation de la nature. La connaissance procède ici d'un ordre technique et le travail (la transformation du monde) est la catégorie fondamentale ;

– les **sciences historico-herméneutiques** (exemple : l'histoire) procèdent d'un intérêt de connaissance qui est d'ordre pratique. Les théories élaborées par l'historien ne sont pas soumises au critère de réfutabilité ; ce sont des théories interprétatives qui n'échappent pas aux fatalités méthodologiques qui définissent le « **cercle herméneutique** » (« Les faits ne se constituent qu'en relation avec les critères qui permettent de les constituer »). L'historien est un « compreneur » dont l'objectif est de créer un consensus entre sujets agissants. Habermas qualifie cet intérêt de « pratique » parce qu'il correspond à la rationalité communicative de l'interaction, qui est au fondement de l'idée de pratique, par opposition à celle de technique.

À ce point de l'analyse, on fera une remarque qui n'est pas sans intérêt pédagogique : en affirmant la dualité entre sciences nomothétiques (sciences exactes) et sciences idiographiques (sciences humaines), Habermas reprend la problématique de Dilthey qui distingue « expliquer » et « comprendre », que l'on retrouvera également sous la plume de Weber ;

◄ Dilthey

– enfin, les **sciences critiques** (psychologie, sociologie, psychanalyse) procèdent d'un intérêt émancipatoire. Alors que les sciences historico-herméneutiques sont assez conservatrices, les sciences critiques sont nimbées d'une auréole révolutionnaire ou, tout au moins, progressiste. Elles s'inscrivent dans un processus d'autoréflexion qui permet au sujet d'agir sur le monde par la prise de conscience des rapports de domination existants.

Si cette classification n'est pas dénuée de toute pertinence, on peut quand même se demander si la distinction entre sciences critiques et sciences historico-herméneutiques est vraiment fondée. En effet, si les sciences de la nature se fondent sur le travail et les sciences historico-herméneutiques sur l'interaction, Habermas n'arrive pas à déterminer l'invariant qui serait le fondement des sciences critiques. C'est avec le langage comme propre de l'homme que se pose l'exigence d'émancipation et de contestation de la domination. Or, le langage appartient à la sphère de l'interaction. Dans ces conditions, l'intérêt émancipatoire n'est qu'une orientation particulière de l'intérêt pratique et les sciences critiques reviennent bien dans le giron des sciences historico-herméneutiques.

Friedmann (déterminisme technologique) ►

Comme d'autres auteurs (Marcuse, Horkheimer), Habermas critique la raison instrumentale. Le positivisme occulte la dimension critique des sciences sociales. Il favorise la substitution de la technique à l'action rationnelle et critique. La science devient une foi et la technique une idéologie donnant réponse à tout. Pour Habermas, le capitalisme moderne ne cesse d'étendre le champ de la rationalité instrumentale, si bien que les hommes se trouvent dans un « monde de finalités sans fin ». La maîtrise de la nature et la productivité croissante assurent aux individus des conditions d'existence toujours plus confortables, mais dont le sens fait défaut.

Pour remédier à la perte générale de sens, Habermas décrit une nouvelle forme de rationalité : l'**agir communicationnel**. Il désigne par là les relations interindividuelles au sein desquelles les individus cherchent à coordonner leur comportement et leur action. Le langage y occupe une place centrale et Habermas propose de privilégier l'analyse des relations interindividuelles qui, à travers la communication, sont porteuses de sens et de lien social. La valorisation de l'action de communication permettrait, selon lui, de desserrer l'emprise de la rationalité instrumentale.

Bibliographie

- *Espace public*, 1962.
- *Théorie et pratique*, 1963.
- *Connaissance et intérêt*, 1968.
- *Théorie de l'agir communicationnel*, 1981.
- *Morale et communication : conscience morale et activité communicationnelle*, 1983.
- *Le Discours Philosophique de la modernité*, 1987.

Maurice Halbwachs

Maurice Halbwachs (1877-1945) est agrégé de philosophie. À partir de 1905, il participe à la rédaction de la revue *L'Année sociologique* fondée par Durkheim. Au sein de l'école durkheimienne, il se distingue par son intérêt pour les classes sociales. Professeur à l'université de Strasbourg en 1919, puis à la Sorbonne en 1935, il est élu au Collège de France en 1944. Déporté, il meurt au camp de Buchenwald en 1945.

◄ Dukheim

Halbwachs consacre deux ouvrages à vingt ans d'intervalle à la consommation et au mode de vie des ouvriers. C'est d'abord pour lui l'occasion de discuter la validité de la loi d'Engel qui stipule que la proportion des dépenses de nourriture diminue lorsque le revenu augmente. Il constate que cette diminution relative de l'alimentation dans le budget est lente, irrégulière et marque le pas pour certaines consommations spécifiques. De plus, la relation entre le revenu et les dépenses d'alimentation n'est pas stable puisque, à revenu équivalent, un ouvrier dépense plus en nourriture qu'un employé. Enfin, les ouvriers consacrent une part relativement faible de leur revenu au logement et semblent privilégier des dépenses liées à la sociabilité extérieure.

◄ Engel

Cela conduit Halbwachs a élaborer une conception des classes sociales non plus centrée sur la place dans les rapports de production mais sur la **mémoire collective**. Celle-ci est un ensemble de dispositions psychologiques communes aux membres d'un groupe. Elle est à l'origine de besoins collectifs et, indirectement, des habitudes de consommation. À la base de cette mémoire il y a la place dans la division du travail et l'insertion d'un groupe dans un espace géographique concret : un quartier dans une ville. Cela favorise des relations de sociabilité qui permettent de créer une histoire commune. Ainsi se construit une mémoire collective dans laquelle s'inscrivent les mémoires individuelles. Les **classes sociales**, puisqu'il s'agit d'elles, sont donc des communautés qui influencent les besoins de leurs membres. Halbwachs distingue quatre classes différentes :

◄ Marx

◄ Marx, Weber (classes sociales)

◄ Tönnies

- les ouvriers ont un travail tourné vers la transformation de la matière. Dans l'usine, ils sont soumis à une discipline rigoureuse qui ne leur laisse que peu d'autonomie. Cela favorise un sentiment d'isolement social et de privation de liberté ;
- les paysans sont attachés à une terre qu'idéalement ils se transmettent de génération en génération. L'insertion dans une famille, un village et, souvent, une communauté religieuse, crée un sentiment de permanence ;
- les classes moyennes se partagent en deux : les artisans et commerçants ont un capital qui leur garantit une relative sécurité, les

employés ont une qualification qui, dans leur esprit, les situe au-dessus des ouvriers dans la hiérarchie sociale et qui alimente leur désir d'ascension sociale ;

• la classe dirigeante domine économiquement et culturellement la société. Elle lui fournit un modèle de valeurs qui sert de référence à tous et qui va permettre de hiérarchiser toutes les classes sociales. Plus une classe sera proche de ce modèle et plus elle sera élevée dans la hiérarchie sociale.

Cela amène Halbwachs à représenter la stratification sociale en utilisant la métaphore du **feu de camp** : le modèle culturel de la classe dominante représente le foyer de la société et les classes sociales se répartissent autour en fonction de leur degré de proximité par rapport à ce modèle. Les biens matériels et symboliques auxquels les individus ou les classes ont accès mesurent le degré de leur intégration dans la société et de participation à la vie sociale. L'étude des budgets ouvriers conforte l'idée selon laquelle les ouvriers sont faiblement intégrés dans la société.

L'originalité d'Halbwachs est d'avoir tenté de concilier une théorie du conflit social (celle de Marx) et une théorie de l'ordre social (celle de Durkheim). Au premier, il emprunte la notion de classes sociales, au second, l'idée d'une conscience collective.

Marx ►
Durkheim ►

Bibliographie

- *La Classe ouvrière et les Niveaux de vie, recherche sur la hiérarchie des besoins dans les sociétés industrielles contemporaines*, Paris, Alcan, 1913.
- *Les Cadres sociaux de la mémoire*, Paris, Alcan, 1925.
- *Les Causes du suicide*, Paris, Alcan, 1930.
- *L'Évolution des besoins de la classe ouvrière*, Paris, Alcan, 1933.
- *Morphologie sociale*, Paris, Armand Colin, 1938 (réédité en 1970)
- *La Mémoire collective*, Paris, PUF, 1950 (2e édition, Albin Michel, 1997).
- *Esquisse d'une psychologie des classes sociales*, Paris, M.Rivière, 1955 (réédité en 1964).

Robert Forbes Harrod

Roy Forbes Harrod (1900-1978) est né à Norfolk au Royaume-Uni. Il étudie la littérature classique à Oxford puis l'économie à Cambridge où il a comme professeur, puis collègue et ami, J. M. Keynes.

Harrod est à l'origine d'un modèle de croissance qui est considéré comme le modèle de référence de la **théorie keynésienne de la croissance**.

Il a aussi participé à la vie politique anglaise, comme conseiller de W. Churchill pendant la Seconde Guerre mondiale puis du Premier ministre conservateur Harold Macmillan entre 1957 et 1963.

Si le modèle de Harrod s'inspire fortement de la théorie de Keynes, il s'inscrit cependant dans une problématique de long terme et donc de la croissance. Il est habituellement associé à celui de E. Domar qui a lui aussi étudié les conditions d'une croissance équilibrée dans des termes assez proches, d'où l'appellation de **modèle de « Harrod-Domar »**.

◄ Keynes

◄ Domar

Ce modèle pose que la propension à épargner d'une communauté (notée « s », elle est considérée par Harrod comme relativement stable) est égale au taux de croissance de la production (G), multiplié par le coefficient de capital (C, qui est le rapport entre la variation du capital et la variation de la production).

La reformulation de l'égalité entre investissement et épargne prend la forme GC = **s**. Si cette égalité est toujours vérifiée *ex post*, elle ne l'est pas nécessairement *ex ante*.

Harrod montre que pour obtenir une croissance stable de plein emploi, il faut que G soit égal à Gn (qui est le taux de croissance maximum possible compte tenu de l'accroissement de la population et du progrès technique) et à Gw (c'est-à-dire le taux de croissance « garanti » ou désiré par les entrepreneurs compte tenu de leurs anticipations fondées sur la demande effective).

Selon Harrod, il est très difficile d'atteindre cette égalité car ces taux dépendent de variables indépendantes comme le taux d'épargne, le taux de croissance de la population active ou le coefficient de capital. L'équilibre n'est atteint que si la production progresse au même rythme que la population active, laquelle ne peut être embauchée que si le capital croît au même rythme (hypothèse de non substituabilité entre les facteurs).

Il est donc hautement probable que la croissance soit non seulement déséquilibrée (c'est-à-dire non compatible avec les grands équilibres macroéconomiques) mais aussi instable, car les déséquilibres sont cumulatifs et tendent à s'accentuer.

Si G est supérieur à Gw, la croissance réelle de l'économie se situe au-dessus de la croissance potentielle. Cela signifie que les capacités d'offre sont insuffisantes pour répondre à une hausse imprévue de la demande. Les entrepreneurs vont alors investir, ce qui augmente encore la demande via l'effet multiplicateur, encourageant de nouveau les investisseurs et ainsi de suite.

Inversement, si G est inférieur à Gw, les entrepreneurs vont réduire plus que proportionnellement leurs investissements, entraînant une baisse de la demande et du revenu (effet multiplicateur), ce qui pousse à une nouvelle baisse des investissements et ainsi de suite.

Pour Harrod, la croissance est sur « le fil du rasoir », tout écart du sentier de croissance équilibrée conduit à une expansion ou à une dépression cumulative qui éloigne davantage de l'équilibre. La conclusion de Harrod est que l'État doit utiliser la politique budgétaire ou la politique des revenus pour agir notamment sur le taux d'épargne afin de stabiliser la croissance.

Solow ► (loi des rendements décroissants) ►

Bien que le modèle de Harrod ait été soumis à de nombreuses critiques, il constitue un élément de base essentiel à la compréhension de modèles de croissance plus sophistiqués.

Bibliographie

- *The trade cycle*, 1936.
- *An essay in dynamic theory, economic journal*, 1939.
- *Théorèmes dynamiques fondamentaux*, 1948.
- *The life of John Maynard Keynes*, 1951.

Friedrich von **Hayek**

Friedrich von Hayek (1899-1992) est né à Vienne en Autriche. Il obtient un doctorat de droit en 1921 puis un doctorat de sciences politiques en 1923 à l'université de Vienne où il a suivi les cours d'économistes célèbres comme K. Menger et F. von Wieser. ◄ **Menger**

En 1927, il est nommé directeur de l'Institut autrichien de recherche économique et enseigne parallèlement l'économie et les statistiques à l'université de Vienne. Par la suite, il émigre en Grande-Bretagne où enseigne à la prestigieuse *London School of Economics* entre 1931 et 1950. Défenseur inconditionnel du libéralisme, Hayek s'oppose vigoureusement à l'interventionnisme étatique défendu par J. M. Keynes.

De 1950 à 1962, il enseigne les sciences sociales et morales à l'université de Chicago puis obtient une chaire d'économie politique à Freiburg, en Allemagne. Nobélisé en 1974, Hayek est le plus célèbre représentant de l'**école autrichienne**.

Hayek a développé une **théorie des fluctuations cycliques** radicalement opposée à la vision keynésienne. La phase ascendante du **cycle** s'explique par une augmentation de la masse monétaire, laquelle modifie la structure des prix et conduit à abaisser les taux d'intérêt sous le taux naturel (le taux d'intérêt naturel est celui qui égalise l'épargne volontaire des ménages et le montant de l'investissement prévu par les entreprises). Il en résulte une hausse de l'**investissement** et le développement de structures productives plus capitalistiques. L'augmentation de la demande de biens de production accroît le prix de ce facteur et améliore la perspective de profit dans ce secteur. Les producteurs vont alors préférer se spécialiser dans le secteur des biens d'équipement au détriment de celui des biens de consommation, avec pour effet une **déformation de la structure productive**. Mais il s'ensuit une pénurie de biens de consommation qui modifie à nouveau les prix relatifs et révèle un « surinvestissement » qui nécessite l'élimination du capital excédentaire. L'économie plonge alors dans la dépression, le temps qu'une structure productive adaptée se mette en place.

◄ **Mises**

◄ **Wicksell**

En raison du rôle actif que joue la monnaie sur l'économie réelle et de son pouvoir potentiellement déstabilisant, Hayek préconise de **dénationaliser la monnaie**, c'est-à-dire de supprimer le monopole de création monétaire de la Banque centrale et de le confier aux banques privées. Celles qui n'auront pas le souci de préserver la valeur de leur monnaie perdront leurs clients et seront éliminées du marché.

Hayek est un ardent défenseur du marché. Dans une société complexe caractérisée par une division du travail poussée, la « concurrence est la seule méthode susceptible de réaliser la coordination recherchée ». La **supériorité du marché** tient dans le fait qu'il est le lieu où circule certes des produits, mais aussi des signaux qui, via les mouvements de prix, révèlent l'état de l'offre et de la demande. Une hausse de prix, en l'absence d'inflation, est le signal que l'offre devient excédentaire, ce qui décourage une partie de la demande et stimule la production. Le mécanisme de marché permet donc d'assurer la compatibilité des plans des agents. La libre variation des prix permet la coordination dans le temps des activités individuelles décentralisées.

A contrario, Hayek dénonce la planification développée par le socialisme soviétique qui ne peut réunir toute l'information nécessaire à une prise de décision centralisée. Elle ne peut pas davantage anticiper l'évolution des goûts et des besoins des consommateurs, ce qui conduit à des décisions inadaptées.

C'est aussi une forme d'organisation de la société qui accorde au plan central un pouvoir qui menace inévitablement les libertés individuelles : « une fois centralisé, le pouvoir économique devient un instrument politique qui met les hommes dans une situation qui diffère à peine de l'esclavage ». Le marché assure donc une meilleure allocation des ressources que le « planisme », mais il est aussi le garant de la liberté politique. Pourtant, Hayek se démarque du modèle néoclassique de l'agent maximisateur. Il considère que l'hypothèse de l'agent rationnel qui cherche en permanence à maximiser sa satisfaction sous contrainte est irréaliste. En effet, le futur est fondamentalement incertain et les phénomènes économiques sont définis de manière subjective (interprétation des agents) à partir de connaissances partielles. Le marché est donc envisagé de façon dynamique et ne tend pas vers un équilibre stable spontané. C'est la raison pour laquelle Hayek conteste que l'on puisse recourir à la formalisation mathématique pour modéliser l'économie.

Enfin, selon Hayek, la justice sociale est un non sens dans la mesure où le résultat de la répartition résulte des actions humaines décentralisées sans volonté consciente au niveau global. L'État doit donc se garder de promouvoir la justice sociale sous peine d'engager la société sur la « route de la servitude ».

Si les analyses de Keynes ont longtemps marginalisé les contributions de Hayek, le renouveau libéral des années 80 et la disparition du système soviétique ont conduit à redécouvrir l'œuvre incontournable de cet auteur.

Bibliographie

- *Prix et production*, 1931.
- *La Route de la servitude*, 1943.
- *Droit, législation et liberté*, trois tomes, 1973-1979.

Eli Filip Heckscher

Eli Filip Heckscher (1879-1952) est un économiste suédois. En 1909, il est nommé professeur à la *Stockholm School of Economics*. Il oriente d'abord sa réflexion sur les questions monétaires et le commerce international, puis se consacre à l'histoire économique.

Au début de sa carrière, Heckscher a notamment montré en quoi les **politiques monétaires** pouvaient être mobilisées pour lutter contre l'inflation. Dans un article célèbre publié en 1919, il soutient que les pays ont intérêt à se spécialiser dans les productions nécessitant la mise en œuvre des facteurs de production dont ils disposent en abondance. Les fondements de la spécialisation des pays résident donc dans leur **dotation factorielle**. Le **commerce international** régi par le libre-échange provoquera l'égalisation de la rémunération des facteurs de production au niveau mondial.

◄ **Ohlin, Samuelson (théorème HOS)**

Mais Heckscher est aussi reconnu comme un spécialiste de l'histoire économique. Dans ce domaine, il a notamment développé une étude du **mercantilisme** (1931). Pour lui, l'objectif essentiel de cette doctrine était de renforcer le pouvoir central (l'État) face aux pouvoirs politiques locaux : en protégeant et en aidant les marchands et les industriels, l'État central fondait en premier lieu les bases de son emprise sur la société et, en second lieu, celles de son enrichissement. En revanche, sur le plan économique, Heckscher considère que le mercantilisme manque de cohérence et constitue une source de dysfonctionnements.

Bibliographie

- *The effect of foreign trade on the distribution of income*, 1919.
- *Mercantilism*, 1931.

John Richard Hicks

John Richard Hicks est né en 1904. Après ses études à Oxford (1923-1926), il entame une carrière d'enseignant qu'il poursuit dans

Walras, Arrow ►

Samuelson ►

différentes universités britanniques. Il est nommé professeur à l'université d'Oxford en 1946 où il enseigne jusqu'à sa retraite en 1971. En 1972, il reçoit le prix Nobel d'économie (avec Kenneth Arrow) pour ses travaux sur l'équilibre général et l'économie du bien-être. Jusqu'à sa mort, intervenue en 1989, il poursuit sa réflexion théorique sur l'analyse keynésienne et exprime ses doutes quant à la pertinence du modèle IS/LM promu par le **courant de la synthèse**, dont il a été pourtant l'initiateur à la fin des années 1930.

Walras ►

Keynes ►

Au cours des années 1930, Hicks s'interroge sur les nouvelles idées keynésiennes alors qu'il enseigne à la *London School of Economics* où officient des libéraux de renom tels que Lionel Robbins et Friedrich Von Hayek. En 1934, avec le mathématicien Roy Allen, il définit les outils de la **microéconomie** moderne (distinction entre l'effet de revenu et l'effet de substitution, traitement mathématique des courbes d'indifférence...). Ces outils d'analyse sont formalisés dans son ouvrage *Value and Capital* (1939) qui introduit, en Grande-Bretagne, l'approche de l'**équilibre général** walrassien en prenant en compte les **anticipations**. Mais, Hicks est par ailleurs convaincu de l'importance des travaux de l'école suédoise (dont ceux de Wicksell et de Myrdal), qui préfigurent certains aspects de l'analyse keynésienne. C'est probablement la raison pour laquelle il est sollicité par l'*Economic journal*, dont le directeur de publication est John Maynard Keynes, pour rendre compte de la parution de *La Théorie générale de l'emploi, de l'intérêt et de la monnaie*, en 1936. Il en rédige une nouvelle version qu'il intitule *Mister Keynes and the « Classics »*, publiée en 1937 par la revue *Econometrica* : dans cet article, il expose son modèle IS/LL, qui deviendra quelques années plus tard le **modèle IS/LM**. Celui-ci est une représentation graphique permettant de déterminer le niveau du revenu national et du taux d'intérêt, qui assure en même temps l'égalité entre l'offre et la demande globale de biens et de services, et l'équilibre entre l'offre et la demande de monnaie. Le modèle permet également de spécifier les **politiques économiques conjoncturelles** qu'il faut mettre en œuvre pour assurer le plein-emploi. Cette approche, qui sera développée au cours des années 1940 et 1950 par les américains Alvin Hansen et Paul Samuelson, fonde le courant de la synthèse qui tente de concilier les approches keynésienne et néoclassique : cette dernière est juste dès lors que le plein emploi est atteint ; en revanche, en période de sous-emploi, l'analyse keynésienne est pertinente.

Hicks a, par ailleurs, élaboré un modèle d'explication des **fluctuations** en combinant, comme l'avait fait Samuelson en 1939 (modèle de l'oscillateur), les mécanismes du **multiplicateur** et de l'**accélérateur** : ce modèle fonde la croissance du produit national sur la dynamique de l'**investissement** (qui correspond à la somme de l'investissement autonome, dont les causes sont exogènes, et de l'investissement induit par l'évolution de la demande). Le modèle de Hicks établit que la croissance du produit national oscille entre un « taux de croissance-plafond », fixé par le plein-emploi de la main-d'œuvre, et un « taux de croissance-plancher », engendré par l'investissement autonome (dont l'investissement public).

◄ **Samuelson (oscillateur)**

Au cours des années 1960, Hicks complexifie son approche, en distinguant les modèles de croissance à prix fixes (d'inspiration keynésienne) et les modèles de croissance à prix flexibles (d'inspiration néoclassique), et s'intéresse aux modalités de passage d'un sentier de croissance à un autre.

Au cours des années 1970, il s'interroge sur la crise que connaît la théorie keynésienne. Il explique les limites de l'effet multiplicateur par les délais que nécessite le déroulement complet du mécanisme et par les goulets d'étranglement sectoriels (en raison de stocks insuffisants) freinant la croissance. En outre, les effets et les modalités des politiques monétaires dépendent du contexte dans lequel elles interviennent : dans une **économie d'endettement**, les entreprises dépendent des crédits bancaires pour financer leurs investissements ; en cas de surchauffe, la Banque centrale ne peut agir sur le refinancement des banques en faisant croître les taux d'intérêt, car les conséquences négatives sur l'emploi seraient insupportables. C'est pourquoi, dans un tel contexte, les politiques monétaires privilégient le contrôle quantitatif du volume des crédits. Dans une **économie de marchés financiers**, les entreprises s'autofinancent et recourent à l'émission de titres (actions et obligations). Dès lors, la Banque centrale peut influer sur la création monétaire des banques en faisant varier ses taux directeurs ou en procédant à des opérations d'*open market*.

Enfin, Hicks étudie la **stagflation** en expliquant l'inflation par une poussée des coûts salariaux résultant de la pression sociale et de la demande d'équité des travailleurs qui exigent la généralisation des hausses de salaires obtenues dans certains secteurs, y compris pendant les phases de récession au cours desquelles le chômage augmente. Par ailleurs, il fait appel aux anticipations pour expliquer la poursuite de l'inflation : si les agents prévoient une accélération de la hausse des prix, ils accroissent immédiatement leur demande et, de ce fait, font monter les prix.

Bibliographie

- *Mister Keynes and the « Classics »*, 1937.
- *Value and capital : an inquiry into some fundamental principles of economic theory* (traduction française, *Valeur et capital : enquête sur divers principes fondamentaux de la théorie économique*, 1956), 1939
- *Capital and growth* (traduction française, *Capital et croissance*, 1965), 1965.
- *Capital and time : a new austrian theory* (traduction française, *Le temps et le capital*, 1975), 1973.
- *The crisis in keynesian economics* (traduction française, *La crise de l'économie keynésienne*, 1988), 1974.
- *Journal of post keynesian economics, IS/LM : an explanation*, 1980.

Albert O. Hirschman

Né à Berlin en 1915, Albert O. Hirschman fuit le nazisme en 1933, suit des études d'économie en France et en Angleterre, puis s'engage successivement dans les brigades internationales, dans l'armée française (alors qu'il a toujours la nationalité allemande) et américaine. Il est, après la guerre, un des principaux responsables du plan Marshall en faveur de la reconstruction des pays européens puis, à partir de 1952, il travaille comme conseiller de la Banque mondiale auprès du gouvernement colombien. Son premier sujet d'intérêt sera donc l'économie du développement. Devenu universitaire (Columbia, Harvard), il oriente sa réflexion sur les conditions de l'action des acteurs économiques et sur les conséquences de ces actions sur le changement social.

Hirschman se demande ce que peut faire un individu placé dans une situation qui ne le satisfait pas. Que ce soit dans le domaine économique ou politique, un acteur insatisfait a le choix entre trois comportements :

• un comportement de **défection** (*exit*), qui consiste à renoncer à une relation (refus d'acheter un bien ou départ d'un parti politique) ;

• un comportement de **prise de parole** (*voice*), qui consiste à exprimer son désaccord pour tenter d'améliorer une situation ;

• un comportement de **loyauté** (*loyalty*), qui est celui de la personne reconduisant une relation qui ne la satisfait guère.

La stratégie de défection est *a priori* plus simple que celle qui consiste à prendre la parole. Aussi est-elle souvent privilégiée, surtout dans le domaine économique. Elle est d'autant plus facile que la concurrence est importante, un consommateur mécontent pouvant aisément s'adresser à un autre fournisseur. En principe, ce comportement du consommateur devrait inciter l'entreprise en perte de vitesse à améliorer ses prestations. Dans la réalité, une défection massive aggrave la situation et peut être contre-productive. C'est ce qu'Hirschman a observé au Nigeria au début des années 60. La faible ponctualité du chemin de fer incitait les entreprises à utiliser la route, privait la compagnie ferroviaire de recettes et empêchait la rentabilisation d'un investissement coûteux. Une stratégie de prise de parole, éventuellement associée à une défection limitée, aurait été plus avantageuse pour la collectivité.

Il est donc de l'intérêt de la collectivité que les individus expriment leurs désaccords. Les sociologues proches de l'individualisme méthodologique insistent sur le fait que la mobilisation a un coût. Hirschman montre que la **mobilisation** apporte des gratifications symboliques en distinguant la prise de parole horizontale, qui crée des liens entre les acteurs de la prise, de parole verticale, qui est une action en direction d'un supérieur. La prise de parole horizontale soude le groupe en lui donnant une image valorisante de lui-même. Cette prise de parole horizontale, qui n'est pas strictement utilitaire, fait de la mobilisation non pas un coût, mais un « bénéfice ». Cela débouche sur des conflits mais ceux-ci sont plus bénéfiques pour la collectivité qu'une généralisation des comportements de défection.

◄ Boudon (individualisme méthodologique)

◄ Olson

Pourtant, la mobilisation collective n'est pas automatique. Hirschman croit même observer des cycles politiques marqués par la succession d'un fort engagement collectif suivi d'un repli sur la sphère privée. Les **actions privées** sont celles qui ont pour objectif d'améliorer le bien-être de leur acteur et de ses proches. Les **actions publiques**, au contraire, sont celles qui visent l'intérêt de la collectivité. Les générations qui privilégient les actions privées finissent par être déçues, la consommation ne provoquant qu'un plaisir éphé-

Smith ►

Tocqueville ►

Hayek ►

mère qui se banalise. De cette déception naît la contestation qui, elle-même, débouche sur du dépit, en cas d'échec de l'action collective, ou sur de l'apaisement, en cas de succès. Alors s'ouvre une nouvelle phase d'investissement dans la sphère privée.

Ce refus de l'action publique et ce repli dans l'action privée est légitimé par un discours que Hirschman qualifie de réactionnaire car il est une réaction aux arguments en faveur du changement. Selon lui, tous les arguments développés peuvent être ramenés à trois thèses :

- la **thèse de l'effet pervers**, qui soutient que les conséquences de l'action sont à l'opposé de l'effet souhaité. Hirschman voit dans la « main invisible » le modèle de ce type de raisonnement ;
- la **thèse de l'inanité**, qui affirme que l'action est inutile. Ce type d'argument est développé par Tocqueville lorsqu'il soutient que la Révolution française était inutile puisque l'égalisation des conditions était déjà à l'œuvre sous l'Ancien Régime.
- la **thèse de la mise en péril**, qui consiste à affirmer que l'action va détruire quelque chose d'essentiel. Telle est la position de Hayek lorsqu'il reproche à l'État providence de détruire la démocratie.

Hirschman emprunte à Marx l'idée que les hommes font l'histoire et que les conflits sont un facteur de transformation des sociétés. En même temps, il refuse l'idée qu'il puisse y avoir des lois de la transformation sociale. En ce sens il est plus près de sociologues comme A. Touraine ou M. Crozier.

Bibliographie

- *La Stratégie du développement économique*, Éditions ouvrières, 1964.
- *Les Passions et les Intérêts*, PUF, 1980.
- *Bonheur privé et action publique*, Fayard, 1982.
- *L'Économie comme science morale et politique*, Gallimard/Seuil, 1984.
- *Deux siècles de rhétorique réactionnaire*, Fayard, 1991.
- *Défection et prise de parole*, Fayard, 1995.
- *Un certain penchant pour l'autosubversion*, Fayard, 1995.

Thomas Hobbes

Thomas Hobbes (1588-1679) est témoin de la guerre civile anglaise qui oppose le Parlement aux monarchistes. Il publie en 1651 le fruit de sa réflexion sur la politique et de ses relations avec la religion dans son ouvrage majeur : le Léviathan. Il est alors critiqué par la noblesse et le clergé pour avoir préconisé l'autonomie du politique vis-à-vis du religieux.

Hobbes fait l'hypothèse d'individus égoïstes qui, à l'**état de nature**, sont pratiquement égaux. Ils désirent les mêmes choses et utilisent les mêmes moyens pour se les procurer. Cela conduit à un « état de guerre de chacun contre chacun », les désirs humains ne s'harmonisant pas spontanément. Dans une telle situation, chaque individu a la liberté d'utiliser tous les moyens pour se préserver. C'est, selon le philosophe, un droit de la nature.

◄ **Rousseau (contrat social)**

La volonté de se préserver et de bénéficier en toute quiétude de la propriété pousse les individus à chercher à sortir de cet état d'insécurité. Ils vont conclure un pacte (un contrat social) par lequel chacun renonce à sa liberté naturelle pour confier le pouvoir de faire respecter la paix et la prospérité à un État (le **léviathan**). Les hommes renoncent ainsi à leur liberté totale pour obtenir l'assurance de la sécurité.

Le **contrat social** est passé entre les sujets qui renoncent à leurs pouvoirs pour le confier à un souverain. Ce dernier, étant extérieur au contrat, ne se trouve donc pas engagé par lui. Sa liberté et son pouvoir sont absolus. Le souverain, quel qu'il soit, y compris s'il est un souverain étranger s'imposant après une victoire militaire, ne peut être contesté car sa mise en cause ramènerait à l'état d'insécurité.

Si les sujets renoncent à exercer des droits politiques, leurs libertés restent pleines et entières dans les domaines qui ne remettent pas en cause la paix civile : choix des habitations, de la consommation, de l'activité économique, de l'éducation et, bien sûr, de la religion.

Grâce à cette fiction du contrat social, Hobbes montre que le pouvoir politique et son incarnation (l'État) ne sont ni d'origine divine ni d'origine naturelle mais résultent de la volonté des hommes. C'est ce qui lui vaut la condamnation de l'Église. Il justifie en même temps l'**absolutisme**, qui est une forme de gouvernement dans lequel le pouvoir du souverain n'est limité ni par des institutions représentatives ni par une constitution. Ce faisant, il s'interdit de réfléchir sur ce qu'est un gouvernement démocratique.

Bibliographie

- *Elements of law*, 1640.
- *De cive (traité du citoyen)*, 1642.
- *Léviathan*, 1651.

I

Ivan **Illich**

Ivan Illich (1926-2002) est un intellectuel original à la frontière entre la philosophie et la sociologie. Après une licence de théologie en 1951, il devient prêtre puis enseignant et chercheur au Mexique. Il publie ses principaux ouvrages dans les années 70, après sa rupture avec l'église survenue en 1969. Il est, au cours des dernières années de sa vie, enseignant à Brême. Il a développé une critique de la société productiviste sur la base du concept de contre-productivité.

Selon Illich, le but ultime de toute activité humaine est de favoriser l'autonomie des individus. Il faut donc encourager toutes les relations sociales qui vont dans ce sens. Or, la production de biens ou services peut se faire de deux façons différentes :

• sur un mode autonome, c'est-à-dire par l'individu lui-même ou son entourage. Ainsi, une bonne santé peut être le résultat d'un mode de vie « sain ». Cette auto-production de santé (ou de culture) est, par principe, non marchande ;

• sur un mode hétéronome, par une institution dans le cadre de relations marchandes. Une bonne santé peut être le résultat d'achat de biens et services médicaux auprès d'institutions spécialisées telles que l'hôpital.

Jusqu'à un certain point, la production sur un mode hétéronome peut favoriser l'épanouissement des individus. Mais, au-delà d'un certain niveau de développement, on observe un phénomène de **contre-productivité** : les institutions se retournent contre leur objectif initial. Elles assujettissent l'individu en réduisant sa capacité à produire des valeurs d'usage sur un mode autonome. En déresponsabilisant les malades, l'hôpital les incite à négliger la prévention. Cette société productiviste menace la liberté, l'autonomie et la créativité des individus. Or, le phénomène est cumulatif : dans le domaine économique, la logique productiviste qui consiste à vouloir toujours produire plus provoque de l'exclusion sociale, que l'on cherche à réduire en accélérant la croissance.

Il faut donc créer une **société conviviale** dans laquelle les outils ne sont pas monopolisés par des spécialistes, qui en font des instruments de pouvoir, mais mis au service des individus et de leur créativité.

Bibliographie

- *Une société sans école*, Seuil, 1971.
- *La Convivialité*, Seuil, 1973.
- *Némésis médicale*, Seuil, 1975.

J

Stanley Jevons

Économiste britannique, Stanley Jevons (1835-1882) a mené des recherches dans deux domaines : la logique et l'économie politique. Il est un des pères fondateurs du **courant marginaliste** avec l'autrichien C. Menger et le français L. Walras. ◄ **Menger, Walras**

Jevons oppose à la théorie de la valeur-travail défendue par les économistes classiques une théorie de la **valeur-utilité**. Il s'agit d'une **conception subjective de la valeur** selon laquelle la valeur des biens dépend de la satisfaction que ceux-ci procurent aux consommateurs. ◄ **Say** Le consommateur peut quantifier le degré d'utilité de chaque bien (en lui attribuant une note) : il s'agit d'une **conception cardinale de l'utilité**. La satisfaction est fonction des goûts des individus (ce qui ne relève pas de l'analyse économique) mais aussi de la quantité détenue d'un produit. Jevons adhère à l'hypothèse de la **décroissance de l'utilité marginale** qui montre que la satisfaction que procure la dernière unité consommée est inférieure à la précédente. Cette proposition, qui découle « des principes de la nature humaine », permet à Jevons de lever le paradoxe de l'eau et du diamant évoqué par A. Smith. ◄ **Smith** L'eau, généralement abondante par rapport au diamant, a une utilité marginale (ou un « degré final d'utilité » selon la terminologie de Jevons) faible par rapport à une pierre précieuse, d'où le faible prix de l'eau relativement au diamant.

Jevons applique ensuite le principe d'utilité à l'échange marchand. Le consommateur cherche à maximiser son utilité sous la contrainte d'un budget limité. Il compare donc la satisfaction que lui procure une unité supplémentaire d'un bien par rapport à un autre, compte tenu de leur prix respectif. Sachant que l'utilité décroît avec les quantités consommées, le consommateur choisira le panier de consommation qui égalise les utilités marginales des différents biens. Jevons expose ici un des principes essentiels de l'analyse marginaliste, à savoir l'**égalisation des utilités marginales** pondérées (ou divisées) par les prix.

Bibliographie

- *La Théorie de l'économie politique*, 1871.
- *Sur la question du charbon*, 1865.

Clément Juglar

Clément Juglar (1819-1905) est médecin de formation. Au début des années 1850, il s'intéresse à l'économie. Ses analyses révèlent son appartenance au courant libéral. Juglar a particulièrement étudié les causes des **cycles économiques** au cours du XIXe siècle.

S'appuyant sur l'examen de nombreux documents statistiques, il décrit minutieusement les **fluctuations** de l'activité économique en France, en Angleterre et aux États-Unis. Il tente de montrer que les **crises** commerciales sont les conséquences de la prospérité. En effet, l'expansion du crédit dope l'activité et les prix au cours des phases de croissance. Dès lors que la hausse des prix devient excessive, elle réduit la demande ; la crise éclate et ouvre une phase de dépression jusqu'à ce que la baisse des prix induise une reprise de la demande, conduisant à une nouvelle ère de croissance.

Bibliographie

- *Des crises commerciales et de leur retour, en France, en Angleterre et aux États-Unis*, 1860.

K

Nicholas Kaldor

Nicholas Kaldor (1908-1986) est né à Budapest, en Hongrie. Étudiant à l'université de Berlin puis à Londres, il devient professeur d'économie à la *London School of Economics* entre 1932 et 1947. Il occupe le poste de directeur de la division de recherche et planification de la Commission économique des Nations unies pour l'Europe. En 1949, il intègre le *King's College* de l'université de Cambridge où il rencontrera les principaux économistes keynésiens de l'époque. Conseiller spécial du Chancelier de l'Échiquier (ministre de l'Économie et des Finances) sous les gouvernements travaillistes de 1964 à 1968 et de 1974 à 1976, anobli en 1974, Kaldor est auréolé d'une notoriété internationale.

Kaldor fait partie des économistes **post-keynésiens**. Cela signifie qu'il s'est toujours opposé à une lecture qu'il juge néoclassique de l'analyse keynésienne comme le fait l'école de la synthèse. Il critique la théorie néoclassique de la croissance selon laquelle la flexibilité des facteurs de production permet d'assurer une croissance stable de plein emploi. Kaldor montre que c'est la **répartition** du revenu national qui détermine le niveau de la croissance et de l'emploi. Il suppose que la propension à épargner (S/R) des salariés est

◄ Robinson

◄ Solow

inférieure à celle des capitalistes. On en déduit que la répartition du revenu entre salaire et profit influence le montant global de la consommation et de l'épargne : plus la part des salaires est faible, plus le taux d'investissement doit être élevé pour stabiliser la demande globale. Ainsi, pour un taux d'accumulation donné, il existe une répartition optimale de la valeur ajoutée correspondant au plein emploi. Parce que cette répartition n'est pas spontanée mais dépend largement des rapports de force entre salariés et capitalistes, l'État doit conduire une politique des revenus judicieuse, compatible avec une croissance de plein emploi.

Friedman ►

Kaldor a été un farouche adversaire du monétarisme, théorie « inventée par Friedman et une bande de disciples dévots ». Pour lui, il n'est pas possible de fixer un taux fixe de croissance de la quantité de monnaie car l'offre de monnaie n'est pas stable : tout actif, ou presque, peut être rendu liquide et transformé en monnaie (innovation financière). Il devient alors difficile de préciser les contours de la masse monétaire et *a fortiori* d'en fixer la progression. De plus, la vitesse de circulation de la monnaie peut augmenter et venir compenser une diminution de l'offre de monnaie.

Pour étayer sa démonstration, Kaldor s'appuie sur l'incapacité des autorités monétaires américaines et britanniques au début des années 80 à contrôler la croissance de la masse monétaire. En revanche, la politique monétariste conduite dans ces deux pays a lourdement pesé sur l'économie réelle, en provoquant une envolée des taux d'intérêt réels, une chute de l'investissement et in fine une baisse plus que proportionnelle de l'activité.

Par ailleurs, une banque centrale doit fournir les liquidités nécessaires en cas de panique bancaire (*run*), sous peine de menacer l'ensemble du système monétaire et, par voie de conséquence, l'économie tout entière. Grâce à son rôle de « prêteur en dernier ressort », la Banque centrale est le garant de ce bien collectif que représente la monnaie.

Aglietta ►

Kaldor a aussi montré que la spéculation pouvait potentiellement déstabiliser l'économie réelle. Il définit la **spéculation** comme « l'achat (ou la vente) de marchandises en vue d'une revente (ou d'un rachat) à une date ultérieure, là où le mobile d'une telle action est l'anticipation d'un changement des prix en vigueur [...] ».

Selon l'analyse traditionnelle, les spéculateurs sont mieux informés que la moyenne des intervenants sur les différents marchés, ce qui les conduit à acheter (ou vendre) chaque fois que le prix d'un actif s'éloigne de sa valeur fondamentale. Ce faisant, ils contribuent à réduire l'amplitude de la fluctuation des prix et à stabiliser les cours. Pour Kaldor, cette thèse n'est vérifiée que si les spéculateurs sont peu nombreux sur le marché. Dans le cas contraire, l'objectif des spéculateurs n'est plus d'identifier les actifs qui s'écartent de leur valeur réelle (puisqu'ils partagent tous la même ignorance) mais de prévoir ce que les autres spéculateurs vont faire. Il en résulte des comportements mimétiques qui peuvent conduire à des bulles spéculatives suivies de brusques retournements. Mais, plus grave, cette instabilité financière menace aussi la sphère réelle, en raison des comportements de stocks induits. Une chute des cours peut pousser les agents économiques à déstocker (donc à désinvestir conformément à l'analyse keynésienne) et à déprimer l'activité. Cette analyse a donné lieu, depuis, à une abondante littérature.

Enfin, c'est à Kaldor que l'on doit la représentation graphique du **carré magique** qui visualise les principaux objectifs de la politique conjoncturelle, à savoir : le plein emploi, la stabilité des prix, une croissance économique soutenue et l'équilibre extérieur. La situation économique d'un pays est d'autant plus favorable que le quadrilatère obtenu est étendu.

Bibliographie

- *Spéculation et stabilité économique*, 1939.
- A model of economic growth, *Economic Journal, 1957.*
- Le Fléau du monétarisme, *Economica, 1982.*

Michal Kalecki

Le polonais Michal Kalecki (1899-1970) s'est formé seul à l'économie en lisant notamment Karl Marx et Rosa Luxemburg. Il obtient en 1929 un emploi de chercheur à l'Institut de recherches sur les cycles et les prix de Varsovie. Il démissionne en 1937, en réaction à l'antisémitisme qui l'environne. Il s'installe en Grande-Bretagne où il est employé à l'Institut des statistiques d'Oxford. Après la Seconde Guerre mondiale, il travaille pour l'ONU à New York. En

1955, il quitte les États-Unis pour marquer son rejet du maccarthysme et retourne en Pologne. Il est nommé professeur en 1956 et préside la Commission de planification. En 1968, il abandonne tous les postes qu'il occupe pour signifier son opposition à la campagne antirévisionniste du pouvoir en place.

Kalecki élabore une théorie des prix en **concurrence imparfaite** : les marchés sont des oligopoles (voire des monopoles) sur lesquels sont présents quelques offreurs (voire un seul). Ces offreurs fixent leurs prix sur la base de leur coût moyen auquel ils ajoutent une marge bénéficiaire dont le montant varie avec le **degré de monopole**, c'est-à-dire l'importance du contrôle qu'exercent les entreprises sur leur marché. Kalecki calcule un degré de monopole pour l'ensemble du secteur manufacturier (ou de l'économie) qui lui permet d'établir la part des salaires (d'où découle celle des profits), dans le revenu national. Cette part diminue quand le degré de monopole augmente (les entreprises peuvent accroître plus facilement leurs prix et donc leurs bénéfices). Kalecki montre également que la part des salaires diminue quand le prix des produits primaires entrant dans les coûts de production augmente.

Keynes ►

Par ailleurs, avant Keynes, Kalecki montre que le niveau de l'emploi dépend de celui de la **demande effective** et notamment, de l'évolution de l'investissement. Il dénonce les thèses néoclassiques soutenant que la diminution des salaires fait reculer le **chômage**. En fait, la baisse des salaires au cours d'une récession aggrave cette dernière en déprimant la demande. Si, en outre, les entreprises peuvent accroître leur marge bénéficiaire du fait d'un degré de monopole élevé, la part des salaires dans le revenu national diminuera, amplifiant la récession.

Aftalion ►

Kalecki établit une théorie du **cycle des affaires** en économie capitaliste proche de celle d'Aftalion. Elle est fondée sur les décalages temporels entre la décision d'investir et le moment où sont effectivement livrés les biens d'équipement : au fur et à mesure de l'accroissement du stock de capital consécutif aux livraisons de matériels, la demande de biens de production ralentit puis chute, ce qui induit une phase de repli de l'activité, jusqu'à ce que la demande d'équipement redémarre du fait de la nécessité de compenser l'usure et l'obsolescence du capital.

Kalecki s'est aussi intéressé aux **économies socialistes** et à la question du **développement**. Il préconise l'introduction des mécanismes de marché dans les économies socialistes devenues des économies de pénurie du fait des dysfonctionnements de la planification impérative et centralisée. Toutefois, si la planification doit être réformée, elle reste indispensable pour éviter les crises cycliques. Par ailleurs, Kalecki promeut un nouvel ordre international qui soit plus favorable aux pays en développement, auxquels il recommande d'opter pour des régimes mixtes associant secteur public et secteur privé et dirigés par ce qu'il appelle les « basses classes moyennes ».

Bibliographie

- *Essai d'une théorie des mouvements cycliques d'affaires*, 1935.
- *Theory of economic dynamics* (traduction française, *Théorie de la dynamique économique*, 1966), 1954.
- *Selected essays on the economic growth of the socialist and the mixed economy*, 1972
- *Essays on developing economies*, 1976.

Abraham Kardiner

Abraham Kardiner (1891-1981), représentant de l'école culturaliste, a commencé à travailler avec Linton en 1938 à l'université de Columbia dans le cadre du séminaire qu'animait ce dernier. Jusque-là, Kardiner s'était intéressé aux rapports entre anthropologie et psychanalyse. À partir de ce moment, les deux collaborateurs cherchent la réponse au problème suivant : comment l'éducation transmet-elle aux individus, pendant l'enfance, les modèles caractéristiques d'une culture ?

◄ Linton, Benedict, Mead (culturalisme)

Kardiner répond à cette question en forgeant le concept de **personnalité de base** dont il partage évidemment la paternité avec Linton. La personnalité de base est « la configuration psychologique propre aux membres d'une société donnée et qui se manifeste par un certain style de vie sur lequel les individus brodent leurs variantes singulières ». Cela signifie que les individus d'un même espace culturel ont en commun un certain nombre d'éléments de personnalité, ce qui n'exclut pas l'existence de personnalités statutaires qui sont des configurations de réponse à des situations sociales liées au statut des individus. Dans une société hiérarchisée, le bourgeois, le noble, l'esclave, ne se comportent pas toujours de la même façon. De même, le comportement des hommes et des femmes par rapport à des domaines aussi variés que l'éducation des enfants, les loisirs, les activités domestiques, est assez différent.

Cette personnalité de base est transmise par les **institutions primaires** (famille, école), qualifiées ainsi parce que liées aux premières expériences d'élaboration de la personnalité, et ensuite idéologisée dans les **institutions secondaires** (religion, folklore) qui sont un effet des premières.

La théorie de la personnalité de base permet de jeter un pont entre les sciences psychologiques et les sciences sociales. Elle a cependant l'inconvénient d'isoler la culture des autres faits sociaux en faisant de celle-ci une réalité en soi. De plus, la distinction entre institutions primaires et institutions secondaires n'apparaît guère pertinente puisque les différents niveaux de la réalité sociale sont en interaction : le changement technique modifie la structure familiale et bouleverse donc aussi le processus éducatif et l'ordre des valeurs. Toutes les institutions sont alors considérées comme « primaires ».

Bibliographie

- *The individual and his society. The psychodynamics of primitive social organization*, en français *L'Individu dans la société. Essai d'anthropologie psychanalytique*,1939.

John Maynard **Keynes**

John Maynard Keynes est né à Cambridge en 1883. Son père, John Neville Keynes, était professeur de logique et d'économie et sa mère fut maire de Cambridge. Après avoir étudié les mathématiques, Keynes s'intéresse surtout à l'économie. À la fin de la Première Guerre mondiale, il participe aux discussions sur le traité de Versailles et il considère que les exigences vis-à-vis de l'Allemagne sont trop lourdes. Par la suite, ses écrits et ses prises de position marqueront profondément la pensée économique. S'opposant à l'analyse micro-économique développée par les néoclassiques, Keynes fonde la macro-économie moderne. Il participe aux débats concernant la création du Système monétaire international de Bretton Woods, mais sa proposition de créer une monnaie internationale émise par une institution internationale est rejetée par les Américains. Keynes décède en 1946.

La théorie keynésienne de la monnaie

Dans son traité sur la monnaie publié en 1930, Keynes explique que les économies sont des économies monétaires. Les phénomènes réels ne peuvent exister hors de la monnaie. Keynes met en cause la théorie classique de la monnaie : la **monnaie** n'est donc pas un voile. ◄ **Say**

Pour Keynes, la quantité de monnaie en circulation, c'est-à-dire l'**offre de monnaie**, provient de la création monétaire par les banques. Quant à la **demande de monnaie**, que Keynes nomme « **préférence pour la liquidité** », elle résulte de trois motifs :

- **le motif de transaction**, « une première raison de conserver de la monnaie est de combler l'intervalle entre l'encaissement et le décaissement du revenu » ;
- **le motif de précaution**, « le souci de parer aux éventualités exigeant une dépense soudaine, l'espoir de profiter d'occasions non prévues d'achats avantageux, et enfin le désir de garder un avoir de valeur nominale immuable pour faire face à une obligation future stipulée en monnaie » ;
- **le motif de spéculation**, « le désir de profiter d'une connaissance meilleure que celle du marché de ce que réserve l'avenir ». Dans ce cas les agents économiques préfèrent conserver de l'argent liquide dans l'espoir d'une meilleure rémunération future de leurs avoirs. Ce motif résulte de l'incertitude concernant les variations futures du taux d'intérêt.

Le **taux d'intérêt** est un paramètre purement monétaire qui résulte de la confrontation entre l'offre et la demande de monnaie. ◄ **Cantillon**

Un accroissement de la quantité de monnaie (offre de monnaie) a comme effet de diminuer le taux d'intérêt et d'inciter les entreprises à investir ; la demande, la production et l'emploi augmentent alors. En revanche, en situation de **plein emploi**, la **création monétaire** provoque l'inflation. Lorsque le plein emploi est réalisé et donc, que tous ceux qui voudraient travailler au salaire du marché sont embauchés, l'augmentation de la quantité de monnaie ne peut pas accroître le niveau de la production. Alors Keynes accepte, dans ce cas précis, les conclusions de la **théorie quantitative de la monnaie**.

Mill, Fisher ►

La possibilité de chômage involontaire

Pigou ► (théorie de l'emploi)

Pour les économistes néoclassiques (que Keynes nomme classiques) le chômage est forcément volontaire car lorsque le marché du travail fonctionne convenablement, le salaire est parfaitement flexible et permet d'égaliser l'offre et la demande de travail. Tous ceux qui souhaitent être embauchés au salaire d'équilibre peuvent l'être.

Pour Keynes, le chômage peut être involontaire.

Il réfute la conception néoclassique du **marché du travail** car il pense que les salariés sont victimes de l'**illusion monétaire**. Ils n'ajustent pas leurs comportements aux variations du salaire réel, comme l'affirment les néoclassiques, mais aux variations du salaire nominal. L'équilibre potentiel existe, mais il n'y a aucune raison pour que les seules forces du marché y parviennent puisqu'offre et demande de travail résultent de variables différentes (salaire nominal pour l'offre de travail et salaire réel pour la demande de travail).

Selon Keynes, le niveau de l'emploi résulte de mécanismes macroéconomiques et non de mécanismes microéconomiques. Le niveau de l'emploi n'est pas fixé sur le marché du travail, mais il résulte directement du niveau global de la production, qui lui-même résulte du niveau de la demande effective (la demande effective désigne à la fois la demande présente et celle anticipée par les entreprises). Ces dernières n'embauchent que si elles peuvent produire et ne produisent que si elles peuvent vendre.

Le **chômage involontaire** résulte de la différence entre le niveau de l'emploi et l'effectif de la population active. Il n'y a d'ailleurs que peu de chances, en l'absence d'intervention de l'État, que le volume de la production corresponde justement à celui qui assure le plein emploi. Pour Keynes une situation d'« **équilibre de sous-emploi** » est donc possible : il n'est pas nécessaire que l'économie soit en crise et qu'elle connaisse un déséquilibre sur le marché des biens et des services pour être en situation de sous-emploi.

Hicks, Samuelson (macroéconomie keynésienne) ►

Le principe de la demande effective

Un postulat de l'analyse classique, développé par Jean-Baptiste Say, affirme que l'offre crée sa propre demande. Ce qui suppose que, la production induisant une **demande** équivalente, l'épargne soit égale à l'investissement et que l'action de la monnaie n'ait pas d'importance véritable. En revanche, pour Keynes, la monnaie joue un rôle central dans l'équilibre économique et toute épargne est un manque à gagner pour la consommation.

La **demande effective**, qui englobe la consommation et l'investissement, est le moteur de l'économie.

Le niveau de la **consommation** résulte du revenu distribué et de la **propension à consommer** (la propension à consommer désigne la part du revenu destinée à la consommation).

Le principal déterminant de la propension à consommer est le revenu. Keynes énonce ce qu'il appelle « la **loi psychologique fondamentale** » : « en moyenne et la plupart du temps les hommes tendent à accroître leur consommation à mesure que le revenu croît, mais non d'une quantité aussi grande que l'accroissement du revenu ». Autrement dit, lorsque le revenu augmente, la consommation augmente aussi, mais la propension à consommer diminue.

Les autres déterminants sont ceux qui incitent les agents économiques à épargner plutôt qu'à consommer (se constituer une réserve pour des risques éventuels ou prévisibles, léguer une fortune, faire preuve d'avarice...).

L'**investissement** dépend du taux d'intérêt et de l'efficacité marginale du capital. Les entreprises investissent tant que l'efficacité marginale du capital est supérieure aux taux d'intérêt.

- L'**efficacité marginale du capital** est le rendement escompté de l'investissement qui est calculé en fonction du rendement courant de l'investissement et des anticipations (perspective de variation de la demande, de changement des goûts des consommateurs, évolution prévisible du salaire...). Il est donc en grande partie dépendant de la confiance en l'avenir ;
- Le taux d'intérêt résulte de la confrontation entre l'offre et la demande de monnaie.

Les interventions de l'État sur la demande effective

Keynes pense que l'**État** doit soutenir la demande effective pour assurer le plein emploi.

La politique principale sur laquelle Keynes met l'accent est la **politique monétaire**. Il faut créer de la monnaie afin de faire baisser les taux d'intérêt et encourager l'investissement. Une politique de taux d'intérêt faible est donc toujours recommandée tant que le plein emploi n'est pas atteint.

Keynes préconise une « **socialisation de l'investissement** » (il refuse la socialisation de la production car il pense que celle-ci doit être le résultat de l'initiative individuelle). L'État doit favoriser l'investissement, en diminuant les taux d'intérêt pour favoriser l'investissement privé, ou bien en investissant lui-même, éventuellement grâce au **déficit budgétaire**. Keynes pense que de **grands travaux**, en fournissant du travail et en distribuant des revenus, sont des sources de richesse. Il est donc favorable à la mise en œuvre d'une **politique budgétaire**.

Une politique favorisant la consommation peut être favorable au plein emploi. Keynes ne considère pas que la crise soit essentiellement une crise de sous-consommation ; mais il pense que pour lutter contre le chômage, la sagesse impose de progresser dans toutes les directions et donc, de favoriser l'investissement et la propension à consommer. Pour cela, il faut mettre en œuvre une politique de **redistribution** qui permettrait d'augmenter la propension à consommer et par là-même la demande effective.

L'œuvre de Keynes tient une place majeure dans l'histoire de la pensée économique. Il s'oppose au postulat du courant dominant que défendent les économistes néoclassiques (qu'il nomme « économistes classiques ») et qui stipule que l'économie s'autorégule. Il pense que les interventions de l'État pour réguler l'économie sont légitimes. Alors que les économistes néoclassiques ont développé une analyse microéconomique qui affirme que l'économie doit s'étudier à partir de l'étude des comportements individuels, Keynes fonde la macroéconomie qui considère que les variables globales comme le niveau de l'emploi ou de la production ne peuvent avoir que des déterminants macroéconomiques.

Hicks, Samuelson ►

Bibliographie

- *Les Conséquences économiques de la paix*, 1920.
- *A tract on monetary reform*, 1923.
- *Le Traité sur la monnaie*, 1930.
- *Comment payer la guerre ?*, 1940.
- *Théorie générale de l'emploi, de l'intérêt et de la monnaie*, 1936.
- *Proposals for an international clearing unions*, 1942.

Nicolaï Kondratieff

Nicolaï Kondratieff (1892-1938) est un économiste soviétique, connu pour ses recherches sur les **cycles longs** de l'économie qui affectent les pays industrialisés. En montrant que les fluctuations longues de l'activité sont inhérentes au système capitaliste, il conteste le déclin inéluctable de ce système, ce qui lui vaudra de finir ses jours au goulag.

En 1939, Joseph Schumpeter lui rend hommage en baptisant ces mouvements longs « **cycles Kondratieff** ». ◄ Schumpeter

À partir de l'étude de diverses séries statistiques portant sur les prix, les taux d'intérêt, les salaires, l'énergie, la production de minerais et sur le commerce extérieur, Kondratieff décèle des mouvements cycliques de l'activité d'une durée moyenne de 50 ans. À une période d'**expansion** durant laquelle les prix et la production augmentent (c'est le cas de 1789 à 1814, de 1850 à 1873 et de 1897 à 1920) succède une **récession** caractérisée par le phénomène inverse (périodes allant de 1815 à 1848 et de 1874 à 1896).

Kondratieff fait un autre constat, les phases d'expansion coïncident avec « une application industrielle massive des inventions de la période précédente », accompagnées de chocs politiques tels que des guerres ou des révolutions.

À partir d'une étude de nature empirique, Kondratieff va construire un schéma théorique. Situant son analyse dans un cadre réel, il explique les mouvements longs de l'activité à partir d'un **cycle de l'investissement** à long terme. Le développement de nouvelles infrastructures (telles que les chemins de fer) nécessite de très lourds investissements à l'origine de larges opportunités de profit. L'accumulation du capital crée les conditions d'une nouvelle vague d'expansion qui se prolonge jusqu'au point où l'augmentation des prix et la cherté des capitaux bloquent tout nouvel investissement. S'installe alors une phase de dépression marquée par la baisse des prix et de la production mais aussi par l'expérimentation de nouveaux procédés techniques capables d'abaisser les coûts. Le besoin de renouveler les infrastructures et l'application industrielle des inventions développées pendant la phase baissière créent les conditions d'une nouvelle phase d'expansion. ◄ Hayek

C'est à partir des travaux de Kondratieff que J. Schumpeter a construit sa « théorie de l'évolution économique », qui place le progrès technique au centre des mouvements longs de l'économie.

De nombreuses critiques ont été formulées à l'encontre des travaux de Kondratieff, notamment :

• il est difficile d'établir une convergence entre prix et production ;

• l'analyse ne prend pas en compte l'influence des taux d'intérêt et du crédit ;

• la stagflation des années 70 n'est pas conforme à la phase descendante du **cycle**.

Bien que la portée des cycles Kondratieff soit limitée pour analyser les mouvements économiques du XXe siècle, les travaux de l'économiste soviétique ont ouvert la voie à de nombreuses analyses théoriques sur le fonctionnement dynamique de l'économie.

Bibliographie

■ *Les Grands Cycles de la conjoncture*, Economica, 1992.

Paul Krugman

Paul Krugman est un économiste américain, né en 1953, généralement considéré comme appartenant au courant de la **nouvelle école keynésienne**. Professeur d'économie dans plusieurs universités américaines prestigieuses, il consacre l'essentiel de ses travaux à l'économie internationale. Il considère que, face aux trop nombreuses idées reçues en économie, son rôle est d'œuvrer à une meilleure connaissance des mécanismes et des faits économiques auprès du grand public.

Ricardo, Heckscher, Ohlin ►

Pour Krugman, la théorie des avantages comparatifs de Ricardo et celle des dotations factorielles d'Heckscher et d'Ohlin ne peuvent expliquer les **échanges intrabranches** entre pays développés. Pour analyser ce type d'échanges, il est nécessaire de prendre en compte, d'une part, les **économies d'échelle** qui induisent une réduction des coûts unitaires de production quand la production s'accroît (**rendements croissants**), et d'autre part, l'**imperfection de la concurrence** liée à la **différenciation des produits** selon les modalités de la concurrence monopolistique décrite par Chamberlin au cours des années 1930.

Chamberlin ►

Au sein d'un pays, les entreprises d'un secteur donné peuvent exercer leur activité dans un environnement favorable, facteur de réduction de leurs coûts unitaires lorsque la production s'accroît (économies d'échelle externes). Ainsi, dans la Silicon Valley, en Californie, les entreprises de l'électronique et de l'informatique, bénéficient de la présence d'un grand nombre de sous-traitants spécialisés, de nombreux centres de recherche, d'infrastructures autoroutières, qui sont autant de sources de réduction des coûts. La prise en compte des rendements d'échelle externes croissants permet d'analyser les échanges entre deux pays de même niveau de développement et dont les structures industrielles sont identiques ou voisines : par exemple, dans chaque pays, l'essor des exportations implique une spécialisation sur les secteurs bénéficiant des rendements d'échelle externes les plus croissants et l'abandon des autres dont la production est remplacée par des importations.

Krugman envisage également l'existence de rendements d'échelle croissants internes aux entreprises. Dans ce cas, la réduction des coûts unitaires ne relève pas de leur environnement mais de l'organisation même des firmes. Cette configuration induit la constitution d'oligopoles nationaux : en effet, les firmes présentes sur un marché donné peuvent éliminer tout nouveau concurrent en accroissant leur production pour abaisser leurs coûts. Les grandes entreprises présentes sur chaque marché national cherchent à accroître leur production pour réduire leurs coûts unitaires (grâce aux économies d'échelle) et augmenter leurs profits. Mais, elles se heurtent à d'autres firmes disposant d'une situation analogue dans leur propre pays. Il s'agit alors pour ces grandes firmes de différencier leurs produits (image de marque par exemple) pour capter une clientèle plus vaste. Ce cas permet de comprendre que des nations d'égal niveau de développement peuvent produire et échanger des biens similaires mais différenciés (par exemple, des automobiles allemandes contre des automobiles françaises).

Par ailleurs, Krugman a popularisé les travaux du canadien James Brander et de l'australienne Barbara Spencer qui justifient les **politiques commerciales stratégiques**. Il s'agit d'un ensemble de mesures mises en œuvre par les États (ou une coalition d'États) pour développer des activités jugées stratégiques (aéronautique, électronique...), de façon à réduire toute dépendance à l'égard de l'extérieur. La distribution de subventions et les commandes publiques en faveur des entreprises intervenant dans les secteurs jugés stratégique, et la protection du marché intérieur sont les outils de ces politiques commerciales qui constituent une modalité du **protectionnisme**.

Krugman souligne également les limites de ces politiques. En effet, elles risquent de déclencher des conflits commerciaux majeurs entre les pays et perturbent l'allocation de ressources : les ressources consacrées au développement des secteurs stratégiques feront défaut aux autres secteurs et doperont artificiellement l'essor de certaines entreprises (par exemple, les fournisseurs des industries stratégiques).

Ricardo ►

Pour Krugman, le **libre-échange** n'offre pas tous les avantages que décrivent les théories traditionnelles. Il n'en est pas moins vrai que les politiques commerciales libre-échangistes présentent moins d'inconvénients que les politiques protectionnistes : le libre-échange est un *second best*, c'est-à-dire une situation qui n'est pas optimale mais la meilleure possible compte tenu du contexte.

Bibliographie

- *Stategic trade policy and the new international economics*, 1986.
- *International economics* (traduction française, *Économie internationale*, 1992), avec M. Obstfeld, 1991.
- *Pop internationalism* (traduction française, *La mondialisation n'est pas coupable*, 1998), 1997.
- *The return of depression economics* (traduction française, *Pourquoi les crises reviennent toujours ?*, 2000), 1999.

Thomas Samuel **Kuhn**

Feyerabend ►

Thomas Samuel Kuhn, né en 1922, est un savant et historien des sciences qui remet en question, comme Feyerabend, l'image traditionnelle de la science fondée sur l'existence d'une méthode universelle, d'un progrès linéaire et cumulatif et d'une objectivité totale. Kuhn démontre qu'une théorie, avant d'être adéquate au réel, est conforme à un certain paradigme et que la révolution scientifique se définit comme un changement de paradigme.

Foucault (épistémé)

Le **paradigme** est une structure mentale, consciente ou préconsciente, qui sert à classifier le réel avant de l'étudier plus à fond. C'est l'image de la science et du monde acceptée par les savants d'une époque donnée. On peut rapprocher cette notion de celle d'épistémé ou de configuration épistémique utilisée par Foucault dans *Les Mots et les choses*. Le paradigme est impliqué dans la théorie faisant autorité, tout en s'en distinguant parce qu'il demeure dans le registre de l'implicite. La théorie, quant à elle, a vocation à être rendue publique et confrontée aux faits.

La notion de paradigme apparaît d'abord dans les sciences exactes. Par exemple, on pourra opposer le paradigme aristotélicien et le paradigme mécaniste (ou cartésien). Dans le **paradigme aristotélicien**, chaque objet est acte et puissance (le bloc de marbre contient en puissance la statue sculptée par l'artiste) et la cause finale (le but visé) est plus importante que la cause matérielle (le bloc de marbre), la cause efficiente (les mains du sculpteur) et la cause formelle (structure de la statue achevée). Dans le **paradigme mécaniste**, la recherche des causes finales est abandonnée. On explique le phénomène en le décomposant en éléments puis en montrant les relations entre ceux-ci et les lois qui les régissent. Pour la pensée mécaniste, la causalité n'appartient qu'au fait antécédent. On affirmera que la digestion a lieu parce que l'organisme contient un estomac et du suc gastrique, alors que dans le cadre aristotélicien, on dira plutôt que nous avons un estomac pour que la digestion puisse s'effectuer. Le **finalisme** (explication par les causes finales, où on considère que la fonction crée l'organe) se révèle scientifiquement stérile, même s'il constitue une explication impeccable du monde. Il est évident que dire que l'œil est fait pour la vision ne fait aucunement avancer la compréhension de l'organisation et du comportement de la rétine. De même, pour prendre un exemple emprunté aux sciences humaines, dire que l'école est faite pour reproduire les classes sociales ne renseigne pas sur le fonctionnement réel de cette institution.

Le changement de paradigme est réalisé lors d'une révolution scientifique. Il faut distinguer ici **science normale** et science extraordinaire. La science normale étudie des faits bien définis et prévoit des types de réponses attendues, à l'intérieur d'un paradigme accepté par les chercheurs. On a foi dans l'efficacité des règles et des constructions intellectuelles en vigueur. Toutefois, arrive un jour où cette structure théorique débouche sur une impasse. C'est alors une période de crise :

les méthodes usuelles pour résoudre les problèmes ne fonctionnent plus aussi bien qu'auparavant. La **révolution scientifique** consiste à changer quelque chose, non pas tant dans le contenu du regard sur le monde, que dans la manière de le regarder. La révolution copernicienne étudie les mêmes phénomènes que ceux observés par le monde antique, mais dans un système de référence différent. Cette **science extraordinaire**, qui est au départ marginale, est une source de renouvellement des méthodes de recherche et des problématiques.

Un des intérêts majeurs du travail de Kuhn est d'avoir mis l'accent sur les phénomènes sociaux qui régissent le fonctionnement des communautés scientifiques. Le plus souvent, le nouveau paradigme est porté par un jeune chercheur, sur lequel le monde scientifique « installé » commence par porter l'anathème. Mais, si les temps sont favorables, la nouvelle façon de voir finira par être acceptée par d'autres et les chercheurs vivront pendant un moment sous l'égide de deux paradigmes, la nouvelle organisation conceptuelle ayant pour fonction de dépayser, et l'ancienne prenant un caractère assez pragmatique où on ne la considère plus comme une source d'explication du monde mais comme un ensemble de recettes utiles. En tout cas, la pensée de Kuhn permet de séparer le projet de recherche des composantes sociales où il se définit. Elle permet notamment d'envisager les dynamiques de pouvoir, bien présentes au sein de chaque communauté scientifique.

L'idée de paradigme a, par ailleurs, connu un succès indéniable dans les sciences sociales, avec la célèbre distinction entre le paradigme holiste et le paradigme individualiste. Toutefois, on peut se demander si elle a vraiment le même sens dans les sciences exactes et dans les sciences de l'homme. D'ailleurs, Kuhn lui-même emploie l'expression de paradigme dans une vingtaine de sens différents. De plus, l'épistémologie de Kuhn n'est pas exempte du reproche de relativisme. En effet, alors que, pour Popper, la réfutabilité maintient la possibilité pour la construction scientifique de parvenir à une certaine vérité, qui est cependant toujours provisoire, Kuhn semble suggérer que les paradigmes sont incommensurables entre eux et que l'idée de vérité leur est étrangère. Les paradigmes se succèdent et la notion de progrès scientifique perd toute signification.

Popper (réfutabilité) ►

Bibliographie

- *La Structure des révolutions scientifiques*, Flammarion, 1972.

Simon **Kuznets**

Simon Kuznets (1901-1987) est un économiste américain d'origine russe. Après avoir émigré aux États-Unis en 1922, il poursuit des études supérieures et obtient son doctorat en 1926, sa thèse étant consacrée au mouvement séculaire des prix et de la production. Il partage ensuite ses activités entre l'enseignement de l'économie dans différentes universités américaines et des travaux de recherche au sein de plusieurs instances spécialisées, notamment le NBER (*National Bureau of Economic Research*).

À la fin des années 1920, Kuznets s'intéresse aux **fluctuations** et **cycles économiques**. En 1930, sur la base de nombreuses statistiques, il repère, aux États-Unis et en Grande-Bretagne, des cycles longs d'une durée de quinze à vingt ans (ces cycles seront appelés plus tard « cycles Kuznets »). Ils sont fondés sur les variations de l'investissement (en particulier dans la construction) et les échanges extérieurs : l'accroissement des investissements est lié à la disponibilité de moyens financiers issus d'un solde commercial positif ou d'entrées de capitaux. La croissance provoquée par l'augmentation des investissements stimule les importations, dégradant la balance commerciale. Il en résulte une crise de confiance qui fait fuir les capitaux, d'où un freinage de l'investissement et donc, de la croissance. Les importations sont alors réduites et le solde commercial redevient positif, restaurant la confiance ; les capitaux reviennent et l'investissement reprend...

À partir des années 1940, Kuznets s'intéresse davantage aux causes de la **croissance**. Ainsi, l'accumulation de données quantitatives et le concours de spécialistes issus des différentes disciplines des sciences sociales lui permettent d'analyser la croissance dans les pays riches depuis le XIXe siècle. Il peut alors réfuter la thèse de Rostow d'un développement linéaire en étapes successives : par exemple, le repérage statistique d'une phase de décollage au cours de laquelle le taux d'investissement double est impossible. En outre, il souligne la spécificité de la situation des **pays en développement** (PED) en regard de celle qui prévalait au XIXe siècle dans les pays en cours d'industrialisation : dès lors, les PED ne peuvent reproduire l'expérience des pays développés. Par ailleurs, il observe que les **inégalités** de revenus augmentent dans les premiers stades du développement, pour régresser

◄ Rostow

ensuite. La représentation graphique d'un tel phénomène est une **courbe en U inversé**, appelée « courbe de Kuznets ».

L'observation des faits permet à Kuznets d'établir les caractéristiques de la croissance moderne, c'est-à-dire celle des pays riches depuis le XIXe siècle : la croissance a résulté de l'industrialisation et de transformations démographiques ayant provoqué la croissance de la population. Des mutations structurelles ont accompagné et favorisé la croissance du revenu par tête. De plus, le progrès technique a joué un rôle important en provoquant la hausse de la productivité. Dans une étude consacrée à la croissance économique aux États-Unis, Kuznets infirme la thèse de Keynes sur le déclin de la propension à épargner au fur et à mesure de la croissance du revenu par tête : en fait, cette proportion est plutôt stable sur longue période.

Keynes, Duenseberry ►

Enfin, Kuznets a contribué à l'élaboration d'agrégats représentatifs de l'activité économique des pays, comme par exemple le produit net. Il peut donc être considéré comme un précurseur de la **comptabilité nationale**.

C'est en reconnaissance de la qualité de ses travaux sur la croissance et le développement que Kuznets a reçu le prix Nobel d'économie en 1971.

Bibliographie

- *Secular movements in production and prices*, 1930.
- *Economic growth and structure : selected essays*, (traduction française, *Croissance et structures économiques*, 1972), 1965.
- *Economic growth of nations : total output and production structure*, 1971.
- *Growth, population and income distribution : selected essays*, 1973.

L

Arthur B. Laffer

Arthur B. Laffer, né en 1941, est le représentant emblématique de l'économie de l'offre (*supply side economics*). Il est resté célèbre pour avoir inspiré le programme de politique économique de R. ◄ Gilder Reagan au début des années 80. Il enseigne à l'université de Los Angeles et mène parallèlement une carrière de chef d'entreprise.

Laffer défend l'idée, déjà présente chez A. Smith, selon laquelle ◄ Smith l'intervention de l'État conduit à restreindre l'offre de facteurs de production et *in fine* la croissance économique. Une pression fiscale excessive peut en effet décourager les agents économiques de travailler et/ou d'investir s'ils jugent les prélèvements obligatoires prohibitifs.

Selon Laffer, « trop d'impôt tue l'impôt ». Un alourdissement de la fiscalité accroît les recettes fiscales jusqu'à un certain seuil (point A sur le graphique). Au-delà, les rentrées fiscales régressent car les travailleurs tentent d'échapper aux prélèvements soit par la fraude (travail non déclaré), soit en réduisant leur offre de travail ; ils arbitrent alors en faveur des loisirs et au détriment du travail (effet de substitution).

De même, le niveau de la fiscalité influence l'arbitrage entre épargne et consommation. Si les prélèvements obligatoires progressent, les revenus de l'épargne diminuent ce qui incite les ménages à préférer le présent (consommation) plutôt que le futur (épargne). Il en découle une baisse des fonds prêtables disponibles, une hausse des taux d'intérêt et une chute de l'investissement.

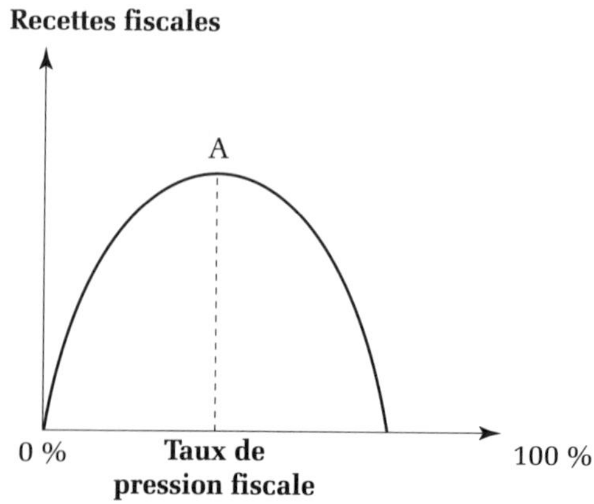

À partir du graphique, on peut constater que pour les taux de 0 et 100 % de pression fiscale, le rendement de l'impôt est nécessairement nul. En effet, si l'État n'opère aucun prélèvement ou s'il confisque la totalité des revenus, les recettes fiscales sont égales à zéro. Le point A, qui correspond au rendement maximal de l'impôt est quant à lui variable dans le temps et dans l'espace, dans la mesure où il dépend du degré de tolérance des agents économiques vis-à-vis des **prélèvements obligatoires.**

En outre, l'alourdissement de la pression fiscale ne génère pas qu'un effet de substitution. Il peut se traduire aussi (au moins jusqu'à un certain seuil) par une augmentation de l'offre de travail pour compenser une imposition plus forte des revenus (effet de revenu). L'allure de la courbe dépend alors du solde net de ses deux effets.

Selon Laffer, des prélèvements contenus présentent l'avantage de favoriser la création de richesses et de stimuler l'emploi. L'élargissement de l'assiette fiscale (la masse des revenus imposables) permet de compenser la faiblesse des taux d'imposition.

Pour cet auteur, les États-Unis ont dépassé le seuil de tolérance fiscale dans les années 70 justifiant une réduction drastique des prélèvements sur les hauts revenus en particulier. C'est chez ces

Gilder ►

derniers que la propension à investir et donc à créer des richesses est la plus grande.

On peut toutefois se demander si la reprise économique aux États-Unis sous le mandat de R. Reagan n'est pas davantage due à l'effet de relance d'un lourd déficit budgétaire qu'à une stimulation de l'offre de facteur de production.

Bibliographie

- *L'Économie de la révolte fiscale*, 1978.

Paul Félix **Lazarsfeld**

Paul Félix Lazarsfeld (1901-1976) est aujourd'hui considéré comme un des plus grands noms de la sociologie anglo-saxonne. Il est né à Vienne où il a mené de front des études de droit, d'économie et de mathématiques. Titulaire d'un doctorat de mathématiques appliquées, il enseigne cette discipline jusqu'à l'arrivée de deux célèbres psychologues, Karl et Charlotte Bühler, avec lesquels il crée un centre de recherches en psychologie économique qui a pour but d'appliquer la psychologie à l'étude des problèmes économiques et sociaux. Avec les Bühler, il met au point une technique d'observation reposant sur trois principes : la psychologie doit être fondée sur l'observation contrôlée ; l'élimination de la subjectivité est impossible ; les états subjectifs dépendent des situations sociales. C'est ainsi que naissent ses premières enquêtes, dont l'une restée célèbre porte sur l'étude des chômeurs d'un village du sud de Vienne (*Les Chômeurs de Marienthal*, 1932). Dans cette enquête, Lazarsfeld établit que la détresse économique conduit bien plus souvent à l'apathie qu'à la révolte politique.

En septembre 1932, Lazarsfeld part pour les États-Unis, muni de la bourse Rockfeller que l'étude sur Marienthal lui a value. Il entreprend alors de jeter les bases d'une « analyse de l'action » par la méthode des enquêtes, combinant l'observation qualitative avec les méthodes statistiques. Après avoir surmonté quelques difficultés, il obtient une chaire de sociologie à l'université de Columbia et sera à l'origine, avec Merton, de l'**école de Columbia** qui est la dernière en ◄ **Merton** date des grandes écoles de sociologie. Cette école se propose d'améliorer les instruments permettant de comprendre les options choisies par les agents sociaux, en cherchant à éviter aussi bien la spéculation théorique intempérante que la description sans théorie. Quelques enquêtes importantes prennent alors naissance. On retiendra *The people's choice* en 1944, qui prouve clairement que le pouvoir de matraquage que l'on prête à la publicité repose sur une théorie rudimentaire de l'action humaine (il n'y a pas d'influence directe de l'émetteur sur le récepteur. Pour qu'un message soit efficace, il faut qu'il soit relayé par des leaders d'opinion qui entreprennent de convaincre leurs interlocuteurs dans des cercles restreints de discussion : c'est la théorie du ***two-step flow of communication***) et qui innove sur le plan méthodologique puisque c'est la première fois que l'on utilise la **technique du panel**, technique qui consiste à répéter une enquête sur un même échantillon à intervalles réguliers. On retiendra également *The academic mind* en 1958 qui introduit l'analyse contextuelle permettant d'étudier les interactions entre structures sociales et comportements individuels. Dans le contexte particulier du maccarthysme, Lazarsfeld montre que la protestation politique des intellectuels ne prend pas sa source dans la frustration et le ressentiment. Toutes ces études s'inscrivent dans un contexte de véritable engouement aux États-Unis pour les recherches statistiques auxquelles l'opinion accorde une grande légitimité scientifique. Jusqu'à la fin des années soixante, les sociologues bénéficient de nombreuses sources de financement publiques et privées, et la population des sociologues professionnels augmente considérablement.

L'originalité de Lazarsfeld est d'avoir voulu préciser le langage de la sociologie en redonnant vie à la vielle ambition de Leibniz qui était de faire bénéficier les sciences sociales des ressources du langage mathématique. Il conclut ainsi le mariage entre sociologie et statistique qui sera à l'origine de la prolifération des laboratoires d'enquête. Ces derniers utilisent des méthodes complexes et se livrent à des observations coûteuses pour parvenir à une appréhension objective des mouvements de société.

Popper (cercle de Vienne) ►

La méthode de Lazarsfeld, proche des recherches philosophiques du cercle de Vienne auquel il est resté attaché toute sa vie, s'attache à démontrer l'importance pour le progrès de la connaissance de la critique de la langue utilisée. Cette méthode, résolument empiriste, est aussi qualifiée d'« explication de texte » par Lazarsfeld. Il veut dire par là que, plutôt que de s'interroger, par exemple, sur les limites de l'application des statistiques aux sciences sociales, il est préférable d'expliquer des textes de recherche utilisant les statistiques, de manière à émettre un diagnostic précis sur les difficultés rencontrées. Comme R. Boudon le note si bien (dans l'introduction à la *Philosophie des sciences sociales* de Lazarsfeld), une telle méthodologie a l'avantage de procéder du particulier au général, alors que les sciences sociales reposent souvent sur des débats généraux qui sont, à tort, considérés comme des facteurs de progrès, ainsi qu'en témoigne la multiplication des substantifs en « isme » (marxisme, fonctionnalisme, positivisme, structuralisme...) dont on ne trouve pas l'équivalent dans les sciences de la nature.

◄ **Boudon**

Lazarsfeld considère donc que le langage des « indicateurs » doit se substituer au langage des « concepts » qui, seul, permettra d'aboutir à des conclusions significatives. Par ailleurs, si la recherche des structures du langage des sciences sociales est, pour lui, fondamentale, il accorde également un intérêt capital à l'étude de la genèse de ce langage, c'est-à-dire à l'entreprise historique. Enfin, on peut dire que, pour Lazarsfeld, la catégorie de l'action est une catégorie fondamentale et que son œuvre vise finalement à mettre en évidence la complexité des raisons qui président aux choix et aux décisions apparemment les plus simples. C'est pourquoi ses recherches empiriques sont particulièrement centrées sur ce moment crucial de l'action qu'est la décision, que ce soit la décision d'achat du consommateur ou la décision de vote.

◄ **Malinowski (fonctionnalisme)**

L'approche empirique et quantitative de Lazarsfeld n'a pas fait l'unanimité chez les sociologues américains. Les fonctionnalistes dénoncent l'intérêt que porte Lazarsfeld à la recherche historique et à l'identification de la cause des phénomènes. Pour eux, il ne sert à rien de s'interroger sur la genèse d'une institution ; il est préférable de mettre l'accent sur la fonction qu'elle remplit.

Quant à Sorokin, il dénonce la **quantophrénie** de Lazarsfeld, qu'il croit repérer dans la multiplication des études quantitatives où se manifeste l'obsession de la mesure, au détriment, selon lui, des sciences psychosociales.

Bibliographie

- *Les Chômeurs de Marienthal*, 1932.
- *The people's choice*, 1944.
- *The academic mind*, 1958.
- *Le Vocabulaire des sciences sociales*, avec Boudon, Paris, Mouton, 1965.
- *L'Analyse empirique de la causalité*, avec Boudon, Paris, Mouton, 1966.
- *Qu'est-ce que la sociologie ?* Paris, Gallimard, 1970.
- *Philosophie des sciences sociales*, Paris, Gallimard, 1970.

Gustave Le Bon

Gustave Le Bon (1841-1931) est né à Nogent-le-Rotrou en Normandie. Dès la fin de ses études de médecine, il se lie à de nombreux écrivains, savants et hommes d'État préoccupés par la défaite de 1870, la Commune de Paris et plus généralement par l'inquiétude très présente au XIXe siècle causée par l'émergence d'une classe populaire urbaine qui fait peur, et des mouvements sociaux qui lui sont liés. Désireux de faire carrière, Le Bon se lance dans des recherches très variées qui vont de la physique à la psychologie en passant par l'anthropologie et la biologie. Malgré toute son activité, ses ambitions resteront déçues. Les portes de l'université et celles de l'Académie des sciences lui seront toujours fermées.

Tarde ►

Le Bon est le créateur de la **psychologie des foules**. Il est même considéré, avec Tarde, comme le fondateur de la psychologie sociale, ou encore de la psychologie collective. L'idée fondamentale de Le Bon est simple : pour lui, toutes les catastrophes passées et présentes ont pour cause l'irruption des masses sur la scène politique. Les classes dominantes ont méconnu les lois qui président aux mouvements des foules et il suffit de connaître ces lois pour guérir le mal.

Avant Le Bon, la définition de la foule obéit au sens commun. On se représente celle-ci comme un agrégat d'individus, le plus souvent louches (assimilés à la « canaille » ou encore au *Lumpenproletariat*) dont le but est de se rassembler pour mettre à bas les institutions. La foule apparaît ainsi comme asociale, extravagante et parfois même criminelle. Le Bon a le mérite essentiel d'ébaucher un système de psychologie collective qui repose sur quelques idées importantes :

- la foule est un ensemble d'individus présentant une unité mentale. Ce n'est pas un simple agrégat ;
- la foule agit inconsciemment, sous l'effet d'une sorte d'hypnose. Le Bon affirme ainsi que les états collectifs sont analogues aux phénomènes hypnotiques (état où la conscience est mise en veille, provoquant une sorte de transe dans laquelle l'individu est particulièrement sensible à la suggestion mentale). Dans ces états collectifs, la foule se révèle « féminine », impulsive, dangereuse, bref irrationnelle ;
- la foule est, par essence, conservatrice malgré l'apparence d'une manifestation révolutionnaire. Elle rétablit toujours ce qu'elle renverse apparemment ;

• les masses ont besoin de se rallier à un meneur qui les séduit par son charisme ;

• la propagande s'appuie sur les croyances collectives. Elle a donc une base irrationnelle et, lorsqu'on s'adresse aux masses, il faut user d'un langage allégorique, de formules simples et impératives ;

• en conséquence, la politique, dont la finalité est de gouverner les masses, doit s'appuyer sur une idée souveraine et simple (la révolution, la patrie) que l'on implante dans l'esprit de chaque individu jusqu'à la suggestion.

Les théories de Le Bon ont pénétré les milieux militaires. Dès le début du XXe siècle, elles ont été enseignées à l'École de guerre. Elles ont aussi pénétré les milieux politiques. Si on peut considérer que le général de Gaulle s'en est servi pour insuffler l'esprit patriotique à la France au moment du danger, c'est surtout Mussolini et Hitler qui ont mis les idées de Le Bon en pratique. Mussolini en 1932 déclare « s'être inspiré d'un certain nombre de principes qui sont contenus dans l'œuvre de Le Bon pour édifier le régime actuel de l'Italie » . Quant à Hitler, son *Mein Kampf* expose une adhésion profonde aux idées du psychologue français, exprimées toutefois beaucoup plus maladroitement.

Évidemment, ces thèses ont suscité aussi de vives critiques. Celles-ci émanent tout d'abord de penseurs socialistes (Kautsky, Sorel) qui, tout en admettant les caractères imprévisibles et destructeurs de certains mouvements de foule, les considèrent comme un épiphénomène. La foule n'est pas par essence conservatrice et Le Bon a le tort de fonder son analyse exclusivement sur la considération d'éléments psychologiques.

C'est d'ailleurs le point sur lequel s'appuient les critiques plus scientifiques. Pour tout un courant sociologique (Durkheim en premier lieu), il faut expliquer le collectif par le collectif et non le collectif par l'individu. Attribuer à une foule des sentiments qui sont ordinairement ceux d'un individu est donc un non-sens sociologique. D'autre part, l'idée selon laquelle les mouvements de foule sont irrationnels mérite aussi d'être mise en question. Ce que le sociologue décrit comme un phénomène irrationnel est souvent un phénomène qui n'a pas été compris par le chercheur (voir l'analyse de l'idéologie de Boudon, ou encore la théorie de l'action de Weber).

◄ Durkheim

◄ Boudon

Bibliographie

■ *La Psychologie des foules* (1895), publié aux PUF en 1963.

■ *La Psychologie politique*, Flammarion, 1919.

Lénine

Wladimir Ilitch Oulianov, dit Lénine, est né en 1870 en Russie. En 1887, après l'exécution de son frère pour activités subversives, il adhère aux idées révolutionnaires. Il est emprisonné en 1896, puis exilé jusqu'en 1917 (sauf un bref retour clandestin en 1905-1906). En 1917, avec le concours des autorités allemandes, il rentre en Russie après la révolution de Février. Il participe activement à la révolution d'Octobre et devient président du Conseil des commissaires du peuple. En 1918, il stoppe les hostilités avec l'Allemagne, instaure le communisme de guerre (collectivisation intense de l'économie par l'État, élimination des opposants, emprise du parti unique...), puis en 1921 la nouvelle économie politique (NEP), qui réintroduit subsidiairement au contrôle étatique les mécanismes de marché. Victime de plusieurs attaques d'hémiplégie dès 1922, Lénine meurt en 1924.

Pour Lénine, la Russie de la fin du XIXe siècle est sur le même sentier que celui suivi par les autres pays capitalistes. Dès lors, malgré la très forte composante rurale de la société russe, l'émergence d'une

Marx ►

industrie nationale donne naissance à une **bourgeoisie** à laquelle s'oppose un **prolétariat** amené à jouer un rôle important dans la future **révolution** socialiste, conséquence logique de la **lutte des classes**. De même, dans les campagnes, la modernisation de l'agriculture se traduit par l'essor d'une bourgeoisie agraire et d'un prolétariat rural appelé à s'allier au prolétariat urbain. Ces évolutions, conformément aux prédictions de Marx, conduisent, selon Lénine, à la **crise finale du capitalisme**, du fait de la compression des salaires concomitante à la suraccumulation du capital. Mais, avant d'accéder au stade du socialisme, la Russie connaîtra une phase de **transition**, celle d'un **capitalisme d'État** : les entreprises privées seront alors fortement contrôlées par un État aux mains du prolétariat (cette perspective théorique ne sera cependant pas appliquée lorsque Lénine accédera au pouvoir en 1917). En outre, la révolution russe sera le détonateur de révolutions dans d'autres pays, facilitant de ce fait l'instauration du **socialisme** en Russie.

Cette analyse permet à Lénine de soutenir que la révolution prolétarienne, sous la conduite d'un parti centralisé de professionnels de l'action révolutionnaire (**parti d'avant-garde**), est envisageable dans un pays industriellement peu avancé comme l'était la Russie à cette époque. Cette perspective, qui est celle de la tendance bolchevique du parti socialiste russe au début du XXe siècle, s'oppose à celle de la tendance menchevique qui prône une industrialisation capitaliste plus poussée du pays avant de passer à la phase révolutionnaire.

Par ailleurs, Lénine s'interroge sur les limites de l'extension du **capitalisme**, arrivé selon lui à son étape ultime, celle de l'**impérialisme**. Pour Lénine, la phase impérialiste de l'histoire du capitalisme est la conséquence de la loi marxiste de la baisse tendancielle des taux de profit, qui incite les firmes à étendre leur domination sur le monde entier. L'impérialisme se traduit par la concentration du capital et de la production, la fusion du capital bancaire et du capital industriel, l'exportation des capitaux, la formation de firmes multinationales et le partage du globe par les grandes puissances dont la domination bloque le développement des pays dominés. La fin du partage du monde par les grandes puissances annonce l'imminence de la crise finale du capitalisme.

◄ Luxemburg

Bibliographie

- *Le Développement du capitalisme en Russie*, 1899.
- *Que faire ?*, 1902.
- *L'Impérialisme, stade suprême du capitalisme*, 1916.
- *L'État et la Révolution*, 1917.

Wassili **Léontief**

Wassili Léontief (1906-1999) est né à Saint-Petersbourg. Issu d'une famille bourgeoise, il entreprend des études à l'université de sa ville natale (où il obtient un diplôme à 19 ans) puis émigre en Allemagne où il soutient une thèse de doctorat à l'université de Berlin en 1928. Après avoir rejoint les États-Unis, il est nommé en 1946 professeur à l'université de Harvard, un poste qu'il occupera toute sa carrière. Léontief est connu pour son célèbre « paradoxe » à propos du commerce international et pour « le développement de la méthode de l'*input-output* et son application à des problèmes économiques importants », pour lequel il a obtenu le prix Nobel d'économie en 1973. Il est à ce titre un des fondateurs de la **comptabilité nationale** moderne.

◄ Quesnay

Quesnay ►

Léontief est le père du **tableau *input-output***, encore appelé tableau des échanges interindustriels. Il a pour objet de comprendre et de mesurer les interrelations entre les différentes branches (définies comme l'ensemble des entreprises produisant un bien homogène) de l'économie. Pour évaluer les flux intersectoriels, Léontief construit la matrice des **coefficients techniques** qui représentent la part des différentes consommations intermédiaires utilisées par chacune des branches. L'économie est découpée en un nombre variable de branches et les flux échangés entre elles sont quantifiés. Léontief a d'abord travaillé sur un tableau composé de 44 branches (ce qui représente environ 2 000 coefficients techniques) puis, grâce aux progrès de l'informatique, a construit des tableaux d'échanges interindustriels beaucoup plus conséquents. Il a étendu la méthode « entrées-sorties » à la prise en compte des effets sur l'emploi, le stock de capital et le commerce extérieur d'une variation de l'activité. Cette méthode, extrêmement féconde, permet d'évaluer l'impact d'une variation de la demande d'un bien donné sur les autres branches de l'économie. Elle est un outil d'aide à la décision pour les pouvoirs publics qui peuvent simuler les effets d'une relance sur l'ensemble du système productif. En effet, il est inefficace de relancer un secteur de l'activité s'il doit faire face à des goulets d'étranglements dans ses approvisionnements ou s'il est fortement dépendant de produits importés. Il est préférable de stimuler les branches intensives en biens intermédiaires disponibles sur le territoire national, pour obtenir un effet d'entraînement maximal sur l'économie domestique.

Sur la base du tableau entrées-sorties, Léontief a étudié la structure du commerce extérieur des États-Unis à la fin des années 40. Il observe que les exportations américaines ont un fort contenu en travail tandis que les produits importés sont davantage intensifs en capital. Ce résultat est contraire aux conclusions du théorème H.O.S (Heckscher-Ohlin-Samuelson) qui montre que chaque pays doit se spécialiser dans la production et l'exportation de produits qui utilisent le plus intensément le facteur de production le plus abondant. Or, l'avance des États-Unis au sortir de la guerre en matière d'équipements productifs laissait penser que le facteur abondant était le capital. Le **paradoxe de Léontief** n'est en réalité qu'apparent. À partir d'une étude minutieuse, Léontief montre que le facteur travail n'est pas homogène et que les travailleurs américains sont plus productifs, à intensité capitalistique identique, que dans le reste du monde. Le facteur abondant aux États-Unis est donc le travail qualifié.

Heckscher, Ohlin, Samuelson ►

Bibliographie

- *La Structure de l'économie américaine, 1919-1939*, 1re édition 1941.
- *La Production domestique et le Commerce extérieur*, 1953.

Frédéric Le Play

Frédéric Le Play (1806-1882) est né dans une famille provinciale et chrétienne. Ses études le conduisent à l'École polytechnique puis à l'École des mines et il débute sa carrière comme ingénieur métallurgiste. Après quelques voyages d'étude dans les différents pays européens, il s'intéresse aux sciences sociales en recommandant la mise en application d'une méthode qu'il ne cessera ensuite de vanter auprès de ses amis ou disciples : l'observation des familles ouvrières. En 1857, grâce à la bienveillance du pouvoir impérial qui soutient son projet de réforme sociale, il crée la Société internationale des études pratiques d'économie sociale, ou Société d'Économie sociale, qui publie des travaux d'enquête et propose des réformes aux autorités politiques. Ces travaux sont édités dans *Les Ouvriers des deux mondes*, dont le premier tome paraît en 1856. Un peu plus tard, il sera chargé d'organiser l'Exposition universelle de 1867 et nommé sénateur. Après le désastre de 1871, il essaie d'étendre sa méthode en Angleterre et tente aussi de fonder un enseignement de sciences sociales ainsi qu'une revue : *La Réforme sociale*.

La méthode de Le Play est importante pour l'histoire de la sociologie, car celui-ci est considéré comme le père de l'**analyse monographique**, qui consiste à observer directement et de manière détaillée un milieu social, en l'occurrence ici les familles ouvrières. Si cette méthode semble aujourd'hui bien banale, elle ne manquait pas d'originalité à l'époque. Le Play passe en effet beaucoup de temps à essayer de convaincre ses contemporains que l'observation et la description de quelques familles permet de tirer ensuite des conclusions valables pour la société toute entière (à condition que l'**échantillon** soit **représentatif**, c'est-à-dire construit à l'image de la population de référence).

Pour parvenir à mener des observations qu'il considère comme objectives, Le Play préconise la technique des **budgets familiaux** mettant en rapport les recettes des familles avec leur dépense et leur épargne. Pour Le Play, si ce procédé peut sembler, au premier abord, réduire les sciences sociales aux aspects matériels de la vie humaine, on se rend compte en réalité au contraire assez rapidement qu'il ouvre plutôt à l'intelligibilité générale des conduites sociales. Comme il l'affirme lui-même, un seul chiffre dit souvent plus qu'un long discours et, par exemple, on apprend beaucoup sur « la dégradation du débardeur de la région de Paris quand on sait qu'il dépense 185 francs, soit 12 % de sa recette, pour s'enivrer au cabaret, alors qu'il ne consacre pas un seul centime à l'éducation morale de ses enfants ».

Préoccupé par la question sociale, Le Play n'échappe cependant pas au reproche de moralisme peu compatible avec la nécessaire objectivité scientifique puisque, dans ses conclusions, pour remédier aux désordres sociaux, il ne propose rien moins que le retour à la **famille-souche** (présence sous un même toit de plusieurs générations, avec un seul couple pour chaque génération), la réhabilitation du patronage pour régler les rapports ouvriers/patrons, ainsi que le rétablissement de la rigueur morale.

Bibliographie

- *Les Ouvriers européens*, 1855
- *La Réforme sociale en France*, 1864
- *Les Ouvriers européens*, 2e édition six volumes, 1877 et 1878.

Claude Lévi-Strauss

Né en 1908, Claude Lévi-Strauss se dirige d'abord vers l'enseignement de la philosophie, avant d'opter pour l'ethnographie. De 1934 à 1939, il séjourne au Brésil en tant que professeur de sociologie à l'université de Sâo Paulo. Parallèlement, il en profite pour effectuer quelques missions ethnographiques dans l'Est du pays, dont il tirera ses premiers livres. Pendant la Seconde guerre mondiale, il découvre à New York la linguistique structurale qui lui inspire le modèle d'une démarche scientifique appliquée aux faits humains. De retour en France en 1948, il soutient sa thèse de doctorat en 1949 sur les problèmes théoriques de la parenté. Il est élu professeur au Collège de France en 1958, où il occupe la chaire d'anthropologie sociale. Depuis 1973, il est membre de l'Académie Française. Son œuvre et son enseignement ont été la source d'un rayonnement intellectuel intéressant toutes les sciences humaines, ainsi que d'un nouvel essor de l'anthropologie de terrain.

La méthode de Lévi-Strauss, qualifiée d'**anthropologie structurale**, se rapproche de celle de la linguistique qui cherche à découvrir les règles d'organisation du langage indépendamment de la conscience des sujets parlants. Par analogie, Lévi-Strauss recherche les lois universelles qui régissent les activités inconscientes de l'esprit en rejetant la question de l'origine des phénomènes au profit d'une étude de leurs formes. La démarche adoptée s'appuie sur le concept de **structure** qui est un type de formalisation s'appliquant à un contenu varié. La structure a un caractère de système parce que le tout prime sur les parties et que les rapports entre les termes sont plus importants que les termes eux-mêmes. Si ces modèles construits doivent rendre compte des faits observés et posséder un caractère de prévisibilité, ils ne sont pas directement lisibles dans l'observation ethnographique concrète. La technique de l'ethnologue est de découvrir ce qui est caché dans toute structure sociale et ce qui est caché est, à la fois, sa raison d'être et son principe explicatif.

Lévi-Strauss a appliqué la méthode structurale à l'étude de la parenté ainsi qu'à celle des mythes.

Dans *Les Structures élémentaires de la parenté*, il montre l'importance du mariage comme constitutif de l'alliance entre les groupes. C'est en échangeant des femmes entre clans que la communauté sociale est établie. On prouve alors la nécessité de l'**exogamie**, c'est-à-dire du mariage en dehors du groupe de parenté. Dans les sociétés de petite dimension, les structures de la parenté sont élémentaires : ce sont des systèmes où la nomenclature permet de déterminer immédiatement le cercle des parents et des alliances. Ces systèmes comportent des aspects logiques dont les rapports ne se laissent saisir que par des modèles formalisés de type mathématique. Dans nos sociétés, les structures sont complexes. Si le cercle des parents est bien défini, le choix du conjoint obéit à d'autres mécanismes, psychologiques ou économiques. En privilégiant les règles d'échange et de réciprocité, Lévi-Strauss s'attarde sur la **prohibition de l'inceste**, interdiction d'avoir des relations sexuelles avec un parent proche, qui revêt un caractère universel. Cette prohibition n'est que l'expression négative de la règle d'échange. En renonçant à s'unir aux femmes proches qu'ils contrôlent, les hommes s'imposent de les échanger contre d'autres, permettant ainsi l'établissement des relations d'alliance fondatrices du tissu social.

Autre champ d'application de la méthode structurale : l'étude des mythes. Le **mythe** est une histoire sacrée, souvent située à l'époque du commencement de l'existence du groupe social, dont la fonction est de révéler tous les rites et toutes les activités humaines qui ont du sens. Il y a de nombreuses explications des mythes, qu'elles soient du type évolutionniste (le mythe à l'origine de la religion), fonctionnaliste (le mythe comme moyen de maintenir l'ordre social), symbolique (le mythe comme explication des techniques de l'organisation sociale) ou encore psychanalytique (le mythe comme révélateur de l'inconscient collectif). Lévi-Strauss, à travers l'étude d'un millier de récits mythiques (relatés dans les deux mille pages de *Mythologiques*) montre que l'ensemble de ces récits obéit à un jeu de variantes logiques se décomposant en relations d'opposition, d'inversion, de transformation, selon des figures réglées qui sont universelles. Le mythe est donc révélateur de la « fonction symbolique », fonction porteuse des représentations et du langage qui est le propre de l'homme.

Spencer, Malinowski ►

Le structuralisme de Lévi-Strauss a fait l'objet de plusieurs critiques. On lui a reproché d'abord de négliger la diversité culturelle pour chercher à mettre en évidence l'invariabilité de l'esprit humain. Est-il vraiment légitime, à travers l'étude de l'esprit des mythes, de rechercher le « mythe du mythe » ? N'est-ce pas là, sous une autre forme, la quête de la « bonne parole » dont l'universalité est factice ? On l'a accusé aussi, de faire plus attention aux formes abstraites qu'aux rapports réels, et donc de négliger l'étude des rapports de force et de domination. Quoi qu'il en soit, la fécondité de l'œuvre de Lévi-Strauss demeure bien réelle.

Bibliographie

- *Les Structures élémentaires de la parenté*, 1949.
- *Race et histoire*, 1952.
- *Tristes Tropiques*, 1955.
- *Anthropologie structurale*, 1958.
- *Mythologiques*, 1964-1971.

William Arthur Lewis

William Arthur Lewis (1915-1991) est né dans les Antilles britanniques. Une bourse lui permet de poursuivre ses études à la *London School of Economics* où il obtient un doctorat en 1940. Parallèlement à sa carrière universitaire (il enseigne dans plusieurs universités jusqu'au début des années 1980), il exerce différentes fonctions : il est par exemple conseiller du gouvernement ghanéen en 1957-1958 et des Nations unies en 1959-1960. Il est directeur de la Banque centrale de Jamaïque au début des années 1960 et président de la Banque de développement des Caraïbes au début des années 1970.

Ses conceptions économiques le rapprochent du courant de la synthèse. En 1979, il reçoit le prix Nobel d'économie (conjointement avec Theodore Schultz) pour ses travaux en **économie du développement**.

◄ Samuelson

La thèse la plus connue de Lewis concerne les effets du **dualisme** sur les **pays en développement** (PED). Il établit son analyse sur les hypothèses suivantes : l'économie comporte deux secteurs, un secteur capitaliste moderne et un secteur de subsistance où la main-d'œuvre, peu coûteuse, abonde. En outre, l'investissement dans le secteur moderne est financé par les profits des industriels : l'épargne des travailleurs est trop faible du fait de leurs bas revenus et celle des classes moyennes est utilisée surtout pour le maintien de leur standing. C'est pourquoi la répartition des revenus doit favoriser les industriels (l'État peut ici intervenir).

Le **développement** se traduit par l'extension progressive du secteur moderne. Ce dernier crée des emplois et absorbe le surplus de main-d'œuvre rurale. Progressivement, ce surplus de main-d'œuvre disparaît et les salaires augmentent. L'embauche est maintenue tant que la productivité marginale de chaque travailleur supplémentaire dépasse ou égalise le salaire. Or, les profits réalisés étant réinvestis, la productivité marginale s'accroît et induit de nouvelles embauches jusqu'à ce que le salaire égalise à nouveau la productivité marginale, etc. Le dualisme va ainsi disparaître petit à petit.

À la fin des années 1970, Lewis s'intéresse à l'ordre mondial régi par les pays développés et dans lequel les PED souffrent de nombreux handicaps. Ceux-ci sont, dans certains cas, un héritage de la colonisation mais aussi la conséquence des déficiences de leurs structures socio-économiques (étroitesse du marché intérieur, forte pression démographique, faible productivité agricole, comportements des classes dirigeantes...). Lewis montre que le développement des PED ne peut être fondé sur les seules exportations vers les pays développés (surtout lorsqu'il s'agit d'exportations de produits primaires) du fait de la dégradation des **termes de l'échange** et qu'il nécessite une réorientation de l'activité économique vers le marché intérieur et/ou l'essor des échanges entre PED, ainsi que la modernisation de l'agriculture.

Prebisch ►

Bibliographie

- *Economic development with unlimited supply of labour*, 1954.
- *The theory ou economic growth* (traduction française, *La Théorie de la croissance économique*, 1963), 1955.
- *Development planning* (traduction française, *Développement économique et planification*, 1979), 1966.
- *The evolution of economic order* (traduction française, *L'ordre économique international*, 1980), 1978.

Ralf Linton

Ralf Linton (1896-1953) s'est d'abord intéressé à l'archéologie. Celle-ci l'a amené progressivement à l'ethnologie. Dès 1922, il est assistant au Muséum d'histoire naturelle de Chicago. En 1928, il devient professeur d'anthropologie à l'université du Wisconsin. De 1922 à 1937, il participe à de nombreuses expéditions ethnologiques. À partir de 1937, il est nommé à New York (Colombia University, puis Yale University), ville qu'il ne quittera plus jusqu'à sa mort.

Benedict, Kardiner, M. Mead (culturalisme) ►

Linton a son nom associé à celui du **culturalisme**. Le culturalisme définit la culture comme un système de comportements appris et transmis par l'éducation, l'imitation et le conditionnement dans un système social donné. Si le **diffusionnisme** (G. Elliot-Smith,

W.J Perry pour l'école britannique ; F. Boas, R.H. Lowie, A. Kroeber, C.Wissler pour l'école américaine) est très sensible au cadre culturel lui-même, en interprétant les similitudes d'organisation sociale entre les différentes sociétés comme le fruit d'un processus de diffusion (d'où son nom) à partir de quelques aires déterminées, les culturalistes, dont Linton, donnent à leurs travaux une orientation plus psychologique en cherchant à savoir comment la culture s'incarne chez les individus et comment elle modèle les comportements.

Linton élabore ainsi une théorie des rapports entre culture et personnalité, où il insiste sur la complexité de toute culture et sur l'existence de **sous-cultures** (culture d'un groupe social ou ethnique inclus dans une société donnée), sur le fait que la « culture réelle » doit être différenciée de la « culture construite » qui est la culture telle qu'elle est reconstruite par le chercheur, et sur les notions devenues maintenant banales de **statut** (« place qu'un individu occupe dans un système donné à un moment donné ») et de **rôle** (« ensemble des modèles culturels associés à un statut donné »).

Linton s'est également intéressé aux phénomènes d'acculturation avec R. Redfield et Herskovits. L'**acculturation** est l'ensemble des phénomènes résultant du contact continu et direct entre des groupes de culture différente, phénomènes qui aboutissent à des changements significatifs dans les modèles culturels de l'un ou des deux groupes mis en contact. Selon les circonstances, les contacts culturels seront équilibrés ou en rapport de domination ou de subordination.

La **réinterprétation** est un des mécanismes fondamentaux de l'acculturation. C'est le processus par lequel d'anciennes significations sont attribuées à des éléments nouveaux, permettant leur assimilation. Par exemple, dans les sociétés africaines, les saints de la religion catholique apportés par les missionnaires seront fusionnés avec les dieux traditionnels. S'il est rare qu'une culture dominée soit anéantie, il arrive que l'on assiste à une **déculturisation** (annihilation progressive de la culture d'origine) ou à une **contre-acculturation** (réaction en vue de restaurer la culture d'origine).

Bibliographie

- *The study of man*, (*De l'homme* en français), 1936.
- *The cultural background of personality*, (*Les Fondements culturels de la personnalité* en français)1945.

Friedrich **List**

Friedrich List est né en 1789 dans le Wurtemberg, au sud-ouest de l'Allemagne actuelle. Il devient professeur d'administration publique en 1817 et s'implique dans la vie politique, défendant les principes constitutionnels, la liberté de la presse et l'union économique des États allemands. Ses idées lui font connaître l'emprisonnement et l'exil. En 1825, il émigre aux États-Unis et adhère aux idées protectionnistes promues en son temps par Alexander Hamilton (1757-1804), le secrétaire au Trésor du Président Washington.

Il devient citoyen américain en 1828 puis est nommé consul à Leipzig en 1832. Des difficultés financières et politiques lui imposent un nouvel exil à Paris. Il regagne l'Allemagne en 1841 et fait paraître la même année son ouvrage majeur, *Système national d'économie politique*, qui connaît un grand succès. Après un voyage en Angleterre, il se suicide au cours d'un séjour en Autriche, en 1846.

Pour List, l'économie politique doit être fondée sur une analyse détaillée des faits historiques. L'histoire montre que l'**industrialisation** est le vecteur du développement économique : la hausse des revenus dans l'industrie initie celle de la demande de produits agricoles, et par conséquent, celle du revenu des agriculteurs. De plus, la présence d'industries valorise le sol : par exemple, l'industrie lainière valorise les prairies sur lesquelles paissent les moutons. La rente foncière, c'est-à-dire le revenu que procure la propriété de la terre, s'élève. Par ailleurs, le développement industriel et agricole commande celui des activités commerciales : le commerce est productif dès lors qu'il sert les intérêts des agriculteurs et des industriels en assurant l'écoulement de la production. L'industrialisation favorise également l'essor du **commerce extérieur**. En outre, les nations industrielles exportent des biens manufacturés dont les prix sont élevés relativement aux prix des produits primaires qu'elles importent. Lorsque les prix des biens industriels diminuent, leur demande s'accroît. Il en résulte une augmentation des recettes d'exportation, ce qui n'est pas le cas des produits primaires. Aussi, les nations industrialisées tirent davantage profit de leur commerce extérieur que ne le font les nations agricoles. List considère que la **colonisation** est la conséquence inéluctable et souhaitable du développement industriel des nations avancées. Les colonies, par nature confinées à la production de produits bruts, constituent un débouché et une source d'approvisionnement pour leurs métropoles et ouvrent à ces dernières des perspectives de migrations à leur population surnuméraire et des opportunités de placements à leurs capitaux.

Sur la base de l'observation des faits historiques, List repère trois phases dans le processus d'industrialisation :

- **première phase** : les grandes nations agricoles prédestinées à l'industrialisation (pour List, il s'agit des grands pays européens et des États-Unis mais en aucun cas des petits pays ou de ceux correspondant à l'actuel Tiers-Monde) doivent dans un premier temps adopter le **libre-échange**. En effet, le libre commerce avec les nations plus avancées permet aux agriculteurs de moderniser leur activité et ainsi de se procurer davantage de produits industriels. En outre, le développement de l'agriculture implique celui des secteurs industriels qui lui sont liés (laine par exemple) ;

◄ Ricardo

- **deuxième phase** : l'industrialisation des grandes nations ayant atteint un haut niveau de développement agricole et d'éducation politique, et disposant d'**industries dans l'enfance** nécessite l'adoption d'une législation douanière protectionniste afin de se prémunir de la concurrence des pays plus avancés. À mesure que l'industrialisation se développe, les droits protecteurs sont accrus. Plus tard, des traités de commerce accorderont des concessions douanières réciproques qui se traduiront par un abaissement graduel des tarifs protecteurs. Toutefois, List souligne que le **protectionnisme** est une condition nécessaire mais non suffisante de l'industrialisation : le manque de voies de communication, de connaissances techniques, d'esprit d'entreprise, d'institutions adaptées, etc., constituent autant de facteurs sans lesquels la politique douanière resterait sans effets. De plus, la protection ne doit concerner que les industries dans l'enfance : l'agriculture, et plus généralement la production de produits bruts, doivent rester soumises aux règles du libre-échange. Enfin, la concurrence sur le marché intérieur entre les unités de production qui y sont implantées doit être préservée ;
- **troisième phase** : lorsque les grandes nations ont atteint un haut degré de richesse et de puissance, les principes du libre-échange doivent être rétablis graduellement. L'adoption du libre commerce par les pays ayant atteint un haut niveau de développement de leur agriculture, de leur industrie et de leur commerce dope l'activité des entrepreneurs sous l'effet de l'aiguillon de la concurrence.

Pour List, la protection des industries dans l'enfance est donc le moyen d'accroître le niveau de développement des grandes nations afin qu'elles puissent adopter sans dommage le libre-échange.

Bibliographie

- *Système national d'économie politique*, 1841.

John Locke

John Locke (1632-1704) est un philosophe anglais confronté au conflit qui opposa le Parlement au Roi. En 1649, le roi Charles Ier est condamné et exécuté. La République est proclamée mais la monarchie est restaurée en 1660. Locke est contraint à l'exil en 1683 et ne retourne en Angleterre qu'en 1689. Sa réflexion porte donc sur le pouvoir politique.

Hobbes, Rousseau (contrat social) ►

Comme les autres théoriciens du contrat social, Locke fait l'hypothèse d'un état de nature. Dans cet état, chacun a le droit de déterminer ce qui est bon pour lui, de protéger sa vie et ses biens et de faire justice. L'homme étant raisonnable, cet **état de nature** est harmonieux. Cependant, le travail est à l'origine d'une accumulation inégale de richesses qui multiplie les possibilités de conflits. Or, il n'existe ni lois reconnues par tous ni juge impartial capable de faire accepter ses décisions. Pour protéger leur vie et leurs biens, les hommes ressentent donc le besoin de quitter cet état de nature pour rentrer en société.

En acceptant ce **contrat social**, chacun renonce à décider seul de ce qui est bon (ce qui correspond au pouvoir législatif), à faire exécuter une décision (ce qui correspond au pouvoir exécutif) et confie ces pouvoirs à la société. Locke fait une distinction importante entre le pouvoir législatif qui est premier et le pouvoir exécutif qui lui est subordonné. La communauté doit décider des lois assurant la sécurité des individus et des biens et le pouvoir exécutif, confié au roi, doit les faire appliquer. Le roi doit bénéficier d'une relative autonomie mais ne peut, en aucun cas, violer les droits naturels des citoyens. Ce contrat passé entre les hommes qui confient le pouvoir exécutif au roi peut être rompu si ce dernier ne respecte pas ses obligations fondamentales. Ainsi, Locke fait une distinction entre le pouvoir légitime et l'abus de pouvoir.

Locke reprend l'idée du contrat social déjà développée par Hobbes mais, à la différence de ce dernier, il critique la monarchie absolue. C'est un libéral favorable à une monarchie parlementaire dans laquelle la séparation des pouvoirs est assurée. Ces idées seront reprises par Montesquieu et inspireront *La Déclaration d'indépendance américaine* (1776) et la *Déclaration des droits de l'homme et du citoyen* (1789).

◄ **Montesqieu (séparation des pouvoirs)**

Bibliographie

- *Lettres sur la tolérance*, 1689, 1690, 1692.
- *Traités sur le gouvernement civil*, 1690.
- *Essais sur l'entendement humain*, 1690.
- *Pensées sur l'éducation*, 1693.

Robert E. **Lucas**

Robert E. Lucas est né en 1937 dans l'État de Washington. Passionné d'histoire, il se tourne par la suite vers l'économie et obtient un doctorat en sciences économiques à l'université de Chicago en 1964. Il a été profondément marqué par Milton Friedman dont il a été l'élève. Nommé professeur assistant à l'université de Carnegie-Mellon de Pittsburgh, il devient professeur à l'université de Chicago en 1974 puis obtient une chaire de professeur d'économie en 1980. Il a reçu en 1995 le prix Nobel pour ses travaux sur les **anticipations rationnelles**. Ses analyses ont transformé de manière radicale la macroéconomie contemporaine.

◄ **Barro**

Le projet de Lucas est de développer une méthodologie capable d'expliquer les phénomènes macroéconomiques à partir des comportements microéconomiques des agents. Il s'agit donc bien de fonder une **nouvelle macroéconomie classique**.

Lucas commence sa carrière d'économiste au moment où la pensée keynésienne est hégémonique. L'idée que la politique économique est toute puissante pour réguler l'activité est communément

Phillips ►

admise. La **courbe de Phillips** (qui met en évidence une relation décroissante entre inflation et chômage) fait apparaître un arbitrage possible entre inflation et chômage : on peut abaisser le taux de chômage en acceptant une hausse du niveau général des prix.

Friedman ►

Cette relation sera contestée à la fin des années 60 par Milton Friedman. Pour le chef de file des monétaristes, l'arbitrage entre inflation et chômage n'est vérifié qu'à court terme. Parce que les salariés perçoivent mal l'évolution des prix, le chômage peut diminuer jusqu'au moment où ils percevront que leur salaire réel a diminué (anticipations adaptatives). Le chômage revient alors à son niveau naturel, au prix d'une inflation supérieure. Il n'y a donc pas d'arbitrage à long terme entre inflation et chômage.

Barro, (théorème d'équivalence) ►

Keynes ►

C'est sur ce point que Lucas va apporter une contribution majeure. Reprenant l'hypothèse des **anticipations rationnelles** formulée par John Muth en 1961, c'est à Lucas que revient le mérite d'avoir étendu cette hypothèse à l'étude des politiques économiques. Dans cette perspective, les agents sont capables d'anticiper correctement les résultats d'une politique économique grâce à l'expérience acquise dans le passé et en mobilisant toute l'information disponible. Ils ne sont donc pas condamnés à répéter sans cesse leurs erreurs de prévision sans remettre en cause leur compréhension des mécanismes économiques. Ils utilisent toutes leurs capacités cognitives pour adapter en permanence leur comportement aux changements de l'environnement. Ainsi, une politique monétaire expansive systématique n'aurait pas d'effet sur l'activité car elle serait anticipée par les agents. Lucas radicalise donc la position de Friedman en montrant que les politiques monétaires sont inefficaces, y compris à court terme, car les agents ne sont pas victimes de l'illusion monétaire, ce qui leur permet d'anticiper toutes les décisions de politique économique.

À partir des mêmes arguments, Lucas remet en cause la capacité des modèles économétriques traditionnels à fournir des prévisions fiables. En effet, ces modèles utilisent des paramètres issus de l'observation des comportements passés pour simuler les effets d'une politique économique. Mais dans la mesure où les agents forment rationnellement leurs anticipations, ils vont modifier leur comportement pour s'adapter à de nouveaux choix de politique économique, ce qui invalide les modèles basés sur des données antérieures.

L'observation empirique a conduit Lucas à nuancer son analyse. Les politiques monétaires actives, même anticipées, ont un impact sur les grandeurs réelles. La monnaie agit bien sur l'activité et le cycle économique, en particulier lorsque les agents sont surpris par des décisions de politique économique.

L'apport des macroéconomistes est pourtant incontestable. Il est désormais admis que les autorités publiques doivent asseoir leur **crédibilité** sans laquelle les résultats attendus d'une politique économique sont compromis. Il faut pour cela que les pouvoirs publics maintiennent les objectifs affichés quels que soient les aléas conjoncturels. Ces effets de **réputation** et de crédibilité sont à la base de l'indépendance des banques centrales.

Bibliographie

- *Studies in business-cycle theory*, 1967-1980.
- *Salaires réels, emploi et inflation*, avec L. Rapping, 1969.
- *La Neutralité de la monnaie et les Anticipations*, 1972.
- *Un modèle d'équilibre pour les cycles des affaires*, 1975.

Rosa Luxemburg

Rosa Luxemburg est née en Pologne (sous domination russe) en 1871. Adepte des thèses marxistes, elle se livre très jeune à des activités subversives qui la forcent à s'exiler en Suisse en 1889. Elle y poursuit des études d'économie politique et obtient un doctorat en 1898. La même année, elle se rend en Allemagne. Elle adhère au parti social démocrate et combat les idées réformistes de Bernstein qu'elles considèrent comme contraires aux thèses de Marx. Elle promeut la spontanéité des masses dans le processus révolutionnaire et dénonce les conceptions léninistes du parti d'avant-garde exerçant sa dictature au nom du prolétariat. Avec Karl Liebknecht, elle refuse la perspective de la guerre en 1913-1914, contrairement à son parti qu'elle quitte pour créer la ligue spartakiste en 1916. Son opposition à la guerre la conduit en prison. Elle est libérée en 1918 et fonde, avec Liebknecht, le parti communiste allemand. Elle participe à la révolution spartakiste de 1919 à Berlin et elle est assassinée par les soldats des corps francs la même année.

Rosa Luxemburg relève une contradiction dans l'analyse de Marx quand il affirme que les capitalistes continuent à investir bien que, comprimant les salaires et donc la consommation, ils provoquent une **suraccumulation du capital** qui leur est préjudiciable. Elle soutient que l'évolution des investissements est commandée par celle de la demande : les capitalistes n'accroissent leur stock de capital que s'ils doivent satisfaire une demande nouvelle.

Marx ►

L'essor des investissements et plus globalement du **capitalisme** repose en fait sur l'existence de formes de production non capitalistes, tant au sein des pays capitalistes qu'à l'extérieur. Les couches sociales relevant de ces formes non capitalistes (paysannerie, populations des pays non ou faiblement industrialisés) constituent pour la bourgeoisie capitaliste une opportunité de **débouchés** nouveaux mais aussi l'occasion de recourir à une main-d'œuvre bon marché, et d'accéder à des produits intermédiaires peu coûteux. L'extension du mode de production capitaliste détruit progressivement les modes de production non capitalistes : par exemple, la recherche de débouchés commande d'intégrer à l'échange marchand des communautés jusqu'alors autarciques et dont l'organisation sociale va alors être transformée. Au plan international, cette intégration à l'échange marchand de nouvelles communautés passe par des conquêtes coloniales et la croissance du commerce international traduisant l'**impérialisme** des grandes puissances capitalistes.

Lénine ►

Mais l'extension du capitalisme provoque l'affaiblissement puis la disparition des autres formes d'organisation sociale. Par conséquent, les débouchés incitatifs à l'investissement se tarissent, exacerbant les tensions entre nations capitalistes et les conduisant à la guerre. À terme, la **crise des débouchés** est inéluctable puisque les formes de production non capitalistes qui assuraient la croissance des débouchés tendent à disparaître, provoquant l'effondrement final du capitalisme.

Bibliographie

- *Réforme sociale ou révolution ?*, 1899.
- *La Grève générale, le Parti et les Syndicats*, 1906.
- *Introduction à l'économie politique*, 1907.
- *L'Accumulation du capital*, 1913.

M

Bronislaw K. **Malinowski**

Bronislaw K. Malinowski (1884-1942) a fait ses études à Cracovie, puis émigré en Grande-Bretagne et fait sa thèse sur les sociétés australiennes. En 1915, pendant la Première Guerre mondiale, il se retrouve aux îles Trobriand, où il séjourne plusieurs fois, l'une d'entre elles durant deux années. À son retour, il est nommé à la *London School of Economics.* À la fin de sa vie, en 1940, il part enseigner aux États-Unis où il décèdera en 1942.

L'originalité de Malinowski est d'abord de promouvoir des études de terrain, à la différence de bon nombre de ses contemporains qui se contentaient de produire de grandes théories sur le problème des sociétés primitives, fondant leur réflexion sur des matériaux ethnographiques recueillis par des voyageurs ou des missionnaires. On doit ainsi à Malinowski le concept d'**observation participante**. Cette méthode consiste à résider le plus longtemps possible dans la société que l'on désire étudier, afin de créer des relations plus naturelles avec les indigènes et d'appréhender de cette manière leur langue et leurs coutumes. Elle exige que l'on se place du point de vue de celui que l'on étudie, pour comprendre sa vision du monde. Elle exige également que l'on se garde de l'exotisme en analysant la culture tribale dans son intégralité et sous tous ses aspects. Le but final est de parvenir à l'intelligibilité du fait culturel, y compris dans ce qu'il pourrait avoir d'extravagant pour un observateur non averti.

Muni de la méthode en question, Malinowski décrit la **kula**, cycle d'échanges liant les habitants des îles Trobriand. L'échange s'organise autour de la circulation de deux types de biens, les colliers de coquillages (*soulava*) et les bracelets (*mwali*), qui ont un caractère précieux. Les biens en question passent d'île en île, selon une chaîne bien établie, et circulent en sens inverse : les colliers suivent le cycle dans un sens donné et inversement pour les bracelets. L'échange kula ne s'effectue pas selon une base utilitaire. Il n'est donc pas immédiatement accessible pour la rationalité économique de l'homme occidental. Il s'agit plutôt d'unir les partenaires échangistes pour la vie, de nouer le lien social de la communauté et, dans ce processus, le contre-don est différé du don. La Kula est avant tout affaire de sociabilité et de solidarité. Dans cette affaire, le problème de la valeur des biens, et donc de l'échange équitable entre les marchandises, est tout à fait ignoré.

Mauss ►

L'autre originalité de Malinowski est la place qu'il occupe dans le développement de la recherche en sciences sociales, par son **fonctionnalisme**, dont il partage de nombreux points avec Radcliffe-Brown.

Radcliffe-Brown ►

Selon Malinowski, les institutions révèlent les fonctions qu'elles remplissent et ces fonctions répondent à des besoins primaires ou secondaires. Il développe alors une conception utilitariste de la culture où celle-ci a pour finalité de répondre aux besoins essentiels, mais aussi aux besoins dérivés qui sont satisfaits par des institutions spécifiques. À titre d'illustration, le mariage satisfait des besoins primaires (sécurité affective, création d'une descendance) mais aussi des besoins secondaires répondant aux nécessités d'organisation de la vie sociale, que ce soit d'un point de vue juridique ou religieux.

Lévi-Strauss
Dukheim ►

Autre dimension importante du fonctionnalisme de Malinowski : ce dernier affirme l'impossibilité d'étudier un trait culturel isolément, car c'est la relation qu'il entretient avec les autres éléments constitutifs de la culture qui lui donne sens. Le **holisme** de Malinowski propose donc de décrire une culture dans tous ces aspects, en les rapportant à un seul ensemble cohérent. Les ustensiles, les biens de consommation, les idées, les arts, les coutumes et croyances d'une société donnée sont unis par un principe d'organisation. Même certaines pratiques qui peuvent apparaître dans un premier temps surprenantes à un observateur extérieur (le cannibalisme, la momification ...) sont en fait liées à des éléments culturels universels et proprement humains.

Le fonctionnalisme de Malinowski (tout comme celui de Radcliffe-Brown) a été une étape nécessaire dans la progression de la pensée scientifique, notamment parce qu'en manifestant le souci de comprendre l'originalité et la singularité de chaque société humaine, il a permis de rompre avec la pensée évolutionniste. Il comporte cependant une limite majeure. En effet, en mettant l'accent sur le caractère fonctionnel des faits sociaux, il néglige le rôle des conflits, des événements, des phénomènes dysfonctionnels. Bref, il laisse de côté la question de l'historicité des sociétés humaines.

◄ Comte
Spencer

Bibliographie

- *Les Argonautes du Pacifique Occidental*, 1922
- *Jardins de Corail*, 1935.
- *Une théorie scientifique de la culture*,1944.

Edmond Malinvaud

Edmond Malinvaud est né en 1923 à Limoges. Diplômé de l'École polytechnique, il a occupé des postes de direction dans la haute administration française. Directeur de l'INSEE de 1974 à 1987, de l'ENSAE et au ministère de l'Economie et des Finances. Professeur au Collège de France de 1988 à 1993, Malinvaud a publié de nombreux articles dans les plus grandes revues internationales. Ses principaux apports concernent la théorie de la croissance et un « réexamen de la théorie du chômage ».

Dans les années 70, Malinvaud présente un renouvellement de l'approche macroéconomique du chômage en ayant recours aux outils et concepts de l'**analyse microéconomique**. Son ambition est d'intégrer dans un cadre d'analyse commun les approches néoclassique et keynésienne.

Clower ►

Bien qu'il ne soit pas l'initiateur de cette nouvelle approche, les travaux de Malinvaud et de J.P. Benassy ont largement contribué au développement de la **théorie des équilibres à prix fixes** (encore appelée **théorie du déséquilibre**).

Walras ►

L'hypothèse de départ repose sur la fixité des prix (y compris les salaires) en courte période. Il en résulte que les échanges peuvent se réaliser à des prix non walrassiens (c'est-à-dire à des prix n'égalisant pas l'offre et la demande) et conduire à un décalage entre les quantités demandées et offertes. Les agents « rationnés » sur un marché vont modifier leur comportement et déséquilibrer les autres marchés par effet de report (hypothèse walrassienne d'interdépendance des marchés). Par exemple, un agent économique rationné sur le marché du travail (chômage) voit ses revenus et sa consommation diminuer, ce qui pèse sur la demande de biens et services.

Ces déséquilibres peuvent conduire à différentes situations macroéconomiques dont :

Keynes ►

• un **chômage keynésien**, qui correspond à la situation où l'offre est excédentaire sur les deux marchés (des biens et services et du travail). Les entreprises ne peuvent pas produire davantage en raison d'une demande effective insuffisante, ce qui conduit à un sous-emploi. Comme le précise Malinvaud, le qualificatif « keynésien » ne correspond pas tout à fait à l'interprétation que fait Keynes du chômage puisque l'auteur de la *Théorie générale* envisage un excès d'offre de travail accompagné d'un équilibre sur le marché des biens (il parle à ce titre d'équilibre de sous-emploi) ;

• un **chômage classique**, qui correspond à un rationnement des ménages sur les deux marchés. Un excédent de l'offre sur le marché du travail s'accompagne d'un rationnement de la demande sur le marché des biens. Le déséquilibre provient de ce que les prix étant trop bas, les entreprises ne jugent pas rentable de satisfaire la demande et de créer des emplois.

Enfin, la demande peut être excédentaire sur les deux marchés. C'est le cas lorsque les entreprises doivent faire face à une pénurie de main-d'œuvre, ce qui ne leur permet pas de satisfaire la demande sur le marché des biens et services. Cette situation doit conduire à une **inflation « contenue »** puisque les prix sont rigides à court terme. Quant à la situation caractérisée par un excédent de demande de travail et un excédent d'offre de biens, elle est hautement improbable : vouloir embaucher en situation de surproduction est économiquement irrationnel.

L'intérêt de cette analyse est de montrer que les deux régimes de chômage doivent être traités avec des remèdes différents. En situation de chômage keynésien, la politique économique doit avoir pour objectif de stimuler la demande via une hausse des dépenses publiques. En présence de chômage classique, il convient d'exercer une pression à la baisse sur les salaires réels afin de restaurer la rentabilité des entreprises. Mais la possible coexistence des deux types de chômage rend difficile les recommandations de politiques économiques.

Malinvaud a aussi apporté sa contribution aux théories de la croissance. À partir de l'examen de la croissance économique française au cours du xxe siècle, il s'interroge (en collaboration avec J. J. Carré et P. Dubois) sur les déterminants et conditions d'une croissance équilibrée. En s'appuyant sur une étude économétrique, il cherche à mesurer la contribution des facteurs de production à l'augmentation du PIB. Le résultat montre que la hausse du volume des facteurs capital et travail n'explique qu'environ la moitié de la croissance observée pendant les Trente Glorieuses. Le « résidu » serait imputable au progrès technique. Les conclusions de Carré, Dubois et Malinvaud rejoignent les analyses sur la croissance de R. Solow.

◄ Solow

Plus largement, ces auteurs insistent sur la pluralité des facteurs qui ont permis la croissance exceptionnelle d'après-guerre : le baby-boom, un effort d'investissement soutenu, ou encore une politique de planification et de nationalisation favorable au développement industriel.

Bibliographie

- *La Croissance française*, Seuil, 1972.
- *Réexamen de la théorie du chômage*, Calmann-Lévy, 1980.

Thomas-Robert **Malthus**

Thomas-Robert Malthus naît le 14 février 1766 en Angleterre près de Guildford. Ne pouvant prétendre hériter de la fortune familiale (il est le deuxième fils d'un grand propriétaire foncier), il s'engage dans un parcours religieux et devient pasteur à 22 ans. C'est grâce à son père, un intellectuel curieux, qu'il se tourne vers l'économie. En 1798, il publie *Essai sur le principe de population* qui lui vaudra un succès considérable. C'est ainsi qu'il quitte sa fonction ecclésiastique et occupe à partir de 1805 la première chaire d'économie politique créée en Angleterre au Collège de la Compagnie des Indes orientales à Hailebury. Fonction qu'il occupera jusqu'à sa mort en 1834.

Malthus est un des principaux représentants de l'**école classique** anglaise. Son nom reste surtout attaché à sa « **loi de la population** » et à la **critique de la loi des débouchés**.

Le principe de population

Dans l'*Essai sur le principe de population*, Malthus cherche à expliquer la grande misère dont souffre une partie de la population anglaise au moment de la Révolution industrielle. La cause principale qu'il retient est « la tendance constante qui se manifeste chez tous les être vivants à accroître leur espèce plus que ne le permet la quantité de nourriture qui est à leur portée ».

Selon Malthus, la **population** s'accroît spontanément selon une progression géométrique (du type : 1, 2, 4, 8, 16, 32...) tandis que les moyens de subsistance ne croissent au mieux que selon une progression arithmétique (du type : 1, 2, 3, 4, 5, 6...). Il en résulte une paupérisation croissante et inéluctable de la population et le développement d'une grande misère.

Ricardo ►

En effet, l'augmentation de la population oblige à mettre en culture de nouvelles terres mais du fait de la loi des rendements décroissants, la production agricole augmente de plus en plus faiblement. Il s'ensuit un écart grandissant entre la population et les subsistances disponibles. La pénurie de biens alimentaires conduit à la famine et à une hausse de la mortalité, ce qui ramène la population à un niveau compatible avec les moyens de subsistance.

Il existe donc un **obstacle** « **destructif** » selon l'expression de Malthus qui empêche la population de croître à un rythme exponentiel. Pour l'illustrer, il utilise la célèbre **métaphore du banquet de la nature** : « un homme qui naît dans un monde déjà occupé, si sa famille ne peut le nourrir [...] n'a pas le moindre droit à réclamer une portion quelconque de nourriture. Au grand banquet de la nature, il n'y a pas de couvert pour lui. [...] La famine semble être la dernière et la plus terrible ressource de la nature ».

Malthus avance un second type de frein à l'accroissement de la population qui consiste dans la « restriction morale ». Par une attitude « préventive », les familles les plus pauvres peuvent décider de restreindre leur descendance de peur de ne pouvoir assurer la subsistance de leur progéniture. C'est le propre de l'espèce humaine que « de prévoir et d'apprécier des conséquences éloignées ».

Pourtant, Malthus ne croit guère dans la volonté des hommes de contrôler les naissances. Ces recommandations (abstinence et retard de l'âge au mariage) ont peu de chance d'être suivies. Il constate que ce sont généralement les obstacles destructifs qui permettent de concilier le niveau de la population avec celui des subsistances. La croissance démographique est donc essentiellement contrainte par les quantités de subsistance disponibles.

Malthus conteste l'efficacité des lois sur les pauvres (*Poors Laws*) adoptées en Angleterre au cours des XVIIe et XVIIIe siècles, et cela pour plusieurs raisons :

- transférer des ressources vers les pauvres ne résout pas le problème de l'insuffisance globale des ressources ;
- ces aides génèrent des effets pervers puisqu'elles incitent les plus défavorisés à accroître leur descendance, ce qui ne fait qu'amplifier le déséquilibre entre la population et les subsistances ;
- enfin, l'aide aux pauvres décourage le travail en développant l'assistanat.

Les thèses malthusiennes concernant la population ont fait l'objet de nombreuses critiques. Outre l'image du banquet de la nature déniant la place des plus pauvres, la loi de population a été infirmée par les faits. Les gains de productivité ont permis de faire face, et au-delà, à l'accroissement démographique. Reste à savoir si un accroissement de population très rapide n'est pas un obstacle au décollage économique des pays les plus pauvres.

Une critique de la loi des débouchés

◄ Say

Dans ses *Principes d'économie politique*, Malthus conteste la **loi des débouchés** défendue par J. B. Say. Selon ce dernier, les crises de surproduction sont impossibles dans la mesure où toute production engendre des revenus et une demande d'un montant équivalent. L'offre crée ainsi sa propre demande. Malthus avance plusieurs raisons pour remettre en cause un postulat pourtant largement partagé par les économistes de l'époque :

• pour produire, il est nécessaire qu'une demande existe déjà sur le marché : « la première chose dont on ait besoin [...], c'est une demande effective de produits, c'est-à-dire une demande faite par ceux qui ont les moyens d'en donner un prix suffisant ». Alors que pour J. B. Say c'était l'offre le moteur de l'économie, Malthus place la demande au centre de la dynamique économique. Il est en cela un précurseur de J. M. Keynes ;

Keynes ►

• une hausse de la production conduit certes à distribuer de nouveaux revenus mais ceux-ci ne serviront pas nécessairement de débouchés à la production supplémentaire. En effet, les travailleurs reçoivent moins qu'ils ne produisent (la différence correspondant aux profits réalisés par l'entreprise) et les capitalistes doivent épargner une partie de leurs revenus pour accroître leur capital. Si l'épargne augmente au détriment de la consommation, apparaît alors la possibilité d'une crise de sous-consommation ;

• enfin, Malthus remarque que les comportements de consommation varient selon les différentes catégories de revenus. Les détenteurs de profit consomment proportionnellement une part plus faible de leur revenu que les titulaires de salaire qui ont, comme le dira Keynes plus tard, une propension à consommer élevée. Comme les revenus des capitalistes sont bien supérieurs à ceux des ouvriers ou des domestiques, des crises liées à l'insuffisance de débouchés sont possibles.

C'est la raison pour laquelle Malthus préconise de réduire l'accumulation du capital en redistribuant les revenus vers les « travailleurs improductifs » (professions libérales, fonctionnaires, domestiques...) qui ont une forte capacité à consommer. Dans une même logique, il prône la suppression du droit d'aînesse et une division des propriétés foncières car un plus grand nombre de (petits) propriétaires fonciers élèverait globalement la propension à consommer d'un pays, donc la demande effective. Une analyse particulièrement moderne pour l'époque, à laquelle Keynes rendra hommage.

En revanche, Malthus retrouve une posture libérale lorsqu'il consent à une intervention de l'État pour les seuls cas de crise grave et à condition qu'elle soit limitée dans sa durée et dans son intensité.

Bibliographie

- *Essai sur le principe de population*, 1798.
- *Principes d'économie politique*, 1820.

Karl Mannheim

Karl Mannheim (1893-1947), né à Budapest, enseigne à l'université de Francfort de 1930 à 1933. Avec l'avènement du nazisme, il quitte l'Allemagne pour s'installer en Angleterre où il enseigne à la *London School of Economics* et fonde l'*International Library of Sociology and Social Reconstruction*. Quelque temps avant sa mort, il se verra offrir la direction de la branche de l'Unesco pour l'Europe.

Pendant sa période allemande, Mannheim se consacre à l'étude de la sociologie de la connaissance dont il est le véritable fondateur. Dans son ouvrage classique, *Idéologie et Utopie*, il met en évidence les origines sociales de la pensée, très influencé alors par K. Marx. ◄ Marx Plus précisément, il montre que, si on laisse de côté les propositions universelles formulées par les mathématiques ou les sciences en général, les productions mentales des hommes ne sont intelligibles que par rapport à des situations historiques particulières.

Cependant, contrairement à Marx qui fait de la conscience « un reflet des conditions d'existence », Mannheim prend bien soin d'établir que les représentations, qu'il qualifie parfois de « propositions relationnelles », sont plus ou moins adaptées à la situation historique. Il y a des idées dépassées qui continuent de s'imposer un certain temps : Mannheim les nomme **idéologies**. Il y a aussi des idées novatrices dont tout le monde n'a pas encore perçu le sens exact. Elles sont appelées **utopies**.

Pour illustrer le phénomène de « retard » sur le temps présent qui définit, selon Mannheim, le concept d'idéologie, on peut prendre l'exemple de la condamnation du prêt à intérêt par l'Église. La norme du prêt sans intérêt était parfaitement adaptée dans le cadre d'une économie de subsistance reposant sur des services réciproques. Avec l'extension des échanges, l'économie de réciprocité se trouve confinée à la sphère familiale. L'application de l'interdiction du prêt à intérêt (usure) devient de plus en plus difficile au fur et à mesure que s'impose le capitalisme naissant. Néanmoins, il est important de bien comprendre qu'une idéologie comme celle du prêt sans intérêt est compréhensible et rationnelle à un double niveau : au niveau d'abord de son adaptation à une économie de subsistance, ce qui relève de l'évidence, mais aussi au niveau de l'attachement que l'Église lui manifeste alors que l'ordre nouveau s'est déjà installé. Pour les représentants de l'Église, cette idéologie est en effet une arme contre les institutions nouvelles qui entravent son action et, à terme, mettent en péril son pouvoir. L'adhésion à une idée « dépassée » ne relève donc ni de l'aveuglement, ni du fanatisme, mais souvent de l'intérêt bien compris des acteurs, qui se révèle dès lors que l'on analyse la situation en cherchant à la *comprendre*.

Dilthey (compréhension) ►

Boudon ►

Comme l'a bien noté R. Boudon (*L'Idéologie*, Fayard, 1986), la théorie des idéologies de Mannheim, qui est à la fois rationnelle et sans référence au critère du vrai et du faux, s'oppose aux conceptions de Marx qui décrit celle-ci tantôt comme une science fausse, tantôt comme un reflet de la réalité sous l'influence des intérêts de classe.

Une fois installé en Angleterre, Mannheim porte ses préoccupations sur l'analyse des élites sociales. S'il avait foi, peu de temps auparavant, en la mission des intellectuels qui lui paraissaient capables de comprendre l'« esprit du temps » et de permettre la construction du « monde total » où les forces antagonistes sont dépassées, son message devient alors de plus en plus pessimiste. Pour lui, la société de masse émergente accroît le nombre des élites, ce qui fait que leur sélection n'est plus aussi rigoureuse et qu'elles doivent intégrer de plus en plus des éléments des classes moyennes. Assez conservateur, Mannheim pense que cette ouverture mène tout droit au désordre.

Bibliographie

- *Le Problème des générations*, 1928.
- *Idéologie et utopie*, 1929.

Alfred Marshall

Alfred Marshall est né à Londres en 1842. Il est mort à Cambridge en 1924. Destiné par son père à devenir pasteur, c'est vers l'étude des mathématiques et de l'économie politique qu'il s'oriente. Il devient professeur à l'université de Cambridge où il enseigne pendant plus de vingt ans (de 1885 à 1908). Il a eu Keynes et Pigou comme élèves.

Son ouvrage *Principes d'économie politique*, publié en 1890, assoit sa réputation et fait de lui le chef de file incontesté de l'école néoclassique. Sa notoriété le conduit à participer en tant qu'expert aux travaux de la Commission royale sur le travail et à collaborer à plusieurs commissions officielles.

Fondateur de l'école de Cambridge, Marshall a eu une influence majeure sur la pensée économique anglaise. Sa contribution à l'**analyse néoclassique** apparaît déterminante.

Détermination de la valeur et équilibre partiel

Marshall veut réconcilier les approches classique et marginaliste de la valeur. Pour lui, chercher à savoir si la valeur d'un bien est déterminée par la demande ou par les coûts de production n'a pas de sens. Cela revient à se demander « si c'est la lame supérieure ou la lame inférieure d'une paire de ciseaux qui coupe un morceau de papier ». Marshall dépasse ce débat en introduisant le facteur temps dans l'analyse. Sur courte période, l'offre peut varier mais sous la contrainte de capacités de production fixes. La demande exerce alors une influence déterminante sur la valeur. En revanche, sur longue période les capacités de production peuvent être modifiées, les coûts de production retrouvent alors un rôle central dans la détermination des prix.

Contrairement à Walras, Marshall adopte une logique « d'**équilibre partiel** » pour étudier le fonctionnement d'un marché. Cette approche consiste à raisonner « toutes choses égales par ailleurs », c'est-à-dire en supposant que les effets des variations de prix d'un produit sur les autres marchés ne sont pas significatifs. Si cette hypothèse simplificatrice permet de contourner les difficultés que pose la modélisation d'un équilibre général, elle ne donne pas moins une vision réductrice du fonctionnement de l'économie dans son ensemble.

◄ **Walras (Equilibre général)**

Demande, élasticité et surplus du consommateur et du producteur

Marshall reprend à son compte la « **loi de l'utilité décroissante** » (il parle d'« utilité-limite ») des premiers économistes néoclassiques : « le bénéfice supplémentaire qu'une personne tire d'une augmentation donnée du stock d'une chose qu'elle possède, diminue à chaque augmentation de ce stock ».

◄ **Walras, Menger, Jevons**

Pour un marché donné, la demande totale « est la somme des demandes de tous les individus qui s'y trouvent ». Marshall est le premier à formuler une **loi générale de la demande** : « la quantité demandée augmente avec une baisse de prix, et diminue avec une hausse de prix ». Autrement dit, la demande est une fonction décroissante du prix.

Il développe aussi la notion d'**élasticité-prix** (variation relative de la quantité demandée divisée par la variation relative des prix) qui permet de rendre compte de la sensibilité d'une variation du prix d'un produit sur sa quantité demandée. Or Marshall constate que la demande d'un bien se modifie dans le temps, ce qui se traduit graphiquement par un changement de la pente de la courbe de demande du produit.

Triffin (élasticité croisée) ►

Pour Marshall, la demande d'un bien ne dépend que de son prix et non pas de celui des autres.

On peut donc déterminer pour chaque niveau de prix la quantité qu'un individu est disposé à acheter et celle qu'un producteur est prêt à vendre. Si un consommateur achète un produit à un prix inférieur auquel il était prêt à l'acquérir, il réalise « un bénéfice » puisqu'il peut disposer d'un produit à prix plus bas que ce qu'il était prêt à payer, ce que Marshall nomme le « **surplus du consommateur** ».

Inversement, le producteur qui vend un produit à un prix supérieur à celui auquel il était prêt à le vendre en retire un avantage qui correspond à la différence entre le prix d'équilibre et le prix qu'il s'était fixé au départ. C'est ce que désigne le « **surplus du producteur** ».

■ Économies d'échelle et intervention de l'État

Bien que l'analyse de Marshall se situe résolument dans une perspective libérale (la flexibilité des prix reste la modalité centrale des ajustements), l'intervention de l'État peut se révéler nécessaire lorsque le marché ne conduit pas au bien-être social (le plus grand).

Romer ►

Pour Marshall, il est légitime que l'État intervienne pour favoriser les industries à **rendements croissants**, au détriment des industries à coûts croissants puisque les premières ont des coûts de production plus faibles, ce qui avantage les consommateurs par la baisse des prix.

Mais l'existence de rendements croissants est incompatible avec un équilibre de concurrence pure et parfaite. C'est ce qui pousse Marshall à distinguer les économies d'échelle internes (à la firme) et les économies d'échelle externes provenant de son environnement (la concentration géographique des industries permet la diffusion de savoir-faire, un accroissement des débouchés interindustriels, une amélioration des transports...). Pour Marshall, les économies d'échelle externes sont prépondérantes, ce qui permet de sauvegarder l'hypothèse de concurrence pure et parfaite.

Ce dernier point fera l'objet de nombreuses critiques mais servira aussi de point de départ à l'économie industrielle.

Bibliographie

- *The economics of industry*, 1874.
- *Principes d'économie politique*, 1890.
- *Industrie et commerce*, 1919.
- *Monnaie, crédit et commerce*, 1923.

Karl **Marx**

Karl Marx (1818-1883) suit des études de philosophie mais se retrouve écarté de l'enseignement pour des raisons politiques. Il se rapproche des courants socialistes et prend conscience de la misère ouvrière. Il mène une vie de militant marquée par les expulsions, de journaliste et de chercheur et passe les trente dernières années de sa vie en Angleterre. Son ambition est de créer une synthèse entre la philosophie, l'économie et l'histoire afin de créer une science permettant de comprendre la société capitaliste et de la renverser. De Hegel il retient une réflexion sur le devenir humain et sur le rôle de la contradiction dans l'évolution ; aux économistes classiques, il emprunte principalement la théorie de la valeur travail ; des historiens, il apprécie l'analyse du mouvement de la société mais leur reproche une réflexion trop souvent axée sur les personnages historiques. Il veut faire une analyse dynamique de l'économie en montrant qu'il existe des contradictions qui provoquent la transformation de la société.

◄ **Smith, Ricardo (valeur travail)**

En tant que philosophe, Marx est, avec Engels, à l'origine du **matérialisme historique**, doctrine philosophique donnant la priorité à l'économie sur le juridique, le politique ou le culturel. Selon cette pensée, une société est donc d'abord caractérisée par son organisation économique qui constitue une **infrastructure** sur laquelle se développe une **superstructure** constituée par les institutions juridiques et politiques ainsi que la culture. La politique, le droit

◄ **Engels**

ou la culture sont donc subordonnés au mode de production qui est le système économique formé par les forces productives et les rapports de production.

Les **forces productives** rassemblent tout ce qui permet à une société de produire. Elles se composent des ressources humaines (la main d'œuvre sous ses aspects quantitatifs et qualitatifs) et des ressources matérielles (les terres agricoles, les mines, les usines et les machines).

Les **rapports de production** sont les rapports de propriété sur les ressources matérielles et humaines. Le capital peut être la propriété d'un seul ou de la collectivité. La main-d'œuvre peut également faire l'objet d'une relation de propriété (ex : esclavagisme) ou peut être libre (le salariat).

L'essentiel, pour Marx, est d'étudier les relations entre les forces productives et les rapports de production. Il soutient que, dans un premier temps, les rapports de production favorisent le développement des forces productives. Mais il arrive toujours un moment où ces rapports de production font obstacle au développement de l'économie. Le passage d'un **mode de production** à un autre s'impose alors. Dans l'histoire de l'occident, Marx identifie trois modes de production successifs :

- le mode de production antique, fondé sur l'esclavagisme ;
- le mode de production féodal, basé sur le servage :
- le **mode de production capitaliste** ou **capitalisme**, caractérisé par la propriété privée des moyens de production et la liberté de la main d'œuvre. Les salariés sont, en effet, juridiquement libres, ce qui n'était le cas ni des esclaves ni des serfs.

Dans le mode de production capitaliste, des personnes privées (les capitalistes) achètent du **capital constant** (machines et matières premières) et du **capital variable** (la force de travail de leurs salariés) afin de produire des marchandises, de les vendre et de réaliser un bénéfice. La **force de travail** est l'ensemble des capacités physiques et intellectuelles que les travailleurs mettent à la disposition de leur employeur. Ricardo ► Conformément à la théorie de la valeur travail, elle est seule à l'origine de la richesse créée dans l'entreprise. Or le salaire versé aux salariés ne représente qu'une fraction de cette richesse. Le reste, la **plus-value**, est cette partie de la richesse créée par les salariés et dont bénéficient les propriétaires des moyens de production. L'**exploitation** consiste pour la bourgeoisie, à s'accaparer une partie de la richesse créée par les salariés. Cela ouvre la possibilité d'un conflit entre la bourgeoisie et le prolétariat (la masse des ouvriers) pour le partage de la richesse créée. Pour accroître sa part dans la richesse, la bourgeoisie peut chercher à réaliser une **plus-value absolue**, grâce à l'augmentation de la journée de travail à salaires constants ou une **plus-value relative**, obtenue par une augmentation de la productivité du travail.

L'augmentation de la journée de travail étant bornée pour des raisons physiologiques et sociales, les chefs d'entreprises cherchent à augmenter la plus-value relative en approfondissant la division du travail. Marx reconnaît, après Smith, que la division du travail favorise la productivité mais ajoute qu'elle a deux conséquences négatives sur les salariés :

◄ **Smith (division du travail)**

- elle accroît leur exploitation ;
- elle favorise leur **aliénation** qui est la situation d'un travailleur ne pouvant pas réaliser ses potentialités dans le travail. En effet, Marx estime que le travail devrait être ce qui permet à un homme de se réaliser. Or, le travail parcellisé nie l'intelligence et la polyvalence du travailleur et le rend étranger à l'objet fabriqué et, finalement, à lui-même.

Ainsi, chaque industriel a intérêt à augmenter la productivité du travail afin de bénéficier d'une plus grande plus-value. Il y est même obligé par la concurrence entre les entreprises. Cela le conduit à substituer du capital constant au capital variable et donc, à toujours réduire le seul facteur créateur de richesse. Ce comportement rationnel au niveau individuel conduit, lorsqu'il est généralisé, aux crises économiques du système capitaliste. En effet, la réduction du capital variable favorise celle de la plus-value et provoque une **baisse tendancielle du taux de profit** (baisse de la plus-value associée à une augmentation du capital constant). Cela entraîne une **suraccumulation du capital** puisque le capital constant est alors trop élevé pour être rentabilisé. Concrètement, ces crises prennent la forme de crises de surproduction (les entreprises n'arrivent plus à vendre la totalité de leur production). Les entreprises les moins performantes font faillite, licencient leur personnel et le déséquilibre sur le marché du travail provoque une baisse des salaires. Il y a alors une **paupérisation absolue** de la classe ouvrière dont le niveau de vie diminue. La destruction d'une partie du capital constant (grâce aux faillites) et la baisse des salaires créent les conditions d'une reprise jusqu'à la prochaine crise. Marx estime que le mode de production capitaliste qui, dans un premier temps, a permis un développement sans précédent des forces productives a atteint ses limites dès le milieu du XIXe siècle. Il en veut pour preuve les crises industrielles récurrentes qui font passer à chaque fois une partie des ouvriers de la pauvreté à la misère. Ce mode de production capitaliste est donc, selon lui, traversé par deux contradictions qui le condamnent :

• la première est celle qui oppose la bourgeoisie au prolétariat ;

• la seconde est celle qui oppose les rapports de production aux forces productives.

Le mode de production capitaliste devrait alors logiquement céder sa place à un **mode de production communiste** caractérisé par la possession collective des moyens de production et ainsi par la suppression de l'exploitation. Marx estime que de nouveaux rapports de production vont permettre un développement des forces productives qui libérera les hommes du besoin. L'absence d'exploitation et donc de contradictions sociales devrait aboutir à un dépérissement de l'État (la répression deviendrait inutile) et à la fin de l'histoire (en l'absence de conflits sociaux, la société cesserait de se transformer). Entre le mode de production capitaliste et le mode de production communiste devrait s'intercaler une organisation sociale transitoire : le **socialisme**, marqué par la suppression de l'exploitation mais également par l'instauration d'un État prolétarien.

Lénine, Luxemburg ►

Les classes sociales sont, pour Marx, les acteurs de cette transformation. Une **classe sociale** est un groupe d'hommes qui :

• occupe la même place dans les rapports de production ;

• a conscience de ses intérêts communs, il développe donc une **conscience de classe** ;

• s'organise pour défendre ses intérêts.

Lorsque seul le premier critère est respecté, Marx parle de « **classe en soi** ». Lorsque les trois critères sont vérifiés, on a affaire à une « **classe pour soi** ». Cela suppose que se développe une conscience de classe chez les ouvriers. Les deux classes caractéristiques du mode de production capitaliste sont la **bourgeoisie**, composée des personnes qui possèdent les moyens de production et le **prolétariat**, composé des ouvriers qui vendent leur force de travail aux premiers. À ces deux classes essentielles Marx ajoute d'autres classes d'une moindre importance théorique et pratique : la paysannerie, qu'il cite en exemple de classe en soi et la petite bourgeoisie, regroupant les travailleurs indépendants (artisans, commerçants) qui possèdent des moyens de production et travaillent en même temps dans leur entreprise. Ces deux classes sont numériquement majoritaires dans la France du milieu du XIXe siècle mais devraient régresser à la suite de la concentration provoquée par la concurrence entre les entreprises. À terme, Marx prévoit donc une polarisation de la structure sociale entre un prolétariat, accueillant l'essentiel des indépendants ruinés et devenant majoritaire dans la société, et la bourgeoisie. Ce face-à-face devrait s'accompagner d'une intensification de la **lutte des classes**. Celle-ci a un enjeu économique, qui est la diminution de l'exploitation grâce aux augmentations de salaire et un enjeu politique, qui est la suppression de l'exploitation grâce à la révolution. Ce dernier conflit est animé par les partis politiques et porte sur le contrôle de l'appareil d'État, qui est un élément de la superstructure. À ce titre, il est un complément de l'organisation économique en étant un appareil de répression utilisé par une classe contre une autre. Dans le mode de production capitaliste tel que le connaissait Marx, les prolétaires étaient victimes d'une dictature de la bourgeoisie (interdiction de voter, de se syndiquer, répression des militants, etc.). Après la **révolution**, il préconise d'instaurer une **dictature du prolétariat** tant que la bourgeoisie n'aura pas disparu en tant que classe sociale.

Marx fait une analyse en terme de structure et donc de relation entre les éléments d'un système. Cela lui permet de faire une analyse dynamique de la société et de rendre compte des crises industrielles. Mais il a sous-estimé la capacité du capitalisme à se renouveler et n'a pas su voir la spécificité des phénomènes politiques, juridiques et culturels.

◄ Schumpeter

Bibliographie

- *Travail salarié et capital*, 1847.
- *Le Manifeste du parti communiste*, (en collaboration avec Engels), 1848.
- *La Lutte des classes en France*, 1850.
- *La Guerre civile en France*, 1871.
- *Le Capital, livre I* : 1867, *livre II* : 1885, *livre III* : 1894 (les livres II et III sont posthumes).

Marcel **Mauss**

Marcel Mauss (1872-1950), neveu d'Émile Durkheim, a été agrégé de philosophie en 1895. Sur les indications de son oncle, il s'oriente ensuite vers des études de sociologie religieuse. En 1901, il devient responsable de l'enseignement de l'histoire des religions et des peuples non civilisés à l'École pratique des hautes études. Il s'entoure alors de l'équipe de l'*Année sociologique*, revue fondée par Durkheim, qui paraît tous les ans de 1898 à 1912. Au lendemain de

Durkheim ►

la Première Guerre mondiale, et après la mort de Durkheim, il gère l'héritage de son maître spirituel et s'occupe de la publication de la nouvelle série de l'*Année sociologique* dans laquelle il publie de nombreuses notes et articles. Sans aller sur le terrain, Mauss n'en a pas moins le souci des faits et de la connaissance des travaux ethnologiques. En 1925, il fonde l'Institut d'ethnologie de Paris. Les années 1930 sont pour lui une sorte d'apogée, puisqu'il est nommé au Collège de France.

L'œuvre de Mauss est dominée par l'intérêt porté au phénomène religieux ainsi qu'aux phénomènes économiques.

Religion ►

En ce qui concerne la religion, il porte son attention sur l'analyse de la prière, du sacrifice et de la magie, dans un cadre de pensée qui demeure très durkheimien. S'opposant aux conceptions évolutionnistes du sacrifice, il en fait une « communication entre le monde sacré et le monde profane par l'intermédiaire d'une matière, c'est-à-dire de choses détruites pendant la cérémonie ». On voit immédiatement combien cette conception est proche de celle développée dans les *Formes élémentaires de la vie religieuse* où Durkheim définit la religion par la distinction entre l'univers sacré et l'univers profane. Quant à la magie, il l'oppose résolument à la religion. Si la religion est tournée vers la métaphysique et la création d'images idéales, la magie tend vers le concret. Fondée sur des actes mécaniques, elle vise avant tout la sphère de la vie laïque. Enfin, la prière est pour lui un phénomène social. Elle n'est pas l'« effusion d'une âme » mais le produit de l'effort accumulé des générations. Elle est sociale dans son contenu et dans sa forme. Là aussi, on reconnaît bien l'influence durkheimienne.

C'est dans le domaine des considérations économiques que Mauss se montre le plus original. Il s'intéresse tout particulièrement à l'étude du don et du contre-don, qui avaient déjà retenu l'attention

Malinowski ►

de Malinowski dans les *Argonautes du Pacifique occidental* (1922). Il analyse les phénomènes d'échange en Mélanésie, Polynésie, Colombie britannique, en prenant appui sur le **potlach**, forme d'échange des tribus amérindiennes de la région de Vancouver, qui est en fait une cérémonie dans laquelle les clans rivalisent de générosité en détruisant des objets de valeur ou en faisant des dons que l'adversaire doit accepter, tout en étant tenu de rendre ces dons (**contre-dons**) d'une manière plus généreuse, ceci évidemment dans un but de prestige. L'exemple du potlach, ainsi que celui du système **Kula**, l'amène à poser la question suivante : pourquoi est-on tenu d'accepter et de rendre des cadeaux ? Quelle force y a-t-il dans la chose donnée qui fait que le bénéficiaire soit tenu de la rendre ? Pour les Polynésiens, la réponse à cette question est que les objets échangés ont un contenu spirituel, sont dépositaires d'une force magique qu'ils appellent le **hau**. Cette force imprègne les biens et oblige à un contre-don, car, si on oubliait celui-ci, elle se vengerait sur le détenteur du bien. En effet, le hau est marqué par le **mana**, l'esprit des hommes puissants qui ont détenu le bien précédemment.

Au-delà de cette explication indigène, Mauss établit que le potlach est un **fait social total**, c'est-à-dire un fait qui unit étroitement les composantes économique, juridique, religieuse et symbolique d'une société donnée. Le potlach est religieux parce que les chefs incarnent les ancêtres et les dieux. Il est économique par l'importance et les effets des transactions qui se déroulent à cette occasion.

Il est également social, car il réunit les tribus et les familles.

Il est enfin esthétique par sa composante festive. Comme le dit si bien Mauss, il met en branle la totalité de la société et de ses institutions, et c'est là que réside son sens profond.

Bibliographie

- *L'Essai sur le don*, 1925.
- *De quelques formes primitives de classifications*, avec Durkheim, 1903.
- *Esquisse d'une théorie générale de la magie*, 1904.

Georges Herbert **Mead**

Georges Herbert Mead (1863-1961), après avoir fait ses études à Harvard et effectué de nombreux séjours en Europe, a occupé une chaire de philosophie à l'université de Chicago, de 1893 à sa mort.

Ami du sociologue G.H. Cooley et du philosophe J. Dewey, il est considéré, par son analyse de la communication et des rôles, comme le fondateur de la psychologie sociale moderne. Sa pensée mérite d'être rapprochée de la phénoménologie d'A. Schütz qui part de l'intersubjectivité du monde des interactions quotidiennes, des principes fondateurs de l'École de Chicago et même de l'interactionnisme simmelien. Il a également ouvert la voie à l'interactionnisme symbolique et à l'ethnométhodologie.

Schütz ►
École de Chicago ►
Ethno-méthodologie ►

Mead se présente lui-même comme un béhavioriste social. Le **béhaviorisme**, généralement identifié à l'œuvre de J.B. Watson, est une tentative pour expliquer l'expérience de l'individu à partir de sa conduite, négligeant ainsi tout recours à l'introspection. Si Mead rejette également l'introspection, il préfère l'analyse des conduites sociales à celle des comportements, et ces conduites sont pénétrées de symboles signifiants qui sont la base de la communication, d'où l'expression de **béhaviorisme social**.

Pour Mead, la conscience n'est pas une substance mais une fonction qui naît dans le processus social. La socialisation résulte de l'interaction avec l'**autrui significatif** qui est pour l'enfant le père ou la mère dont il va reproduire le comportement. À partir de cette socialisation élémentaire, l'être humain invente ensuite les rôles de son choix et les interprète comme il l'entend. Il comprend également que les règles sont imposées et qu'il doit s'adapter au comportement d'autrui à l'intérieur de ce système de règles. C'est ainsi que naît dans la conscience la figure de l'**autrui généralisé**, représentation de la société qui se fonde sur la capacité à assumer des rôles différents et à les échanger.

La socialisation chez Mead est définie comme une construction du **Soi** (*Self*) à travers une prise successive de rôles. Le Soi est une construction réflexive, indiquant que l'individu peut être à la fois sujet et objet pour lui-même. Il résulte d'une tension entre le **Moi**, qui représente l'aspect social de la personnalité (les habitudes proviennent de la communauté, en d'autres termes, « l'autrui généralisé » dont on vient de parler), et le **Je** qui est l'aspect individualiste de la personnalité, ce qui fait que chacun est unique et peut s'écarter dans certaines limites des conventions admises.

Le vocabulaire de Mead n'est pas aisé pour une modernité qui comprend mal son caractère spiritualiste. En outre, et c'est la difficulté majeure de cette œuvre, peut-on réellement fonder l'intégralité du monde social sur l'acte de communication ?

Comme le fait observer G. Gurvitch (préface à *L'Esprit, le soi et la société*, PUF, 1963), rien ne garantit que les « Soi » et les « Autrui » attachent la même signification aux symboles, si ce n'est l'existence d'un « Nous », en d'autres termes d'une réalité sociale qui dépasse les individus.

◄ Gurvitch

Gurvitch peut ainsi affirmer que le rationalisme de Mead néglige l'étude des cadres sociaux de la pensée, qui ne peuvent se réduire à l'analyse de leurs composantes. Fidèle à la tradition durkheimienne, Gurvitch énonce que la réalité sociale est une réalité *sui generis* et donc que la pensée de Mead n'échappe pas au reproche d'individualisme.

Bibliographie

- *Mind, self and society*, en français, *L'Esprit, le soi et la société*, 1934.
- *Movements of thoughts in the nineteenth century*,1936.
- *Philosophy of the act*,1938.

Margaret **Mead**

Margaret Mead (1901-1978) appartient à l'école culturaliste. À l'université de Columbia, elle suit le cours d'anthropologie de Franz Boas et devient l'amie de son assistante, Ruth Benedict. À la demande de Boas, elle part pour les îles Samoa orientales en 1925. Elle effectue ensuite plusieurs séjours en Nouvelle-Guinée avec le projet précis d'étudier comment la culture façonne les rôles distincts des hommes et des femmes. Plus tard, après la Seconde Guerre mondiale, elle prendra part à tous les combats politiques de son temps, à savoir l'affirmation du militantisme féministe, la lutte contre le racisme, la libération des drogues douces, à tel point qu'elle deviendra l'une des idoles des jeunes générations.

◄ Benedict
Kardiner
Linton
(culturalisme)

La question que doit résoudre M. Mead à la demande de Boas est très précise : les adolescents des îles Samoa connaissent-ils cette fameuse crise de l'adolescence qui préoccupe tous les Américains, déjà à cette époque ? Après un séjour de neuf mois sur place, elle publie en 1928 *Coming of age in Samoa*, livre dans lequel elle soutient la thèse que la crise d'adolescence n'existe pas dans ces îles en raison de méthodes d'éducation progressives et souples, d'une attitude libérale à l'égard de la sexualité et d'une absence de responsabilités économiques et sociales. Cette idée de l'existence d'un rapport entre le type de la personnalité et l'éducation véhiculée par la culture d'appartenance est confortée par les observations menées en Nouvelle-Guinée où elle a comparé plusieurs sociétés. Les Arapesh, choyés et bien nourris, sont plutôt doux et paisibles, alors que les Mundugumor, traités sans tendresse avec des frustrations orales, sont brutaux et belliqueux. Quant aux Tchambali, ils affectent à chaque sexe des rôles inverses de ceux que l'on rencontre généralement en Occident : les hommes sont émotifs et doux tandis que les femmes sont actives et dominatrices.

Les travaux de M. Mead ont suscité quelques critiques, dont l'anthropologue australien Dereck Freeman est assez représentatif quand il affirme que l'auteur d'*Adolescence à Samoa* présente une vision idyllique de l'adolescence. D'après Freeman, la liberté sexuelle des adolescents dont parle Mead est une fiction, et le taux de délinquance des adolescents est assez élevé. M. Mead aurait été aveuglée par sa volonté de démontrer une thèse culturaliste.

Si la position de Freeman est certainement excessive, on retiendra de tout cela que M. Mead, comme d'ailleurs bien d'autres anthropologues, a une vision trop « mythifiée » des Samoans, prisonnière en cela du cadre de référence de la pensée occidentale qui conduit à ignorer les préoccupations réelles des populations étudiées.

Bibliographie

- *Coming of age in Samoa*, 1928.
- *Sex and temperament in three primitive societies*, 1935.
- *Male and female*, 1949.

Henri Mendras

Friedmann
Gurvitch ►

Né en 1927, H. Mendras a été formé au contact de G. Gurvitch et de G. Friedmann. Il s'est imposé dans les années 1960 comme le spécialiste des paysanneries et des sociétés rurales. Plus récemment, il a élargi son analyse à l'étude des tendances de la transformation de la société française dans le cadre d'un programme de recherche de l'Observatoire français de conjoncture économique (OFCE) qui porte le nom de Louis Dirn (anagramme du jour de réunion du groupe de travail, le lundi soir). Depuis 1990, il anime le comité scientifique de l'Observatoire du changement social, créé au sein du Futuroscope de Poitiers à l'initiative de R. Monory, qui a pour mission de confronter les diagnostics sur les problèmes de société dans les pays d'Europe occidentale.

Dans ses premiers travaux donc, Mendras étudie les sociétés paysannes en cherchant à comprendre l'agencement de leurs différentes dimensions saisies dans la globalité, c'est-à-dire en montrant les correspondances entre les dimensions religieuse, sociale, culturelle, politique, etc. Il élabore notamment le **type idéal de la société paysanne** caractérisé par les cinq traits suivants :

• l'autonomie relative des collectivités paysannes à l'égard d'une société englobante,

• l'importance du groupe domestique dans l'organisation de la vie économique et sociale,

• un système économique présentant une forte tendance à l'autarcie, où l'autoconsommation joue un rôle important,

• une **société d'interconnaissance**, c'est-à-dire une société dont les différents membres se connaissent et entretiennent entre eux des rapports étroits,

• la fonction importante des notables qui jouent le rôle de médiation entre la collectivité paysanne et la société englobante.

Au cours de ses études sur le monde rural, H. Mendras a aussi mis l'accent sur les mécanismes du changement social. Les sociétés paysannes, dont l'essence est d'être traditionnelles, ne sont pas pour autant immuables. L'histoire est faite de changements et de modernisations, et, lorsque l'innovation n'est pas acceptée, c'est que les acteurs ont de solides raisons de se comporter ainsi. On en déduit que le concept de **résistance au changement**, qui évoque une communauté frileuse et fermée sur elle-même, par opposition à la dynamique incessante qui meut les sociétés modernes, est un concept préscientifique. En tout cas, une fois introduite, l'innovation a sa logique propre qui transforme peu à peu l'ensemble du système. C'est ce que montre très bien l'étude célèbre réalisée par Mendras sur l'introduction du maïs hybride en Béarn. Dans cette région de France, le maïs hybride (l'américain, par opposition au Grand Roux basque, variété traditionnelle) a été amené par les services agricoles dans les années cinquante parce qu'il présentait des avantages évidents, notamment en termes de rendement. Or, dans la région de Nay, beaucoup d'agriculteurs persistent à ne pas l'utiliser. S'ils se comportent de la sorte, ce n'est pas parce qu'ils sont irrationnels et conservateurs, mais tout simplement parce qu'ils ont compris la menace que faisait peser cette nouvelle variété de semence sur leur organisation sociale.

En effet, pour cultiver l'américain, il faut développer la monoculture, acheter des semences, compter sur les ventes pour rentabiliser l'investissement initial, bref, entrer dans le circuit d'une économie capitaliste. Cela remet en cause l'équilibre fragile de la société villageoise dans laquelle le maïs traditionnel n'est guère vendu mais sert à nourrir les volailles pour les engraisser dans le cadre d'une autoconsommation, et s'accompagne surtout d'un système de polyculture, source d'indépendance. D'une manière plus générale, en s'appuyant sur ce cas, comme sur bien d'autres, Mendras montre que l'innovation prend souvent la forme d'un **paradigme épidémiologique** : elle se diffuse dans une population comme peut le faire une épidémie, affectant la forme d'une courbe logistique en S. Cette courbe en S permet de distinguer les pionniers (qui adoptent en premier l'innovation), bientôt suivis par les innovateurs puis par les majorités précoce et tardive et enfin par les retardataires.

Plus récemment, un autre apport important de H. Mendras à la théorie sociologique consiste à s'interroger sur la pertinence du concept de classe sociale à travers l'analyse des évolutions récentes de la société française et d'autres sociétés européennes. Dans cette perspective, remettant en cause la représentation traditionnelle de la société comme une pyramide, Mendras propose plutôt une vision cosmographique où les ensembles sociaux se distribuent selon l'image d'une constellation. La hiérarchisation ne se répartit pas selon une échelle unique mais selon un espace à deux dimensions qui prend la forme d'une « **toupie** ». Au sein de cette toupie, on trouve deux constellations principales :

Classe sociale ►

- la **constellation populaire** qui est formée des ouvriers et des employés proches par leurs revenus, leur éducation ou encore leurs conditions de vie (environ la moitié de la population totale) ;
- la **constellation centrale** regroupant les cadres supérieurs et les professions intermédiaires (environ un quart de cette même population).

À cela s'ajoute une constellation très dispersée dans l'échelle des revenus et des diplômes, formée des indépendants (chefs d'entreprise, artisans, commerçants, professions libérales et agriculteurs exploitants). Les deux pointes de la toupie sont constituées, d'une part de l'élite, et d'autre part des pauvres.

Ce modèle a plusieurs conséquences. Si la classe moyenne s'estompe (puisqu'il n'y a plus de groupe intermédiaire entre ouvriers et bourgeois), on assiste pourtant à une « **moyennisation** » de la société qui a pour indicateurs principaux l'élargissement du salariat et l'homogénéisation des modes de vie. Par ailleurs, il n'y a plus de classes à proprement parler, si on entend par là l'existence de groupes stables dotés d'une capacité d'action autonome. À la place, il y a des groupes fluctuants dont la profession demeure la caractéristique principale. Toutefois, l'existence d'écarts de plus en plus importants entre profession d'une part, revenu et niveau d'instruction d'autre part, semble montrer que la catégorie socioprofessionnelle est un indicateur qui perd son pouvoir discriminant. À la place s'affirme de plus en plus la variable âge qui devient un révélateur de l'évolution de la structure sociale.

Pour Mendras, les trente dernières années ont ainsi vu se structurer, à côté du monde des actifs, deux catégories particulières :

- les jeunes (18/25 ans) par l'institutionnalisation d'une période de transition entre la sortie de l'école et l'établissement dans la vie (symbolisé par le mariage et l'emploi stable) ;
- le troisième âge, grâce à l'effet combiné de l'allongement de l'existence et de l'avancement de l'âge de la retraite.

Bibliographie

- *La Fin des paysans*, Actes Sud, Babel, 1967.
- *Les Sociétés paysannes*, A. Colin, 1976.
- *La Sagesse et le désordre, France 1980*, Gallimard, 1980.
- *Le Changement social*, en collaboration avec M. Forsé, A. Colin, 1983.
- *La Seconde Révolution française 1965-1984*, Gallimard, 1988.
- *L'Europe des Européens*, Gallimard, 1997.

Carl Menger

Jevons, Walras ►
Böhm-Bawerk ►

Carl Menger (1840-1921) est un des pères fondateurs du **courant marginaliste,** avec S. Jevons et L. Walras. Il est titulaire de la chaire d'économie politique à l'université de Vienne de 1873 à 1903. Ses principaux disciples seront E. von Böhm-Bawerk et F. von Wieser.

Menger est aussi un homme politique, puisqu'il sera sénateur. Théoricien fécond, il est le fondateur de l'**école autrichienne**.

■ Une théorie subjective de la valeur

Smith, Ricardo ►
Mises ►

Carl Menger réfute la conception de la valeur-travail défendue par les économistes classiques. La valeur n'est pas une qualité intrinsèque, objective des choses. Elle découle de l'appréciation subjective que porte l'individu sur le degré de satisfaction que lui procure la dernière unité du bien consommé (loi de la **décroissance de l'utilité marginale**). Menger suppose que l'on peut classer l'utilité de chaque bien en leur donnant une note (**conception cardinale de l'utilité**), la satisfaction procurée par un bien supplémentaire étant inférieure à la précédente. À partir du « Tableau des satisfactions », Menger montre qu'un individu peut exercer son choix entre plusieurs biens en comparant la satisfaction procurée par la dernière unité de chacun d'entre eux.

Pour Menger, l'individu est un *homo œconomicus* : il cherche à maximiser son utilité compte tenu des ressources rares existantes. Pour comprendre le monde, il faut prendre comme point de départ les comportements individuels et les décisions microéconomiques. Menger refuse le recours à la formalisation mathématique, son approche repose sur l'étude psychologique du comportement des individus.

■ La théorie de l'imputation

Menger opère une classification des différents biens qui restera une caractéristique de l'école autrichienne. Il définit tout d'abord les biens comme « les objets reconnus aptes à satisfaire les besoins humains et disponibles à cette fin ». Menger distingue d'une part les biens capitaux comme des **biens d'ordre supérieur** : ce sont ceux qui ne sont pas directement consommables (ils regroupent le facteur capital ainsi que les consommations intermédiaires). Les **biens de**

premier rang représentent d'autre part les biens qui satisfont directement un besoin, c'est-à-dire les biens de consommation finale.

La valeur des biens d'ordre supérieur ne peut pas directement être appréhendée, puisqu'ils ne servent pas à satisfaire immédiatement des besoins. Ils n'ont qu'une valeur dérivée dans la mesure où ils permettent de produire des biens de premier rang. La valeur d'un bien d'ordre supérieur sera d'autant plus élevée qu'il aura permis la production de biens de consommation appréciés par les consommateurs. « La valeur probable des produits dans le futur [...] constitue le principe mesurant la valeur des biens d'ordre supérieur. »

La **théorie de l'imputation** montre donc que la valeur des biens de production dépend de la valeur des biens de consommation finale. Cette théorie, qui relie l'amont à l'aval, introduit le temps dans l'analyse économique. Une approche qui sera féconde pour les disciples de Menger.

◄ Böhm-Bawerk, Hayek

Bibliographie

- *Les Fondements de l'économie politique*, 1871.
- *Recherche sur la méthode des sciences sociales et de l'économie politique en particulier*, 1883.
- *Les Erreurs de l'historicisme dans l'économie allemande*, 1884.

Robert King **Merton**

Robert King Merton, né en 1910, a fait ses études à Temple University puis à Harvard où il a suivi les cours de Parsons. Il est nommé à l'université de Columbia (New York) à partir de 1941 et y devient professeur en 1947.

Comme Parsons, Merton se méfie de l'empirisme aveugle. Il s'est imposé dans la sociologie américaine et mondiale comme critique d'un savoir incapable de dépasser le niveau descriptif des faits sociaux. La théorie est pour lui nécessaire, à condition toutefois qu'elle soit confrontée avec les données empiriques. Par ailleurs, Merton est également considéré comme un des fondateurs du fonctionnalisme en sociologie, fonctionnalisme qu'il prend bien soin de distinguer de celui de B. Malinowski.

◄ Parsons Popper (réfutabilité)

◄ Malinowski

La critique que Merton adresse au fonctionnalisme porte sur ce qu'il appelle les trois postulats de l'analyse fonctionnelle :

• le **postulat de l'unité fonctionnelle** suppose que la société forme un ensemble homogène, cohérent et intégré. Si cette hypothèse est peut-être envisageable dans les sociétés dites primitives, elle ne cadre pas avec les sociétés modernes qui présentent une grande différenciation sociale ; les individus n'y partagent pas tous les mêmes valeurs, et cette différenciation est précisément une des sources du changement social ;

• le **postulat de l'universalité** affirme que tous les usages sociaux présentent une fonction. S'il y a des usages qui se maintiennent sans qu'on leur reconnaisse apparemment une utilité, c'est qu'ils remplissent en réalité une autre fonction que l'on nomme **fonction latente** (une activité sociale remplit une fonction latente si celle-ci est différente de l'objectif recherché ; ainsi, si la consommation de produits de luxe permet de satisfaire des besoins, elle peut aussi constituer un élément d'ostentation). L'existence de fonctions latentes est parfaitement reconnue par Merton ; néanmoins, celui-ci pense qu'il existe aussi des **survivances** qui sont des usages sociaux qui se maintiennent sans fonction apparente ou cachée et qui peuvent même devenir dysfonctionnels. Par exemple, l'organisation bureaucratique, qui est rationnelle et accompagne le développement du capitalisme, peut aussi devenir la source de rigidités, d'inadaptation, de conformisme, à un point tel que l'on peut parler de **dysfonction** de ce mode d'organisation ;

Weber (bureaucratie) ►

• le **postulat de la nécessité fonctionnelle** des activités sociales signifie que celles-ci sont indispensables au fonctionnement de la société. Merton relativise également ce postulat en mettant en relief la notion d'**équivalent fonctionnel** : une même fonction peut être remplie par plusieurs organismes. L'école forme, mais elle socialise aussi, et cette fonction de socialisation peut s'exercer en concurrence, en complémentarité, voire même en substitution de l'organisation familiale.

Durkheim (anomie) ►

Merton est également reconnu pour avoir revisité la notion d'**anomie** dans une perspective microsociologique que l'on oppose à la perspective macrosociologique de Durkheim. Si Durkheim pense en effet que l'anomie résulte de l'absence de normes collectives claires, Merton énonce que celle-ci dérive de la discordance entre les objectifs que se fixent les individus, reflétant des valeurs plus ou moins intériorisées, et les moyens que ces mêmes individus mettent en œuvre pour parvenir à leurs fins.

Quatre modes d'adaptation fondamentaux sont ainsi dégagés :

• le **conformiste** est l'individu qui s'en tient aux objectifs et moyens prônés dans une société donnée ;

• L'**innovateur** atteint des objectifs valorisés avec des moyens illégitimes (le criminel) ;

• le **ritualiste** utilise des moyens légitimes, mais oublie la question du but de l'activité (le fonctionnaire qui travaille par routine) ;

• le comportement de **retrait** est celui de l'acteur qui s'écarte des buts et moyens valorisés (le marginal).

D'une manière générale, Merton pense que l'anomie provient d'une contradiction entre les valeurs de référence et l'impossibilité de les satisfaire par des moyens légitimes. Il en est ainsi lorsque la structure sociale invite les plus modestes à se promouvoir, tout en ne leur donnant pas les ressources suffisantes pour y parvenir. Si les moyens licites ne sont pas accessibles, ces groupes sociaux sont tentés par des stratégies de rébellion ou de contestation.

On retiendra encore de Merton la clarification apportée à la notion de théorie en sociologie. Dans les sciences sociales, encore plus que dans les sciences exactes, cette notion recouvre des sens multiples. En effet, aux deux extrêmes, il peut s'agir de théories limitées et spontanées qui jaillissent chaque jour du travail quotidien de la recherche, ou, au contraire, de larges spéculations qui partent d'un schéma conceptuel dont on espère tirer un grand nombre de régularités. Merton pense que la volonté de rechercher une seule théorie sociologique, qui serait immédiatement applicable à un grand nombre de conduites, est une vision préscientifique ou, en tout cas, qui n'est pas permise dans l'état actuel de la sociologie. Par exemple, la recherche systématique, indépendamment de l'analyse de la diversité spatiale ou temporelle, de la cause du changement social (la démographie, la technique...), est vaine. La sociologie doit abandonner ces généralités pour s'orienter vers la production de **théories à moyenne portée** qui sont certainement des ensembles de propositions formant un système, mais qui sont surtout des conjectures applicables à un nombre limité de données, et que l'on peut confronter à ces données d'observation afin de tester leur validité.

Bibliographie

- *Social theory and social structure*, 1949.
- *Éléments de théorie et de méthode sociologique* (traduction en français),1953.

Robert Michels

Robert Michels (1876-1936) fut d'abord un jeune intellectuel syndicaliste, militant du Parti social démocrate allemand jusqu'en 1907, qui a ensuite émigré en Italie après la Première Guerre mondiale pour devenir professeur à l'université de Pérouse à partir de 1928. Il est l'auteur de la célèbre « loi d'airain de l'oligarchie ».

La **loi d'airain de l'oligarchie** énonce le principe que l'oligarchie (gouvernement de quelques-uns) est la forme préétablie de la vie en commun des grands agrégats sociaux. Même lorsque les foules mécontentes dépouillent les dirigeants de leur pouvoir, il ne s'agit là que d'une apparence. Très vite, et nécessairement, une nouvelle minorité organisée s'élève au rang de classe dirigeante. La majorité des hommes est ainsi condamnée à subir la domination d'une petite minorité issue de ses flancs. Cette loi s'applique aussi bien à la vie politique qu'au fonctionnement quotidien des organisations bureaucratiques.

Dans le registre politique, l'idée que Michels partage avec Pareto et Mosca est que la démocratie entendue au sens le plus strict est irréalisable. La révolution socialiste n'échappe pas, selon Michels, à ce déterminisme, et l'avènement du communisme (disparition des classes sociales) n'est qu'une douce utopie. La victoire des socialistes n'est pas celle du socialisme, puisqu'elle aboutit, comme l'exprime si bien le proverbe italien, à changer de maître de chapelle, la musique demeurant fondamentalement identique. Cela dit, pour Michels, la démocratie n'en représente pas moins un moindre mal. Certes, elle se dégrade elle aussi en oligarchie, mais au moins est-elle soumise à un renouvellement incessant. La vieille classe dominante cède toujours la place à des opposants nouveaux, qui, à leur tour, seront victimes du même mécanisme d'érosion. À tout prendre, ce renouvellement des élites est préférable à l'« oligarchie stagnante ».

Mosca
Pareto (élite) ►

Weber
(bureaucratie) ►

Le fonctionnement des bureaucraties n'échappe pas non plus à la loi d'airain de l'oligarchie. Alors que M. Weber croit à la supériorité de l'organisation bureaucratique (par rapport au système féodal) caractérisée par l'impersonnalité des fonctions, des règles et des procédures, ainsi que par la spécialisation des agents et l'ordre hiérarchique, Michels applique sa loi à ce type d'organisation économique et sociale. Comme dans toute entreprise humaine, la division du travail aboutit à l'affirmation d'intérêts spéciaux qui entrent tôt ou tard en contradiction avec l'intérêt général. Les couches dirigeantes ne font pas exception à la règle. Elles tendent à s'isoler, à défendre leurs intérêts particuliers et à perdre de vue ce pourquoi elles ont été créées. La bureaucratie, au départ au service de la collectivité, finit par être au service d'elle-même et de la prolifération non maîtrisée de l'appareil bureaucratique. Michels ouvre ainsi la voie à la théorie des dysfonctions de la bureaucratie, qui repose sur la mise en évidence des conséquences inattendues des actions dirigées vers un but.

◄ Merton (dysfonction)

Bibliographie

■ *Les Partis politiques*, Paris, 193? (réédité par Flammarion en 1971)

John Stuart **Mill**

Économiste classique anglais, John Stuart Mill (1806-1873) est le fils de James Mill qui était un économiste, disciple de Bentham et de Ricardo. John Stuart Mill est libéral, mais il accepte une certaine intervention de l'État lorsqu'elle permet le progrès social. Ainsi, il considère que l'État doit favoriser l'instruction, aider les pauvres et contribuer à l'émancipation des femmes.

John Stuart Mill est un des représentants de l'**école classique** et il adhère à ses principes généraux. Dans son livre *L'Utilitarisme*, il veut vulgariser la philosophie de Bentham, et il montre l'intérêt de l'utilitarisme qu'il définit comme le fondement du bonheur ; ce qui définit une action bonne et juste est qu'elle maximise le bonheur. Mais Mill ne se contente pas d'expliquer la théorie de Bentham, parfois il la dépasse ; ainsi, il soutient que les hommes sont altruistes (les classiques considèrent habituellement que les hommes sont égoïstes et que c'est l'agrégation de leurs actions égoïstes qui conduit à l'intérêt général). Mill est libéral, mais il accepte l'**intervention de l'État** dans le domaine social et préconise un certain réformisme social. Ainsi, il prône l'émancipation des femmes, la réglementation de la durée de travail, l'aide aux pauvres et surtout

◄ Smith, Ricardo, Malthus
◄ Bentham (utilitarisme)

l'instruction publique gratuite et de qualité pour tous. Seule cette instruction peut permettre une «association des ouvriers et des entrepreneurs» pour le bien de tous. Il est conscient de l'ampleur des inégalités sociales et refuse d'assimiler le progrès économique au progrès social ; il est pour une société fondée sur des rapports égalitaires entre les individus, ouvriers et patrons, mais aussi hommes et femmes ; il condamne donc toutes les formes de subordination et de dépendance.

Smith, Ricardo, Say (théorie de la valeur) ►

James Stuart Mill a contribué à la **théorie de la valeur** ; il tente d'établir un compromis entre Ricardo qui soutient que la valeur des marchandises provient de la quantité de travail nécessaire pour les produire et Say qui considère que la source de la valeur est l'**utilité**. Mill pense qu'il faut distinguer les biens reproductibles des biens non reproductibles ; pour les biens non reproductibles, la valeur se situe plutôt du côté de la demande et donc de l'utilité, alors que pour les biens reproductibles, elle se situe plutôt du côté de l'offre et donc du travail.

Ricardo (état stationnaire) ►

Mill pense comme Ricardo que l'économie s'achemine vers un **état stationnaire**, mais à la différence de Ricardo, il ne le redoute pas ; il pense au contraire qu'à ce moment la société ne sera plus obsédée par la poursuite des intérêts personnels et qu'elle pourra se consacrer à des plaisirs intellectuels et culturels.

Bodin, Cantillon, Fisher ►

John Stuart Mill a formulé l'équation de la **théorie quantitative de la monnaie**, qui sera reprise plus tard par Fisher, selon laquelle la quantité de monnaie multipliée par sa vitesse de circulation est égale au niveau général des prix multiplié par le nombre de transactions. Il prolonge aussi la théorie des **avantages comparatifs** de Ricardo en précisant le prix d'échange des biens dans les échanges internationaux. À l'intérieur de la fourchette des rapports de coûts comparatifs (rapport de coûts de chaque pays), le prix des produits dépend de l'importance de la demande adressée pour chaque produit.

Ricardo (avantages comparatifs) ►

Bibliographie

- *Principes d'économie politique*, 1848.
- *La Liberté*, 1859.
- *L'Utilitarisme*, 1861.
- *De l'assujettissement des femmes*, 1869.

Charles Wright Mills

Charles Wright Mills (1916-1962) a été très tôt professeur de sociologie dans une université américaine. Nous disposons d'assez peu d'informations sur sa carrière, notamment du fait de sa courte vie. Influencé par la *Théorie de la classe de loisir* de Veblen, il devient vite la figure majeure de la sociologie critique américaine, estimant que toute sociologie est politique et doit servir à combattre les préjugés pour changer la société. Influencé également dans un premier temps par le fonctionnalisme de Malinowski, il s'en détache assez vite, pensant que celui-ci ne permet pas réellement de comprendre le changement social. Il se tourne alors vers les œuvres de Marx et de Weber, notamment de ce dernier à qui il emprunte la notion d'idéal-type.

◄ **Veblen**

◄ **Fonctionnalisme**

◄ **Weber (idéal-type)**

Dans *Les Cols blancs*, Mills décrit **l'idéal-type de la secrétaire**, « jeune fille au col blanc » née dans une famille de classe moyenne – inférieure de province, qui a fait des études secondaires et qui, après avoir trouvé un premier travail dans sa ville natale, finit par rejoindre la grande ville où les liens familiaux deviennent pour elle une chose secondaire, car ils représentent un frein pour son ascension sociale ; il décrit également la rationalisation et la standardisation du travail de bureau, dans lesquelles la hiérarchie repose sur un classement fonctionnel qui nivelle le personnel et finit par gommer l'appréciation des capacités individuelles. Dans ce système, qu'il compare à un classeur géant, les petites hiérarchies sont englobées dans les grandes et rattachées entre elles par quantité de liens. Pour Mills, le monde des **cols blancs**, incarnés par les individus et les groupes qui, du début du XXe siècle à 1950, sont progressivement passés dans la bureaucratie, assurant ainsi leur promotion au sein de la *middle-class* américaine, est symbolique de l'univers de gestion et de manipulation sur lequel l'homme dépersonnalisé n'a plus de prise. Il prophétise que cette bureaucratie, après s'être développée aux États-Unis, va constituer une menace réelle pour l'Europe.

Dans *L'Élite du pouvoir*, Mills reprend le schéma de Mosca selon lequel une minorité de personnes, à savoir la classe dirigeante qui est l'élite bourgeoise originaire de la classe moyenne, détient le pouvoir dans la société, précisément grâce au soutien de cette classe moyenne qui lui assure l'adhésion de l'opinion publique. La contri-

◄ **Élite**

bution fondamentale de Mills dans cet ouvrage est de montrer que l'élite est un phénomène diversifié qui ne doit pas être confondu avec la classe sociale. Il y a des **élites de classe**, mais pas une **classe d'élite**. La classe dirigeante est ainsi un ensemble d'élites de classe qui s'unissent pour former le pouvoir dominant dans la société (ex : le complexe militaro-industriel aux États-Unis). Si l'œuvre de Mills a indiscutablement contribué au développement de la sociologie du pouvoir et aux recherches qui furent ensuite menées sur les élites, on peut cependant lui reprocher de confondre élites et pouvoir et d'oublier le rôle des élites d'influence (les « lobbies »).

Enfin, dans son dernier travail, *L'Imagination sociologique*, Mills règle ses comptes avec l'empirisme qui caractérise alors la sociologie américaine. Contre celui-ci, il énonce la nécessité de maintenir le souci de la réflexion, de la théorisation qui met à distance les faits.

Bibliographie

- *Les Cols blancs*, 1951.
- *L'Élite du pouvoir*, 1956.
- *L'Imagination sociologique*,1961.

Ludwig von Mises

Ludwig von Mises (1881-1973) est un économiste libéral autrichien. Professeur à l'université de Vienne entre 1913 et 1938, il fuit le nazisme et émigre aux États-Unis pour rejoindre l'université de New York. Sa notoriété doit beaucoup à ses contributions à la théorie des cycles et la méthodologie en économie.

Pour Mises, l'économie est une **praxéologie**, c'est-à-dire une science générale de l'action humaine. On ne peut comprendre les phénomènes économiques que si l'on se place du point de vue de « l'agir humain ». Sa démarche répond aux principes de l'**individualisme méthodologique**. L. von Mises considère que l'on peut comprendre le comportement des individus à partir de leurs motivations et en déduire des propositions générales qui n'ont pas besoin d'être vérifiées empiriquement : « l'étalon ultime pour apprécier si

Menger ►

un théorème est correct ou non est la seule raison, sans l'aide de l'expérience ».

Pour Mises, le marché est le seul moyen de coordonner l'ensemble des actions humaines tout en respectant les libertés individuelles. Ce qui le conduit à condamner la planification socialiste, laquelle, en supprimant les prix de marché, ne permet plus de révéler les préférences des agents et les raretés relatives des ressources. L'allocation optimale des ressources devient impossible. Par ailleurs, les inégalités de revenus sont consubstantielles à l'économie de marché ; vouloir les supprimer reviendrait à détruire l'économie de marché.

◄ Hayek

L. von Mises propose une **théorie monétaire des cycles** économiques. C'est la politique de crédit conduite par l'État qui est responsable des fluctuations de l'activité : « les manipulations des politiques du crédit entraînent de profondes et complexes dislocations dans le système des prix et les courants d'investissement ». Mises emprunte aux concepts et analyses développés par l'**école autrichienne** et s'impose comme un penseur monétariste des cycles.

Bibliographie

- *La Théorie de la monnaie et du crédit*, 1922.
- *Le Calcul économique dans la communauté socialiste*, 1920.
- *L'Action humaine*, 1949.

Franco **Modigliani**

Franco Modigliani est né à Rome, en 1918. Après des études juridiques et économiques, il obtient en 1931 un doctorat en droit. Il s'oppose au fascisme et quitte l'Italie pour les États-Unis en août 1939 (il sera naturalisé américain en 1946). En 1942, il débute une carrière universitaire. Il obtient un doctorat en économie en 1944 et enseigne dans différentes universités américaines jusqu'à sa retraite, en 1988.

Modigliani est l'un des promoteurs du courant de la synthèse. En 1985, il reçoit le prix Nobel d'économie pour la qualité de ses travaux consacrés à l'étude de l'épargne et des marchés financiers.

◄ Samuelson

Avec Richard Brumberg, Modigliani élabore une analyse des déterminants de l'épargne fondée sur un modèle de **cycle de vie de l'individu**. Le cycle de vie est une succession de phases marquant la vie d'une personne, caractérisées par des événements familiaux intervenant à différents âges (mariage, naissance et éducation des enfants, départ des enfants, retraite...). Au début de leur vie active, les individus sont emprunteurs, notamment s'ils souhaitent accéder à la propriété ; puis la croissance de leur revenu et de leur **épargne** leur permet de rembourser leurs dettes ; par la suite, la progression des revenus ralentit, mais les charges diminuent (ou augmentent moins) du fait des départs des enfants et du remboursement total des dettes contractées pour accéder à la propriété : l'épargne supplémentaire est alors placée ; enfin, après l'âge de la retraite, les revenus diminuent, mais la **consommation** ne baisse pas autant, les individus puisant sur leur patrimoine. Dans cette perspective, le niveau d'épargne nationale dépend davantage de la structure par âge de la population que du revenu national.

Par ailleurs, avec Merton Miller (qui recevra le prix Nobel d'économie en 1990), Modigliani a élaboré un théorème (**théorème de Modigliani-Miller**) établissant que, lorsque les **marchés financiers** sont parfaits, la valeur de marché d'une entreprise (notamment sa valeur boursière s'il s'agit d'une société anonyme cotée) ne dépend pas de sa situation financière (endettée ou non endettée) mais de ses profits futurs et de ses investissements.

Friedman ►

Enfin, Modigliani s'est engagé dans le débat opposant les monétaristes comme Friedman aux économistes du courant de la synthèse en récusant les thèses des premiers. Il prône des **politiques monétaires** régulant l'activité économique et n'exclut pas les **déficits budgétaires** pendant les récessions (en revanche, en période d'expansion, l'équilibre doit être rétabli).

Bibliographie

- *Utility analysis and the consumption function : interpretation of cross-section data*, avec Richard Brumberg, 1954.
- *The cost of capital, corporation finance and the theory of investment*, avec Merton Miller, 1958.
- *Life cycle, individual thrift and the wealth of nations* (traduction française, *Cycle de vie, épargne individuelle et richesse des nations*, 1986), 1985.
- *The debate over stabilization policy*, 1986.

Charles Louis de Secondat | Montesquieu

Charles Louis de Secondat, baron de La Brède et de Montesquieu (1689-1755), fait des études de droit et devient conseiller au parlement de Bordeaux, puis président du parlement de Guyenne. Il se retire à La Brède en 1731 pour se consacrer à l'écriture. Il publie son ouvrage principal *De l'esprit des lois ou du rapport que les lois doivent avoir avec la constitution de chaque gouvernement, les mœurs, le climat, la religion, le commerce, etc.* en 1748. À lui seul, le titre complet de l'ouvrage montre l'ambition de Montesquieu : prouver que sous l'apparent foisonnement des systèmes juridiques il existe un ordre logique qu'un penseur peut découvrir. Sa tentative pour comprendre la logique d'une société fait de Montesquieu un des précurseurs de la sociologie.

Montesquieu cherche d'abord à classer les différents gouvernements. Pour ce faire, il reprend la classification faite par Aristote (gouvernement d'un seul, de quelques-uns ou de tous), mais ajoute une distinction entre la nature du gouvernement (ce qui le caractérise) et le principe du gouvernement (l'idéal qui l'anime). Il ramène donc la diversité des organisations politiques à trois types de gouvernement :

• La **république** : sa nature est que le peuple ou une partie du peuple est souverain. Lorsque le peuple exerce le pouvoir, on a affaire à une démocratie ; dans le second cas à une **aristocratie** (la noblesse exerce le pouvoir). La vertu, c'est-à-dire l'amour de la chose publique, est le principe de la république. Dans une démocratie, on valorise l'égalité et la frugalité ; dans une aristocratie, l'esprit de modération.

• La **monarchie** : sa nature est double ; le pouvoir est exercé par un seul mais celui-ci est obligé de respecter des lois et de s'appuyer sur des corps intermédiaires. Son principe est l'honneur. Dans une monarchie, la hiérarchie sociale est marquée, et à chaque échelon est attribué un certain degré de prestige social.

• Le **despotisme** : sa nature est qu'un seul gouverne sans respecter aucune loi, et son principe est la crainte. Le despote impose ses caprices au peuple qui lui obéit en raison de la violence qu'il fait régner.

Montesquieu ne se contente pas de classer les gouvernements. Il se demande lequel d'entre eux est le plus apte à garantir les libertés individuelles. Le despotisme est évidemment incapable de le faire. Par contre, aussi bien la république que la monarchie peuvent prendre la forme d'un gouvernement modéré respectant les libertés de l'homme. Pour garantir ces libertés, Montesquieu préconise une spécialisation et une **séparation des pouvoirs** qu'avait déjà ébauchée Locke. Le pouvoir judiciaire doit être séparé des pouvoirs législatif et exécutif qui sont des pouvoirs politiques. L'exécutif et le législatif doivent se limiter mutuellement. Le meilleur exemple de ce type d'organisation est donné par l'Angleterre du XVIIIe siècle. Le pouvoir exécutif est exercé par le roi tandis que le pouvoir législatif est confié à des chambres représentant l'une le peuple et l'autre la noblesse. Le fait que la volonté du roi soit limitée par des pouvoirs intermédiaires (clergé, villes, noblesse, parlement) prévient tout risque de despotisme. Montesquieu est donc favorable à une monarchie tempérée et défavorable à une démocratie, car il craint que le peuple ne privilégie l'égalité au détriment de la liberté. Dans une démocratie, pense-t-il, le risque est que chacun se prétende l'égal de l'autre et refuse toute obligation. Cela déboucherait sur l'anarchie et, finalement, sur l'apparition d'un despote. Tocqueville, presque cent ans plus tard, reprendra cette problématique, mais débouchera sur une solution sensiblement différente.

Locke ►

Tocqueville ►

Montesquieu cherche enfin à déterminer des lois expliquant l'apparition de ces trois formes de gouvernement. Selon lui les climats froids et les petites étendues favoriseraient les gouvernements modérés, tandis que les climats chauds et les grandes étendues seraient propices au despotisme. Au fur et à mesure que la société se développe, ces facteurs naturels s'effaceraient devant des facteurs humains. Dans les sociétés « civilisées », les lois refléteraient les mœurs, la religion ou l'état du commerce.

Montesquieu a l'ambition d'expliquer scientifiquement les phénomènes politiques et a donc sa place dans l'histoire de la sociologie. Sa théorie de la séparation des pouvoirs fait de lui le fondateur du **libéralisme politique** en France. Il a inspiré la constitution américaine de 1787 et la constitution française de 1791. Enfin, la séparation des pouvoirs figure dans la Déclaration des droits de l'homme et du citoyen de 1789.

Bibliographie

- *Les Considérations sur les causes de la grandeur des Romains et de leur décadence*, 1734.
- *De l'esprit des lois*, 1748.
- *Défense de l'esprit des lois*, 1750.

Edgar **Morin**

Edgar Morin est né en 1921 à Paris. En 1941,il adhère au Parti communiste qui vient d'entrer dans la résistance et écrit, au lendemain de la guerre, des articles que ses amis communistes accueillent avec réserve.

Exclu du Parti communiste en 1951, il entre au CNRS grâce à G. Friedmann qui constitue, à l'époque, une section de sociologie. À partir de cette date, il mène en parallèle plusieurs activités qui sont celles de spécialiste de cinéma, sociologue tentant d'élaborer une « sociologie du présent », intellectuel de gauche engagé dans la lutte contre la guerre d'Algérie, directeur de revues (*Arguments*, *Communications*) et journaliste. C'est à partir de 1968 qu'il commence à développer sa réflexion épistémologique sur les liens entre biologie et anthropologie, sur la complexité, sur la méthode des sciences sociales.

◄ **Friedmann**

La sociologie du présent est élaborée dans deux ouvrages qui feront date dans la sociologie française. D'abord, *La Métamorphose de Plozevet*, qui décrit la mutation d'un village du sud Finistère au début des années 1960. Aux enquêtes quantitatives et objectivistes dont la sociologie anglo-saxonne est particulièrement friande, Morin oppose l'observation participante qui consiste à s'intégrer dans le milieu local en partageant la vie des villageois. C'est ainsi qu'il décrit les grands traits de l'évolution de la société bigoudenne, à savoir la mutation du monde agricole, l'installation de la société de consommation, les rôles nouveaux de la femme, l'émergence d'une jeunesse autonome... Ensuite, *La Rumeur d'Orléans*, où Morin improvise un dispositif d'intervention ayant pour but d'enquêter sur la rumeur selon laquelle des commerçants juifs sont accusés de kidnapper des jeunes femmes alors qu'elles sont en cabine d'essayage. Renseignements pris, il s'avère qu'aucune disparition n'a eu lieu. Morin s'interroge sur les sources de la rumeur, ses canaux de diffusion, et analyse les valeurs et les mythes qui sont à l'origine d'une telle construction collective.

◄ **Observation participante**

Mais Morin est avant tout un sociologue soucieux de la méthode, qui dégage peu à peu la notion de complexité. Le **paradigme de la complexité** repose sur une méthode opposée à celle de Descartes. Alors que la méthode cartésienne analyse et sépare les parties,

Morin affirme que le tout mérite d'être étudié en lui-même, parce qu'il est plus que la somme des parties ou des éléments qui le composent. Cela a une conséquence sur la constitution de la science de l'homme, et plus particulièrement de la sociologie qui se doit d'intégrer les données de la paléontologie, de la biologie animale, des mathématiques, pour appréhender l'étude de la culture et de la société. Cela a aussi une conséquence sur la production de relations causales. Plutôt que de relier telle cause à tel effet selon un schéma immuable, Morin propose de mettre en évidence des **boucles causales** qui sont telles que si la cause produit l'effet, l'effet produit aussi la cause par rétroaction. Les individus produisent la société par leur interaction, mais la société produit l'humanité en donnant à ces individus le langage et la culture.

La pensée de E. Morin est assez proche du **paradigme de l'auto-organisation**, qui naît dans les années 1970 (théorie des catastrophes de R. Thom, structures dissipatives d'I. Prigogine, théorie du « chaos ») et répond au problème suivant : comment peut-on penser le passage du désordre à l'ordre, comme par exemple l'émergence de la vie à partir de la matière inorganique ? Elle attache une place prioritaire à la **théorie systémique** (figures pionnières : Bertalanffy, Shannon, Wiener) qui repose sur deux principes fondamentaux : le principe d'indépendance des éléments, dont la réunion forme un tout dépassant les parties, et l'existence d'un dispositif de régulation du système par rétroaction (*feedback*).

Bibliographie

- *La Métamorphose de Plozevet*, 1967.
- *La Rumeur d'Orléans*, 1969.
- *Un paradigme perdu : la nature humaine*, 1973.
- *L'Unité de l'homme*, 1974.
- *La Méthode*, en quatre tomes, dont la parution s'échelonne sur une quinzaine d'années à partir de 1977.
- *Penser l'Europe*,1987.

Gaetano Mosca

Gaetano Mosca (1858-1941) est un homme politique et un intellectuel italien né en Sicile. C'est un conservateur antidémocratique (il est, en 1912, le seul député à s'opposer à une loi instaurant un suffrage quasi universel) et libéral puisque favorable à la séparation des pouvoirs. Dans le domaine économique, il est plutôt libéral (favorable à la propriété privée) bien qu'il ne partage pas les conceptions individualistes des économistes néoclassiques. Il est aujourd'hui connu pour sa théorie de la classe politique : l'**élite**.

Mosca fait l'hypothèse d'individus cherchant à imposer leur volonté aux autres. L'existence d'une classe dirigeante (la classe politique) qui impose sa volonté à la majorité en contrôlant le gouvernement est donc une constante dans toute société. Cette classe dirigeante réussit dans sa tentative non seulement car ses membres sont dotés de grandes qualités, mais également car elle est organisée et qu'elle réussit à faire accepter un principe de souveraineté à l'ensemble de la population. À la différence de Pareto qui faisait reposer la supériorité de l'élite sur des caractères psychologiques (la ruse et la force), Mosca met en avant l'idée de la légitimité de cette classe. On peut donc rapprocher son analyse de celle de Weber. Le principe de légitimité dépend du type de société. Les sociétés guerrières reposent sur la valeur militaire, les sociétés aristocratiques sur la naissance, et les sociétés modernes sur le savoir et l'efficacité.

◄ Pareto

◄ Weber

Dans les sociétés modernes, la science est le fondement de la légitimité. L'ambition de Mosca est alors de fonder une politique scientifique. Il est favorable à la séparation des différents domaines de l'activité sociale : économie, politique, culturel, etc., et recommande de confier le pouvoir politique à une classe de technocrates compétents animés par le sens du bien public. La **technocratie** est un ensemble de bureaucrates et de légistes animant un État bureaucratique inspiré par un principe de rationalité et intervenant exclusivement dans son domaine de compétence qui est la politique.

Mosca est donc un des principaux idéologues de l'État technocratique moderne. Il estime que les relations politiques qui découlent d'un tel État seraient préférables à celles fondées sur la dépendance personnelle du type de celles qui existaient en Sicile à la fin du XIXe siècle. Il a évidemment surestimé la capacité d'une technocratie à déterminer le bien public.

Bibliographie

- *Elementi di scienza politica*, 1896.
- *Histoire des doctrines politiques depuis l'Antiquité jusqu'à nos jours*, 1884, traduction française : Payot, 1936, Bouthoul 1965.
- *La Crise du régime parlementaire. Causes et remèdes*, Payot, 1928.

Robert Mundell

Robert Mundell (né en 1932) est un économiste canadien qui s'inscrit dans le courant keynésien. Il a suivi des études au MIT (Massachussets Institute of Technology) puis a complété son cursus universitaire à la London School of Economics. En 1961, il rejoint le département de recherche du Fonds monétaire international où il travaille en collaboration avec John M. Fleming (mort en 1976). Il occupera la fonction d'enseignant à l'université de Chicago entre 1966 et 1971, puis obtiendra une chaire à l'université de Columbia à New York. Il a rempli la fonction de conseiller dans un grand nombre de commissions et a reçu le prix Nobel d'économie en 1999 pour ses travaux sur la **macroéconomie internationale** et ses analyses sur les **zones monétaires optimales**.

L'objectif principal des travaux de Mundell est d'analyser les contraintes auxquelles se heurtent les politiques de stabilisation dans le cadre d'une économie ouverte. Il a introduit le commerce extérieur et les mouvements de capitaux dans le modèle d'économie fermée appelé IS-LM, élaboré initialement par J. Hicks. Sa réflexion est particulièrement novatrice, puisque la réalité économique du début des années 1960 est celle d'une faible ouverture des économies, de taux de change fixes pour l'essentiel et de mouvements de capitaux fortement contrôlés.

Hicks ►

Le modèle **Mundell-Fleming** montre que l'efficacité de la politique économique dépend du régime de change en vigueur.

Friedman ►

Dans un système de changes flottants, une politique monétaire expansive par l'augmentation des dépenses publiques accroît les besoins de financement de l'État, ce qui entraîne une hausse des taux d'intérêt et donc une entrée de capitaux étrangers due à la meilleure rentabilité des placements. Il en résulte alors une appréciation de la monnaie nationale et une dégradation de la compétitivité-prix (due à la hausse du coût des exportations), qui annule les effets stimulants de la politique mise en œuvre.

En revanche, la politique monétaire est efficace pour réguler l'activité. Une baisse des taux d'intérêt pour stimuler l'activité provoque une fuite des capitaux, une dépréciation de la monnaie, laquelle rend les exportations plus compétitives. L'activité économique est relancée.

Dans un système de changes fixes, la politique monétaire est inefficace, puisque la baisse des taux d'intérêt ne peut provoquer une dépréciation et donc une amélioration de la compétitivité-prix des exportations. Ne reste alors que la politique budgétaire pour atténuer les fluctuations de l'activité.

Cette analyse a conduit au **triangle d'incompatibilité de Mundell** qui montre que l'on ne peut pas disposer à la fois de la stabilité du taux de change, de la liberté des mouvements de capitaux et de l'autonomie des politiques monétaires. Un pays ne peut choisir librement que deux de ces variables, la troisième lui est imposée. En effet, dans le cadre d'une libre circulation des capitaux, la politique monétaire peut soit défendre un objectif interne (stimulation de l'activité), soit un objectif externe (stabilité du taux de change), mais pas les deux en même temps. C'est ce que montre l'expérience française : l'adhésion du franc au SME (Système monétaire européen) a contraint la France à renoncer à une politique monétaire autonome (de soutien à la croissance) pour maintenir la parité franc-mark (par des taux d'intérêt élevés). De ce point de vue, le passage à l'euro a permis de redonner de l'autonomie à la politique monétaire définie au niveau de la Banque centrale européenne, puisque la contrainte de maintien des taux de change a disparu.

Dans un article célèbre sur les **zones monétaires optimales** (ZMO) publié en 1961, Mundell s'interroge sur l'intérêt pour un groupe de pays d'abandonner leur souveraineté monétaire au profit d'une monnaie unique. Si les avantages d'une union monétaire sont indiscutables (baisse des coûts de transaction, disparition des risques liés aux fluctuations des taux de change...), l'impossibilité de résorber les déséquilibres économiques par des modifications de parité (dévaluations ou réévaluations) constitue un inconvénient important.

Pour Mundell, une zone monétaire est optimale si un **choc asymétrique** (c'est-à-dire une variation brutale de l'activité n'affectant qu'un ou quelques pays membres de l'Union) se traduit par une modification des prix relatifs et une mobilité des facteurs de production permettant le retour à l'équilibre.

Par exemple, un pays pourra amortir un choc asymétrique (récession économique et augmentation du chômage) grâce, d'une part, à une baisse des salaires réels, laquelle lui permettra un gain en compétitivité et en croissance (à l'instar de ce que permettaient les dévaluations compétitives), et d'autre part, grâce à la migration d'une partie de sa main-d'œuvre vers d'autres pays de l'Union. De surcroît, la baisse du coût du travail doit permettre d'attirer des capitaux en provenance des autres pays de l'Union, contribuant ainsi au retour à l'équilibre macroéconomique.

Cette problématique a été centrale dans les débats qui ont présidé à l'adoption de l'euro. Mundell est à ce titre un des principaux artisans de la construction de l'UEM, achevée depuis le 1er janvier 1999.

Plusieurs critères d'optimalité de la zone euro ont été discutés :

• la fréquence des chocs asymétriques est relativement faible en raison d'un « noyau dur » de pays fortement interdépendants ;

• les différentiels d'inflation peuvent à terme générer des chocs asymétriques (déformation des prix relatifs). C'est la raison pour laquelle la réduction des écarts d'inflation fait partie des critères de convergence ;

• enfin, la faible mobilité de la main-d'œuvre entre les pays de la zone euro a semblé un obstacle majeur pour l'intégration monétaire dans la mesure où la rigidité des salaires ne permettait pas de compenser l'immobilité (relative) du facteur travail.

Ces limites étant soulignées, Mundell s'est prononcé favorablement pour l'UEM (Union économique et monétaire) tout en soulignant la nécessité d'une coopération économique accrue. Sans doute, le défi qu'aura à relever l'Europe pour ce nouveau siècle.

Bibliographie

- « Capital mobility and stabilization policy under fixed and flexible exchange rates », *Canadian journal of economics,* 1963.
- « A theory of optimum currency areas », *American economic review,* 1961.

Richard Abel **Musgrave**

Richard Abel Musgrave (né en 1910) est un économiste américain apparenté au courant de la synthèse. Depuis la fin des années 1940, il a enseigné l'économie dans plusieurs universités américaines.

Samuelson ►

Musgrave s'est particulièrement intéressé aux questions portant sur la fiscalité et les finances publiques. Favorable à l'économie de marché, il soutient cependant que l'État doit y jouer un rôle essentiel en prenant en charge la production des biens publics (fonction d'allocation de ressources), la lutte contre les inégalités excessives (fonction de redistribution) et la régulation conjoncturelle de l'activité économique (fonction de régulation). Lors de débats récents l'opposant à James Buchanan (1999), il fait part de ses craintes de voir les budgets publics s'affaiblir du fait des critiques néolibérales dénonçant l'interventionnisme public dans l'économie.

◄ Buchanan

Bibliographie

- *The theory of public finance*, 1959.
- *Public finance and public choice*, 1999.

Karl Gunnar **Myrdal**

Karl Gunnar Myrdal (1898-1987) est un économiste suédois. Fortement impliqué dans la vie politique de son pays (il est par exemple ministre du Commerce entre 1945 et 1947), il s'intéresse également, à partir des années 1950, au problème du développement des pays pauvres. Il devient professeur en économie internationale au début des années 1960 et reçoit en 1974 le prix Nobel d'économie (qu'il partage avec Friedrich von Hayek) pour ses contributions à la théorie de la monnaie et des fluctuations et la prise en compte, dans ses analyses, des interdépendances entre phénomènes économiques, sociaux et institutionnels.

Les premiers travaux de Myrdal portent sur la **monnaie** et les **fluctuations** économiques. En 1931, il critique la loi de Say en montrant que l'offre globale peut être différente de la demande du fait de décalages temporels (la distribution des revenus intervient avant la consommation ; l'investissement, après l'épargne). Approfondissant les thèses de Wicksell, Myrdal explique l'évolution de l'investissement par l'écart entre taux d'intérêt effectif et taux d'intérêt naturel, c'est-à-dire le taux de profit anticipé : l'investissement est stimulé dès lors que le taux d'intérêt effectif est inférieur au taux de profit anticipé.

◄ Say

◄ Wicksell

Myrdal distingue déséquilibres ***ex ante*** et équilibre ***ex post*** entre épargne et investissement. Par exemple, une insuffisance d'épargne

◄ Keynes

par rapport à l'investissement (déséquilibre *ex ante*) provoque un accroissement du revenu national par un mécanisme qui s'apparente à celui du multiplicateur keynésien ; il en résulte une augmentation de l'épargne rétablissant l'équilibre *ex post* entre l'épargne et l'investissement. En revanche, un excès d'épargne sur l'investissement conduit à un processus cumulatif de dépression, car il signifie que la demande de consommation recule, réduisant les perspectives de profit des entrepreneurs et donc leurs investissements.

À partir des années 1940, Myrdal s'intéresse aux processus cumulatifs attachés aux inégalités sociales. Ainsi, il explique que la situation des Noirs aux États-Unis résulte du fait qu'étant défavorisés ils sont regardés avec défiance par la société et relégués aux emplois les plus difficiles, ce qui entretient la défiance à leur égard. En outre, si le gouvernement cherche à améliorer les conditions de travail attachées aux emplois peu qualifiés occupés par les Noirs, il en accroît le coût. Dès lors, les employeurs, dont la défiance à l'égard des Noirs était jusqu'alors compensée par le faible coût qu'occasionnait leur emploi, sont incités à embaucher des Blancs, ce qui aggrave la situation des Noirs...

Au cours des années 1950 et 1960, Myrdal analyse le **sous-développement** qu'il lie aux caractéristiques propres aux **pays en développement** (PED), à leurs **institutions**. Par exemple, il considère que le système fiscal des PED est une institution néfaste au développement car il accroît les inégalités entre riches et pauvres en raison de l'évasion fiscale. L'égalisation des revenus doperait la consommation des pauvres.

En fait, le sous-développement n'est pas causé par un facteur unique mais par un enchevêtrement de facteurs non exclusivement économiques mettant en cause les institutions mêmes des pays pauvres. Celles-ci doivent être donc radicalement transformées pour permettre à ces pays d'enclencher le processus de développement dans lequel l'État doit jouer un rôle essentiel ; il sera également nécessaire de mobiliser l'aide internationale en faveur de ces pays.

Par ailleurs, son approche du sous-développement conduit Myrdal à renouer avec son analyse des phénomènes cumulatifs. Il définit des **effets de remous** qui, appliqués à l'économie des pays en développement, montrent que la croissance tend à se propager en même temps qu'elle induit de la pauvreté. Ainsi, le libre-échange conduit à l'enrichissement de certains pays mais aussi à l'appauvrissement d'autres.
Perroux ►
Myrdal définit également des **effets de propagation** qui induisent des cercles vertueux, sources de croissance et de développement.

Bibliographie

- *L'Équilibre monétaire*, (traduction française en 1950), 1931.
- *An American dilemma : the negro problem and modern democracy*, 1944.
- *Asian drama : an inquiry into the poverty of nations*, (traduction française, *Le Drame de l'Asie : une enquête sur la pauvreté des nations*, 1976), 1968.
- *The challenge of world poverty*, (traduction française, *Le Défi du monde pauvre*, 1971), 1970.
- *An international economy, problems and prospects*, (traduction française, *Une économie internationale*, 1958), 1956.
- *Beyond the welfare state. Economic planning and the international implication* (traduction française, *Planifier pour développer. De l'État providence au monde providence*, 1963), 1960.

N

John Nash

John Nash est né en 1928 dans l'État de Virginie aux États-Unis. Passionné par les mathématiques, il soutient en 1950 à l'université de Princeton une thèse de doctorat sur les **jeux non coopératifs** qui va donner un nouvel essor à la **théorie des jeux**. Ses travaux lui ont valu de recevoir le prix Nobel d'économie (avec ses co lauréats, J. Harsanyi et R. Selten) en 1994.

La **théorie des jeux** est un domaine de recherche particulièrement fécond de la nouvelle microéconomie. Elle remet en cause une des hypothèses du modèle néoclassique, à savoir l'incapacité pour un agent économique d'anticiper les résultats de ses actions dans un contexte d'interactions multiples. La théorie des jeux considère au contraire que les individus adoptent des comportements stratégiques, qu'ils définissent un plan de décision compte tenu des stratégies des autres joueurs. Si Johannes von Neumann et Oskar Morgenstern ont été les précurseurs de cette théorie (*Theory of games and economic behavior*, 1944), John Nash a transformé la recherche théorique en opérant une distinction entre les jeux coopératifs, dans lesquels les agents économiques se concertent avant d'agir, et les jeux non coopératifs, dans lesquels les agents cherchent à maximiser leurs gains sans concertation préalable.

L'étude des jeux non coopératifs, privilégiée par l'analyse microéconomique, a permis de montrer que les décisions prises séparément par les agents conduisent généralement à des solutions sous-optimales.

Pareto ►

L'apport principal de Nash est d'avoir montré qu'il existe toujours au moins un résultat stable dans le cadre d'un jeu non coopératif, appelé « **équilibre de Nash** ». Il s'agit d'une configuration stratégique dans laquelle aucun des acteurs ne peut espérer améliorer son utilité en changeant de stratégie, les autres joueurs conservant leur position initiale. Dans la mesure où les acteurs sont rationnels et cherchent à maximiser leurs gains, les joueurs changeront de stratégie jusqu'à ce que les positions et les gains qui leur sont associés soient figés, ce qui correspond à un équilibre de Nash. Certains jeux peuvent admettre plusieurs équilibres de Nash, et il est fréquent que ces équilibres ne correspondent pas à des solutions optimales. La théorie des jeux non coopératifs a ouvert la voie à des recherches particulièrement stimulantes pour analyser les stratégies concurrentielles entre les firmes ou encore, à un niveau macroéconomique, la politique économique, le commerce international, ou les problèmes environnementaux.

Bibliographie

Deux ouvrages constituent l'apport principal de J. Nash, *Point d'équilibre dans les jeux à n personnes* (1950), et *Jeux non coopératifs* paru en 1951. Atteint de graves troubles psychiatriques, il n'a plus publié de travaux scientifiques après 1958.

Ragnar **Nurske**

Ragnar Nurske est un économiste américain, préoccupé des questions du développement. Il est né en Estonie en 1907 ; après avoir achevé ses études à Vienne en 1934, il devient économiste à la Société des Nations. En 1945, il est nommé professeur d'économie à l'université new-yorkaise de Columbia où il enseigne jusqu'à son décès, en 1959.

Ragnar Nurske développe, au cours des années 1950, son analyse des **cercles vicieux du sous-développement**. Par exemple, la faiblesse des revenus au sein des **pays en développement** (PED) génère une épargne modeste, voire nulle, d'autant plus que la pression démographique est forte du fait d'une fécondité élevée ; les investissements sont alors bridés faute de financement, et les gains de productivité sont très faibles ; la hausse des revenus est par conséquent modérée ou nulle (voire négative), etc. La faiblesse des revenus induit une consommation insuffisamment incitative à l'investissement ; la croissance économique est ralentie comme celle des revenus, etc.

Ainsi, pour Nurske, « les pays pauvres sont pauvres car ils sont pauvres ». Par cette évidence, il veut souligner l'ampleur des difficultés auxquelles ces pays sont confrontés. Il voit une possibilité de briser les cercles vicieux dans l'aide internationale et le choix d'une stratégie de **croissance équilibrée** : en investissant d'abord dans les infrastructures économiques et sociales (rôle de l'État), puis ensuite en développant les investissements productifs dans plusieurs secteurs, il sera possible d'enclencher le processus de développement. Nurske recommande aux PED de favoriser l'essor des activités industrielles complémentaires des produits primaires qu'ils exportent (par exemple, industries de transformation), éventuellement mais pas obligatoirement, à l'abri de barrières douanières temporaires.

◄ Rostow

Bibliographie

- *Problems of capital formation in underdevelopped countries*, (traduction française, 1963, *Les Problèmes de la formation de capital dans les pays sous-développés*), 1953.
- *Patterns of trade and development*, 1967 (traduction française, 1968, *Problèmes de la formation de capital dans les pays sous-développés* et *Structures du commerce international et développement économique*, 1967).

O

Bertil Ohlin

Bertil Ohlin (1899-1979) est un économiste suédois. Après des études universitaires en mathématiques, statistiques et économie, il suit les cours d'Eli Heckscher et obtient un doctorat en 1924. Il est nommé à l'université de Copenhague en 1925 puis à la Stockholm School of economics en 1931 où il enseigne jusqu'à sa retraite en 1965. Il s'intéresse particulièrement aux questions relevant du commerce international et reçoit, en 1977, le prix Nobel d'économie (avec James Meade) pour ses travaux dans ce domaine.

Ohlin mène également une vie politique intense : il est notamment député entre 1938 et 1970 et leader du parti libéral suédois entre 1944 et 1967 (ce parti, favorable aux réformes sociales, s'oppose à un contrôle trop strict de l'économie par l'État).

Les travaux les plus connus d'Ohlin portent sur la théorie du commerce international. À la suite d'Eli Heckscher, il fonde les **avantages comparatifs** des pays sur leurs **dotations factorielles**. Il considère que le **libre-échange** est la politique commerciale la plus favorable et que l'essor du commerce international égalise la rémunération des facteurs de production au niveau mondial, ce que l'économiste américain Paul Samuelson formalise en 1948 par le théorème Heckscher-Ohlin-Samuelson (ou **théorème HOS**).

◄ **Heckscher**
Ricardo

À la fin des années 1920, Ohlin s'oppose à Keynes sur la question des réparations allemandes imposées par le traité de Versailles (1919) : contrairement à l'économiste britannique qui veut démontrer l'inanité du montant des réparations exigées de l'Allemagne et l'incapacité de ce pays à exporter ses produits autrement qu'en les bradant, Ohlin considère que les réparations versées aux Alliés constituent un pouvoir d'achat qui élargit les débouchés des produits allemands dont les prix ne devraient donc pas baisser.

Keynes ►

En dépit de cette opposition, l'œuvre d'Ohlin (ainsi que celle d'autres économistes suédois comme Myrdal) comporte plusieurs éléments préfigurant les analyses de Keynes : l'effet multiplicateur, la fonction régulatrice de l'État, le rétablissement de l'équilibre entre l'épargne et l'investissement par la variation du revenu national plutôt que par celle des taux d'intérêt, la prise en compte des anticipations des agents économiques dont les comportements interviennent dans un contexte d'incertitude, sont autant de points abordés par Ohlin entre la fin des années 1920 et le milieu des années 1930, c'est-à-dire avant la publication de *La Théorie générale de l'emploi, de l'intérêt et de la monnaie* de John Maynard Keynes (1936).

Bibliographie

- *Interregional and international trade*, 1933.
- *The problem of employment stabilization*, 1949.
- *Stockholm and Cambridge : four papers on the monetary and employment theory of the 1930s*, 1981.

Mancur Olson

Mancur Olson (1932-1998) a enseigné à l'université de Maryland à partir de 1969, après avoir soutenu un doctorat d'économie à Harvard en 1963. Son apport fondamental est d'avoir éclairé sous un jour nouveau la théorie de l'action collective en lui appliquant le paradigme individualiste.

Pour Olson, la logique de l'action collective n'est pas réductible à la logique de l'action individuelle. S'il est vrai que les acteurs agissent en général en conformité avec leurs intérêts personnels, il est en revanche erroné d'affirmer que les membres des groupes agissent tous pour servir l'intérêt collectif.

Le **paradoxe de l'action collective**, formulé par Olson, énonce ainsi que, lorsqu'un ensemble d'individus ont un intérêt en commun, mais sont inorganisés, il peut se faire qu'ils ne fassent rien pour promouvoir cet intérêt. Cela s'explique parce que la participation à une action collective ne va pas de soi ; elle découle généralement d'un calcul coût/avantage qui est opéré par chaque individu. Conformément aux principes qui guident l'*homo œconomicus*, le coût supporté par la participation à la vie d'un groupe doit être inférieur à l'avantage que l'on escompte retirer du succès de l'action collective. Cette hypothèse de rationalité des agents conduit à des comportements du type de celui du « **passager clandestin** » : puisque le service collectif produit par l'action du groupe profite à tous, y compris à ceux qui restent en retrait, l'intérêt bien compris de chacun est de profiter des bénéfices de l'action en commun sans y participer soi-même. Lorsqu'on agrège des comportements de ce type, on constate évidemment que l'action collective devient improbable.

◄ **Bentham (utilitarisme)**

La théorie d'Olson, d'une grande simplicité, a un pouvoir explicatif élevé. Elle rend compte, par exemple, du fait que les impôts sont toujours coercitifs (chaque citoyen veut disposer des services collectifs sans contribuer à leur production, sauf si, bien sûr, l'autorité politique l'y contraint), du fait que les partis politiques n'arrivent à recruter qu'un nombre limité de militants en fonction des électeurs potentiels, ou encore de la faiblesse des taux de syndicalisation. Elle explique aussi que les organisations soient conduites à fournir des biens individuels (*selective incentives*) pour fidéliser leurs membres.

Toutefois, il est évident que l'individualisme méthodologique d'Olson n'épuise pas à lui seul la théorie de l'action collective.

◄ **Boudon (individualisme méthodologique)**

En effet, d'une part, on peut considérer qu'il est assez réducteur de supposer que seuls des calculs de type coût/avantage sont à l'origine de la mobilisation. Il y a d'autres formes de rationalité que la « rationalité en finalité », comme l'a bien montré M. Weber (en réponse à cette objection, il est possible de faire valoir que la théorie d'Olson ne se situe pas dans le registre de la nécessité mais dans celui de la possibilité ; Olson montre que, lorsque des individus ont

◄ **Weber (action rationnelle en finalité)**

Hirschman ►

un intérêt en commun et sont inorganisés, il peut se faire qu'ils ne fassent rien pour promouvoir cet intérêt).

D'autre part, l'engagement militant ne doit pas nécessairement être conçu comme un coût. Si l'on suit Hirschman, on dira que le bénéfice de l'action collective n'est pas la différence entre le résultat qu'espère le militant et l'effort fourni, mais plutôt la somme de ces deux grandeurs. L'énergie que le militant consacre à sa cause lui permet d'entrer dans une dynamique de renforcement positif au terme de laquelle son appartenance au groupe s'en trouve développée. Cette logique nous permet de comprendre l'activisme des militants des organisations révolutionnaires, que la théorie d'Olson laisse dans l'ombre.

Bibliographie

- *The logic of collective action*, 1966 ; en français : *Logique de l'action collective*, PUF, 1978.

P

Vilfredo Pareto

Vilfredo Pareto (1848-1923) est un économiste et sociologue italien. Il obtient le diplôme d'ingénieur à l'université polytechnique de Turin et soutient, en 1869, une thèse sur *L'Équilibre des corps solides*. Il fait ensuite carrière dans les chemins de fer puis la sidérurgie. L'intérêt de Pareto pour l'économie et son adhésion aux idées libérales vont le conduire à rencontrer les grands économistes italiens de l'époque, E. Barone et M. Pantaleoni. Il prendra alors connaissance des travaux de Cournot, Walras, Edgeworth. En 1893, il succède à Walras à la chaire d'économie politique de l'université de Lausanne.

◄ Walras

Progressivement, il va se détourner de l'économie pour se consacrer à la sociologie avec la parution en 1916 du *Traité de sociologie générale*.

Les principaux apports de Pareto dans le domaine économique

Pareto juge indispensable de substituer la notion d'**ophélimité** à celle d'utilité pour éviter toute confusion. Cette première expression a en effet l'avantage de supprimer la connotation normative que véhicule l'utilité. Au sens économique du terme, un bien est utile s'il permet de satisfaire un besoin, en dehors de tout jugement de valeur.

L'ophélimité n'a de sens que dans la relation entre un bien économique et un individu. L'ophélimité est d'autant plus grande que la quantité possédée d'un bien est faible et que le besoin pour ce bien est grand. Pareto nomme **ophélimité élémentaire** ce que l'on appelle aujourd'hui l'utilité marginale.

Pareto explique que l'on ne peut pas mesurer l'ophélimité, car l'utilité d'un bien par rapport à un autre bien n'est pas quantifiable. Puisque la mesure cardinale de l'utilité s'avère impossible, Pareto défend une **conception ordinale de l'utilité** selon laquelle chaque individu peut établir un ordre de préférence entre différents biens sans recourir à une quantification.

Cela lui permet de reprendre une approche en termes de courbes d'indifférence qui représentent l'ensemble des combinaisons de deux biens procurant la même satisfaction. Le consommateur va chercher à atteindre la courbe d'indifférence la plus élevée (ce que Pareto appelle la « colline du plaisir » par analogie avec une colline parcourue de sentiers), le producteur va chercher à « s'élever aussi haut que possible sur la colline du profit ».

L'auteur du *Manuel d'économie politique* doit surtout sa postérité au concept de « maximum d'ophélimité » que l'on nomme habituellement **optimum de Pareto**. Une situation est optimale lorsqu'on ne peut pas améliorer la situation d'un individu sans détériorer celle d'au moins un autre. L'optimum n'est pas atteint si par une réallocation des ressources on peut améliorer la satisfaction de certains sans dégrader celle des autres.

Walras ►

Des relations existant entre l'optimum de Pareto et l'équilibre général walrassien découlent les deux théorèmes de l'économie du bien-être :

• tout équilibre de concurrence est un optimum parétien, puisqu'à l'équilibre tous les agents maximisent leur utilité ;

• tout équilibre parétien peut être associé à un système de prix compatible avec l'équilibre général.

L'optimum de Pareto est compatible avec une répartition inégalitaire des revenus. Une situation dans laquelle un individu perçoit les 9/10e des revenus et le reste de la population le 1/10e restant peut être optimale au sens de Pareto. La théorie du « maximum d'utilité » montre seulement qu'à l'équilibre les ressources sont employées de façon efficace. Si la dotation initiale des richesses est inégalitaire, les revenus qui en résultent le seront probablement aussi mais ne relèvent pas du critère parétien. Ce qui laisse de la place à la politique économique...

La sociologie de Pareto

La formalisation de l'économie pure réduit le comportement des individus à des motivations limitées. Pour Pareto, les actions rationnelles (qu'il appelle logiques) sont minoritaires par rapport aux actions non logiques. Un comportement est logique quand les moyens utilisés par un individu sont en adéquation avec les buts qu'il poursuit. Autrement dit, une action est logique quand elle est efficace. Pour Pareto, ce type de rationalité est représentatif des activités économiques dans les sociétés modernes. *A contrario*, les incantations auxquelles se livre le magicien pour faire tomber la pluie sont non logiques. Les **actions non logiques** ne concernent pas l'économiste mais le sociologue.

◄ Simon (rationalité limitée)

Dans son *Traité de sociologie générale*, Pareto développe la célèbre « loi de circulation des élites » selon laquelle, dans toutes les sociétés, même démocratiques, la conquête et l'exercice du pouvoir opposent les seules élites. Une société en bonne santé est celle qui assure le renouvellement de l'**élite** par le recrutement des individus les plus compétents dans le reste de la population et le rejet vers elle des éléments déficients. Cette **circulation des élites** permet la sélection des meilleurs et favorise le changement social.

◄ Mosca (élite)

Cette thèse a fait l'objet de nombreuses controverses, d'une part en raison du cynisme qui s'en dégage, d'autre part pour le discrédit que jette cette analyse sur le fonctionnement des sociétés démocratiques. Le ralliement de Pareto au régime de Mussolini à la fin de sa vie n'a certes pas contribué à la reconnaissance de son œuvre sociologique.

Bibliographie

- *Cours d'économie politique*, 1896-1897.
- *Les Systèmes socialistes*, 1902-1903.
- *Manuel d'économie politique*, 1906.
- *Traité de sociologie générale*, 1916.

Robert Ezra **Park**

Simmel ►

Robert Ezra Park (1864-1944), après ses études à l'université du Michigan, a commencé par exercer une dizaine d'années la profession de journaliste. Élève de W. James à Harvard et de G. Simmel à Berlin, il prend, une fois de retour aux États-Unis, une part active au débat sur les relations raciales. C'est seulement à 49 ans qu'il entre à l'université de Chicago. Sous l'influence de W.I. Thomas, Park lance un vaste programme de recherche sur la ville, qui porte d'abord sur Chicago, avant d'être étendu à d'autres villes américaines. Il est alors à l'origine, avec Burgess et Wirth, de l'**école de Chicago**, tradition de recherche sur la ville moderne centrée à la fois sur un foisonnement d'études empiriques portant sur les trajectoires sociales et résidentielles d'immigrants, sur les relations de voisinage, sur le ghetto…, et sur un cadre conceptuel organisé autour d'une nouvelle discipline, l'**écologie urbaine**, qui s'inspire de l'écologie animale chère à C. Darwin, reposant sur le principe de la coexistence locale de diverses espèces et des relations de causalité qu'elle induit.

La perspective de Park conduit à étudier la cohabitation de plusieurs communautés au sein d'une même ville. Sur le plan méthodologique, la démarche empirique fait une utilisation abondante d'histoires de vie, de confessions, de biographies. Elle repose sur le **théorème de Thomas**, ainsi nommé par R.K. Merton qui énonce que « quand les hommes définissent des situations comme réelles, elles sont réelles dans leurs conséquences ». Ce qui signifie, en d'autres termes, qu'une croyance fausse peut, si elle est partagée par un nombre suffisant d'individus, créer les conditions de sa propre validation. Sur le plan des résultats, ces réflexions sur la ville conduisent à un modèle d'utilisation de l'espace. Il apparaît alors que la ville se développe en cercles concentriques en fonction des vagues migratoires. Avec Burgess, Park démontre, à propos de Chicago, que chaque cercle présente une certaine homogénéité sociale et que l'éloignement du cercle traduit l'ascension sociale.

Cela dit, la ville n'est pas une simple juxtaposition de mondes cloisonnés. Dominée par d'incessants processus de désorganisation et de réorganisation, elle est en état d'équilibre instable, et sa compréhension passe par l'étude des pathologies urbaines. Park et ses collaborateurs, dans cette perspective, ont été les pionniers d'une sociologie de la déviance qui conduit à privilégier la prise en compte du milieu. C'est ainsi que Thrasher, dans *The Gang*, essaie de localiser géographiquement la délinquance juvénile. Celle-ci apparaît de manière préférentielle dans une zone interstitielle entre le centre urbain (*the loop*) et les lieux qui abritent les classes moyennes et aisées. Le gang, pour Thrasher, prend naissance dans les fissures de l'organisation sociale, en promouvant un mode de survie qui s'appuie sur la désorganisation relative des structures urbaines.

Si l'école de Chicago a indiscutablement permis l'essor de la sociologie de la ville, elle n'est pas pour autant exempte de critiques. On lui a en effet reproché d'être trop normative, de ne pas fournir de propositions concrètes face à la délinquance, ou encore de ne pas prêter à généralisation, tout simplement parce qu'elle est trop ancrée dans le contexte des grandes villes de l'Amérique du Nord.

Bibliographie

- R.E. Park, E. Burgess, R. Mc Kenzie : *The City, Chicago*, University of Chicago Press, 1925.
- Y. Grafmeyer et I. Joseph (dir.) : *L'École de Chicago, naissance de l'écologie urbaine*, Aubier Montaigne, 1979.
- A. Coulon, *L'École de Chicago*, PUF, 1992.

Talcott Parsons

Talcott Parsons (1902-1970) est considéré comme le grand théoricien de la sociologie américaine durant les années 1950-1970. Il a exercé son activité dans les grandes universités, notamment à Harvard à partir de 1937. Sa contribution majeure est de tenter d'édifier une théorie générale de l'action, en réaction à une tendance dominante aux États-Unis à l'époque qui consistait à privilégier les études empiriques.

◄ Lazarsfeld

T. Parsons est le principal représentant du **structuro-fonctionnalisme**. Il s'agit de chercher à établir une correspondance entre le système de valeurs propre à une communauté et l'environnement dans lequel cette communauté évolue, environnement qualifié de

« situation ». Un système de valeurs fonctionnel est un système qui contribue à résoudre le problème posé par la situation. Par exemple, dans bon nombre de sociétés paysannes, le foyer est l'unité de résidence et aussi l'unité de production. À cette organisation productive correspond un système d'autorité où le père de famille supervise la production au nom de son rôle familial. Dans les sociétés modernes, la production se fait généralement dans des unités spécialisées. Il y a alors différenciation des normes et des valeurs selon que l'on se situe dans la sphère domestique ou dans la sphère productive.

Le risque de la démarche structuro-fonctionnaliste est d'exagérer la congruence entre la « situation » et le « système », voire même de superposer ces deux registres en présentant l'un comme le décalque de l'autre. Dans ces conditions, la théorie devient tautologique et perd son pouvoir explicatif. C'est pourquoi Parsons l'abandonne à la fin des années 1950 pour élaborer une théorie élargie de l'action sociale qui tente de synthétiser les apports de nombreux auteurs, notamment Durkheim, Pareto et Weber. Il a cependant toujours le souci de rendre compte de l'action en mettant en relief, audelà de l'intérêt personnel, les valeurs qui la sous-tendent.

Pour lui, tout système d'action repose sur quatre fonctions primaires résumées par le terme **AGIL** qui reprend leurs initiales anglaises :

- la **fonction de latence** qui a pour finalité de maintenir les cadres habituels de l'action ;
- la **fonction d'intégration** qui évite les déviations et coordonne l'action des différentes parties du corps social ;
- la **fonction de poursuite des buts** qui rassemble les actions en rapport avec le but poursuivi ;
- la **fonction d'adaptation** qui régit les rapports du système d'action avec l'environnement.

Bibliographie

- *The Structure of social action*,1937.
- *The social system*, 1951.
- *Economy and society*, avec Smelser, 1956.
- *The system of modern societies*, 1971.

Don Patinkin

Don Patinkin est né en 1922. En 1947, il obtient un doctorat en économie à l'université de Chicago : sa thèse porte sur la théorie du chômage involontaire. Par la suite, ses travaux vont contribuer à l'essor du courant de la synthèse.

◄ Samuelson

En 1948, il entame une carrière universitaire, puis émigre en Israël, en 1949. Il est nommé professeur à l'université de Jérusalem et poursuit ses recherches. Il occupe également différentes fonctions dans la haute administration israélienne. Il meurt en 1995.

Patinkin considère l'analyse de Keynes comme un cas particulier des thèses classiques et néoclassiques. Il complète le **modèle IS/LM** de Hicks et Hansen en y adjoignant un marché du travail dont le fonctionnement est conforme au **modèle néoclassique** : la **flexibilité** du salaire réel rétablit d'éventuels déséquilibres entre offre et demande de travail. Mais, selon Patinkin, pour un niveau de salaire réel donné assurant l'équilibre entre l'offre et la demande de travail, il est possible qu'un recul de la demande provoque du chômage. Il s'agit d'un **chômage involontaire**, c'est-à-dire un excès d'offre de travail au taux de salaire réel déterminé sur le marché du travail. Le plein emploi pourra être rétabli du fait de l'**effet d'encaisses réelles** dont le mécanisme est exposé par Pigou au cours des années 1920. En cas de sous-emploi, la chute des salaires provoque une baisse des prix ; dès lors, la valeur réelle des encaisses monétaires que détiennent les agents économiques s'accroît et dépasse le niveau qu'ils désiraient maintenir. Ils vont alors dépenser ce surplus de ressources, la demande va augmenter, rétablissant le plein emploi. Toutefois, il n'est jamais assuré que l'effet d'encaisses réelles soit d'ampleur suffisante pour résorber le chômage ou qu'il y parvienne en un temps socialement acceptable. Dès lors, il est nécessaire que l'État mette en œuvre des **politiques de relance**.

◄ Hicks

◄ Pigou

◄ Keynes

Par ailleurs, l'effet d'encaisses réelles permet à Patinkin de réviser la **théorie quantitative de la monnaie**. Cette théorie stipule que lorsque la masse monétaire s'accroît, les prix augmentent dans la même proportion, sans effet sur le volume des transactions. En fait, la croissance de la masse monétaire va provoquer une hausse des prix tout en exerçant un effet sur l'économie réelle : l'accroissement de la masse monétaire permet aux agents économiques de disposer

◄ Mill, Fisher

d'encaisses supplémentaires qu'ils dépensent, ce qui stimule la demande ; il en résulte une hausse des prix qui va rétablir la valeur réelle des encaisses.

Bibliographie

- *Money, interest and prices* (édition française, *La Monnaie, l'intérêt et les prix*, 1972), 1956.
- *Study in monetary economics*, 1972.
- *Essays on and in the Chicago tradition*, 1981.
- *Keynes's monetary thought*, 1976.
- *Anticipations of The general theory ? and other essays on Keynes*, 1982.
- *On different interpretations of The general theory*, 1989.

François **Perroux**

Économiste français né à Lyon, François Perroux (1903-1987) enseigne d'abord à la faculté de droit de Lyon puis à Paris de 1935 à 1955. Il est le fondateur en 1944 de l'Institut de Sciences économiques appliquées (ISEA) et de quatre revues : *Les Cahiers de l'ISEA, Économie appliquée, Revue tiers-monde* et *Mondes en développement.* Il occupe la chaire d'analyse des faits économiques et sociaux au Collège de France de 1955 à 1974.

Perroux a investi de nombreux domaines de recherche. Il a influencé un grand nombre d'économistes en France mais aussi dans le tiers-monde.

F. Perroux est un économiste hétérodoxe qui ne s'inscrit dans aucun des grands courants de la pensée économique. À partir d'une œuvre immense, il a forgé un grand nombre de concepts qui ont enrichi l'analyse économique.

Pour F. Perroux, le capitalisme tire sa supériorité de sa capacité à promouvoir l'innovation ; l'aiguillon du profit reste la moins mauvaise solution pour accroître les richesses. Ce qui l'amène à fustiger le régime soviétique qui limite l'action et l'expression des individus : « le marché, Hayek ► même très imparfait, vaut mieux qu'une planification parfaite ». Mais le regard que porte F. Perroux sur l'économie est celui d'un humaniste chrétien. Il fait une critique sévère de l'économie de marché qui s'accompagne d'une montée des inégalités et d'une marchandisation des rapports sociaux. Pour F. Perroux, l'économie doit avoir pour finalité de répondre aux besoins fondamentaux de l'homme, de couvrir les **coûts de l'homme**, c'est-à-dire nourrir, loger, soigner, éduquer les hommes.

À ce titre, il opère une distinction très nette entre le **développement** qui est la « combinaison des changements mentaux et sociaux d'une population qui tendent à faire croître cumulativement et durablement son produit réel global » et la **croissance économique** qui correspond à « l'augmentation soutenue pendant une ou plusieurs périodes longues d'un indicateur de dimension, pour une nation, le produit global net en termes réels ». Les pays sous-développés se caractérisent non seulement par un taux de croissance du PIB relativement faible, mais aussi par l'incapacité à couvrir les besoins fondamentaux de leur population.

De ce point de vue, l'économie du XXe siècle a échoué. Une large partie de la population mondiale ne bénéficie pas d'un niveau de subsistances suffisant. La couverture santé reste très inégalement répartie entre les régions riches et les autres. Enfin, l'homme n'a pas gagné en liberté : les régimes autoritaires sont liberticides tandis que le capitalisme est source d'inégalités et d'exclusion.

Plus largement, F. Perroux montre que les inégalités touchent l'ensemble des acteurs de la vie économique. C'est l'**effet de domination** qui caractérise le mieux les relations entre firmes, régions, nations ou encore monnaies.

Seules les grandes entreprises sont capables de financer de lourds programmes de recherche sources d'innovations. Cela leur permet d'asseoir leur position et, si possible, d'accroître leur **pouvoir**. De même, il existe des économies nationales dominantes qui exercent une influence asymétrique sur les nations dominées. Selon F. Perroux, ce phénomène est ambivalent : la contrainte que font peser les firmes et les nations dominantes sur les autres est source d'efficacité mais génère aussi des inégalités. Les économies capitalistes créent une véritable « dynamique de l'inégalité ». La croissance se diffuse à partir d'**unités motrices** qui sont des unités complexes de production dont le regroupement (**effet d'agglomération**) favorise les synergies et l'efficacité économique. La croissance économique ne touche donc que certains territoires qui bénéficient d'un tissu industriel dynamique et qui constituent un véritable **pôle de croissance**. Les États, bien que n'ayant pas tous les mêmes capacités, peuvent faciliter l'installation de ces unités motrices sur leur territoire pour créer dans ce

◄ Schumpeter

◄ Amin, Emmanuel Prebisch

cas des **pôles de développement**. F. Perroux souligne que les espaces économiques ne coïncident pas nécessairement avec les espaces politiques. Les intérêts des firmes multinationales en particulier peuvent se révéler contraires aux intérêts nationaux. Puisque l'internationalisation des économies est inéluctable, il est nécessaire de constituer des instances de régulation au niveau mondial.

F. Perroux appelle de ses vœux une société qui ne soit pas exclusivement fondée sur le gain, l'échange marchand, mais aussi sur des valeurs de solidarité (le don) et de partage.

Bibliographie

- *Le Capitalisme*, PUF, 1948.
- *La Coexistence pacifique*, PUF, 1958, réédité en 1992 aux PUG.
- *L'Économie du XXe siècle*, 1961.

Edmund **Phelps**

Edmund Phelps (1933-) est un économiste américain, du courant de la nouvelle économie keynésienne, qui a consacré une part importante de ses travaux à la recherche des fondements microéconomiques de la macroéconomie.

Friedman ►

Phillips, Samuelson (courbe de Phillips) ►

E. Phelps a, parallèlement à Friedman, introduit le concept de **chômage naturel**, c'est-à-dire le taux de chômage en dessous duquel l'économie ne peut rester durablement. L'existence d'un tel taux fait qu'il n'est pas toujours possible de réduire le chômage quitte à accepter plus d'inflation et met donc en cause la **courbe de Phillips**. Mais alors que Friedman considère que le chômage naturel est dû aux rigidités institutionnelles (législation, pouvoir des syndicats...), Phelps l'explique par la **rotation de la main-d'œuvre**. Le chômage ne peut pas être durablement très faible car si cela était le cas les entreprises auraient à faire face à de gros problèmes de rotation de main-d'œuvre dus à des départs volontaires. Chaque entreprise, pour limiter l'hémorragie, chercherait à mieux rémunérer ses salariés que les autres entreprises et en fin de compte n'y parviendrait pas. Donc, le seul moyen d'obtenir un équilibre sur le marché du travail est que le taux de chômage soit suffisamment élevé pour que le problème des départs volontaires demeure contrôlable. Le chômage est donc en partie involontaire (comme le pensait Keynes) ; il s'explique par un rationnement lié à un taux de salaire supérieur à son niveau d'équilibre de marché.

Keynes (chômage involontaire)

Par ailleurs E. Phelps considère que le chômage subit un effet d'inertie très fort (**effet d'hystérèse**) : le taux de chômage d'une période dépend directement du taux de chômage des périodes précédentes. En effet, le chômage conduit à la dépréciation du capital humain et les coûts de rotation et de recrutement entraînent des frictions, de sorte que si le taux de chômage est élevé, il faudra longtemps avant qu'il ne se réduise à son niveau normal.

Becker (capital humain)

Bibliographie

- *Microeconomic foundations of employement and inflation theory*, 1970.
- *Inflation policy and unemployment theory*, 1972.
- *Seven schools of macroeconomic thought*, 1990.

William Alban **Phillips**

Après avoir entamé une carrière d'ingénieur électricien, le néo-zélandais William Alban Phillips (1914-1975) débute en 1950 une carrière d'enseignant en économie à la London School of economics. Il s'intéresse particulièrement à la modélisation de la macroéconomie keynésienne. En 1967, il est nommé à l'université nationale d'Australie mais doit cesser d'enseigner en 1969, du fait d'une grave maladie. Il meurt en Nouvelle-Zélande en 1975.

Phillips consacre une grande partie de ses travaux à la **modélisation** économétrique. Dans un article publié en 1958 dans la revue *Economica,* il constate, sur la base de statistiques concernant l'économie britannique au cours de la période 1861-1957, qu'en règle générale plus le taux de chômage est élevé, moins la hausse des salaires nominaux est forte. Il résume ce constat par une courbe qui portera son nom (**courbe de Phillips**). Cette recherche inspirera les

Samuelson, Lucas, Phelps

Américains Solow et Samuelson, qui établiront une corrélation négative entre taux d'inflation et taux de chômage représentée également par une courbe, couramment appelée courbe de Phillips.

Bibliographie

- « The relation between unemployment and the rate of change of money wages rate in the United Kingdom », 1861-1957, 1958.
- *Stabilisation policy in a closed economy*, 1954.

Arthur Cecil **Pigou**

Marshall ►

Arthur Cecil Pigou (1877-1959) est un économiste anglais qui a contribué à l'**analyse néoclassique**. Élève d'Alfred Marshall, il lui succède en 1908 à l'université de Cambridge. Ces travaux principaux portent sur la monnaie (« effet Pigou » appelé aussi « effet d'encaisses réelles »), sur l'économie du bien-être et sur l'emploi.

■ L'effet d'encaisses réelles

Fisher
Wicksell ►

L'**équation de Fisher**, qui est le fondement de la théorie quantitative de la monnaie, affirme que les prix résultent de la quantité de monnaie, mais n'explicite pas le mécanisme précis qui permet aux prix de s'ajuster à l'offre de monnaie. Ce mécanisme a été expliqué par Arthur Cecil Pigou, d'où son nom « **effet Pigou** » ou « **effet d'encaisses réelles** ».

Selon Pigou, les individus détiennent une encaisse composée d'argent liquide qu'ils jugent nécessaire et suffisante pour faire face à leurs transactions futures. Si les pouvoirs publics augmentent la quantité de monnaie en circulation, les encaisses de l'ensemble des agents économiques augmentent ; se retrouvant avec des moyens de paiement dépassant leurs besoins, les individus augmentent leurs dépenses, ce qui, augmentant la demande globale, fait augmenter le niveau général des prix et par conséquent fait baisser la valeur réelle des encaisses. Les agents stabiliseront leurs dépenses lorsque la valeur réelle des encaisses de la période sera égale à la valeur réelle des encaisses de la période précédente. Le mécanisme inverse joue également : la diminution de la quantité de monnaie oblige les individus qui veulent stabiliser leurs encaisses à diminuer leurs dépenses, d'où une baisse du niveau général des prix... Pour Pigou, les individus ne sont donc pas victimes de l'**illusion monétaire**. Cela sera contredit par Keynes.

◄ **Keynes (illusion monétaire)**

■ La théorie du bien-être

Quoique néoclassique, Pigou légitime une certaine intervention de l'**État**. Ses développements les plus célèbres et acceptés par le courant libéral concernent les effets externes, mais Pigou préconise aussi certaines autres interventions de l'État.

L'État doit prendre en charge les « **externalités** ». Un **effet externe** est une répercussion de l'activité d'un agent économique sur d'autres agents qui ne donne pas lieu à une compensation monétaire. Certaines externalités sont positives (implantation d'une usine qui profite aux commerçants locaux par exemple), mais la plupart des externalités sont négatives (pollution, épuisement des ressources naturelles, coûts sociaux et médicaux d'un travail éprouvant...). Ces externalités ne peuvent être prises en compte par le marché, et éloignent donc l'économie de l'**optimum au sens de Pareto**.

◄ **Pareto (optimum)**

Prenons l'exemple des effets externes négatifs : l'entreprise rationnelle égalise sa recette marginale avec son coût marginal, mais elle ne tient pas compte des effets externes négatifs engendrés par son activité (**pollution** par exemple) ; son coût marginal privé est plus faible que le coût marginal réel, que Pigou nomme coût marginal social, et qui englobe le coût marginal de l'entreprise, mais aussi les coûts additionnels supportés par l'entourage. Les effets externes négatifs conduisent à une production trop forte par rapport à l'optimum. L'État doit donc internaliser l'effet externe grâce à l'impôt. Cette imposition va faire augmenter le coût marginal privé de l'entreprise qui deviendra égal au coût marginal social ; l'optimum sera ainsi respecté. L'État utilise la somme prélevée pour dédommager les victimes des effets externes négatifs. L'État doit aussi internaliser les effets externes positifs.

Cette analyse légitime plusieurs interventions de l'État comme la participation aux dépenses d'éducation. En effet, puisque par effet de réseau, l'éducation d'un individu profitera à la collectivité, pour atteindre l'optimum au sens de Pareto, il est nécessaire que l'État subventionne l'éducation.

Pour conclure, sans intervention étatique, les effets externes négatifs conduisent à une surproduction par rapport à l'optimum de Pareto, et les effets externes positifs à une sous-production. Pour se rapprocher d'une situation optimale, l'État doit donc imposer les effets externes négatifs et subventionner les effets externes positifs. Coase affirmera que la solution n'est pas l'intervention de l'État, mais la définition des **droits de propriété**.

Coase ►

Le **bien-être** dépend aussi de la **répartition** des revenus. Pigou considère qu'une même unité monétaire apporte plus de satisfaction à une personne ayant un faible revenu qu'à une personne ayant un revenu élevé (utilité marginale décroissante de la monnaie). La **redistribution** peut donc être légitime. Pigou affirme que « tant que le revenu global ne diminue pas, toute augmentation, dans un large éventail, du revenu réel dont jouissent les classes les plus pauvres, aux dépens d'une réduction égale du revenu possédé par les classes les plus riches, entraîne à coup sûr, un accroissement du bien-être ». La difficulté réside dans la détermination du seuil où la redistribution fait baisser le revenu global. Il est très faible selon certains théoriciens comme Arthur Laffer, chef de file de la théorie de l'offre, et beaucoup plus élevé pour les théoriciens d'inspiration keynésienne.

Laffer ►

■ La théorie de l'emploi

Selon Pigou, la situation normale et habituelle du **marché du travail** est le **plein emploi**. Il considère que le libre jeu du marché, c'est-à-dire la loi de l'offre et de la demande, permet toujours, en situation de concurrence, d'assurer le plein emploi ; le chômage durable est impossible sauf s'il est volontaire.

S'il y a du chômage, c'est-à-dire si l'offre de travail est supérieure à la demande de travail, la concurrence que se livrent les salariés permet de faire baisser le taux de salaire réel, ce qui accroît l'embauche.

Walras (équilibre général)
Marshall (équilibre partiel) ►

Il n'y a pas dans ce modèle, comme dans celui de Walras, de tâtonnement, et l'échange n'a pas uniquement lieu lorsque l'équilibre est atteint. C'est le déséquilibre (excédent de l'offre ou de la demande de travail) qui provoque l'ajustement (baisse ou hausse de taux de salaire réel). Le déséquilibre est donc possible, mais il n'est que temporaire.

L'équilibre sur le marché du travail est automatiquement atteint grâce à la **flexibilité du taux de salaire réel**. Tous ceux qui veulent être embauchés au taux de salaire réel d'équilibre peuvent l'être. L'économie est dans une situation de plein emploi. Keynes s'opposera à Pigou en affirmant que le **chômage involontaire** est possible.

◄ **Keynes (chômage involontaire)**

Bibliographie

- *Wealth and welfare*, 1912.
- *The economics of welfare*, 1920.
- *The analysis of supply*, 1928.
- *Theory of unemployement*, 1933.

Karl **Popper**

Karl Popper (1902-1994) est né à Vienne dans une famille juive qui se convertira plus tard à la religion protestante. Après avoir été tenté un moment par une carrière musicale, il entreprend des études universitaires tout en enseignant la physique et les mathématiques dans l'enseignement secondaire. Il commence à disserter sur les questions épistémologiques dans les années 1930, au moment où il est témoin de la dégradation de la situation politique et sociale en Allemagne. C'est alors qu'il décide d'émigrer en Nouvelle-Zélande où on lui offre un poste d'enseignant jusqu'en 1945. Grâce, notamment, à F. A. von Hayek, il réintègre l'Europe et rejoint la prestigieuse London School of Economics où il enseigne la logique et la méthode scientifique. Il influencera alors toute une génération de philosophes britanniques avant de prendre sa retraite en 1969.

◄ **Hayek**

L'épistémologie de K. Popper se développe en réaction à l'esprit inductiviste du **Cercle de Vienne** qu'il a fréquenté sans en faire partie (Le *Wienerkreis* regroupait, au début des années 1930, des néopositivistes physiciens ou logiciens comme Schlick, Carnap, Neurath ou encore Waisman). Pour le Cercle de Vienne, les sciences expérimentales s'appuient sur le **principe de vérificabilité** qui énonce que « la signification d'une proposition se confond avec sa méthode de vérification ». Or, pour Popper, l'accumulation d'observations ne permet pas d'établir la « vérité » ou la « fausseté » d'une assertion à prétention générale. C'est à partir de ce constat qu'il établit le célèbre **critère de réfutabilité**, énonçant que la scientificité d'une théorie réside dans la possibilité de l'invalider, de la réfuter ou de la tester. Cette façon de faire repose sur un **principe d'asymétrie**. S'il n'est jamais possible de fonder une proposition générale à partir d'une série d'énoncés singuliers (méthode dite de l'induction), il est toujours possible de s'appuyer sur un énoncé singulier pour déstabiliser une proposition générale (c'est ce qu'on appelle la **falsification**, ou encore la réfutation).

La théorie de la falsification a pour conséquence que la notion de vérité n'est plus directement associée à l'activité scientifique. Une théorie n'est jamais autre chose qu'un essai pour comprendre le monde, qui ne peut pas être vérifié mais seulement corroboré à un moment donné. Son destin naturel est d'être un jour démenti par de nouveaux faits, qui permettront à leur tour l'émergence d'une nouvelle théorie. Les théories scientifiques s'inscrivent donc dans le registre du « non-faux provisoire » . On est loin de l'explication de l'univers à laquelle prétendaient les premiers positivistes.

Comte ►

Une conclusion importante mérite d'être dégagée de cette conception du travail scientifique. Pour Popper, certains systèmes interprétatifs, comme la psychanalyse ou le marxisme, ne peuvent prétendre au statut de science. Ces systèmes mobilisent à leur profit les faits permettant de les confirmer et conçoivent des stratagèmes contre les éléments susceptibles de les invalider. Bref, ils refusent d'être soumis à des tests expérimentaux. Ils ne sont pas falsifiables parce qu'ils n'offrent aucune prise à la réfutation, s'immunisant par avance contre l'épreuve cruciale.

Le falsificationnisme popperien se prolonge en une conception de l'histoire et de la politique.

Popper dénonce l'**historicisme** qui est une prétention à énoncer que l'histoire a un sens qui ne peut être démenti, prétention que l'on retrouve aussi bien dans le fascisme que dans le communisme. Il pense plutôt que l'avenir est par essence indéterminé, impossible à prévoir. Il n'y a pas de cours inéluctable des événements, et les hommes peuvent toujours peser sur leur destin. De plus, l'application de la réfutabilité à la sphère politique donne l'image d'une **société ouverte** où le jeu des acteurs est toujours ouvert. Cette société, sans cesse soumise au contrôle critique de ses membres, pratique un réformisme sans illusion. Les démocraties libérales sont une bonne illustration de ces sociétés ouvertes, engagées dans un processus de progrès continu, qui est en même temps une quête inachevée.

Bibliographie

- *Logik der Forschung*, Vienne, 1934 (en français : *La Logique de la découverte scientifique*, Payot, 1973).
- *Conjectures and refutations*, New York, 1963 (en français : *Conjectures et réfutations*, Payot, 1986).
- *Unented Quest*, La Salle, 1976 (en français : *La Quête inachevée*, Calmann-Lévy, 1981).

Raùl **Prebisch**

L'argentin Raùl Prebisch (1901-1985) est un économiste du développement. Parallèlement à sa carrière d'économiste, il a exercé plusieurs fonctions à caractère politique : par exemple, il a participé au gouvernement de son pays au début des années 1930 ; il a été secrétaire de la Commission des Nations unies pour l'Amérique latine (CEPAL) de 1948 à 1962 et secrétaire général de la Conférence des Nations unies sur le commerce et le développement (CNUCED) de 1964 à 1969...

Pour Prebisch, les relations économiques internationales s'articulent autour d'un **centre** (les pays développés) occupant une position dominante au sein de l'économie mondiale au détriment d'une **périphérie** (les pays en développement) dont les exportations de produits primaires et l'approvisionnement en biens d'équipement dépendent du centre. Celui-ci ponctionne les richesses de la périphérie, perpétuant de ce fait son **sous-développement**. En outre, les structures socio-économiques des pays en développement, souvent héritées de l'ère coloniale et perpétuées par la **domination** du centre, nuisent au développement. Ainsi, le sous-développement est perçu comme la conséquence de la domination des pays développés et des structures spécifiques de ces pays en développement (**approche structuraliste**).

◄ **Amin**
Myrdal
Perroux

Ainsi, le centre et plus concrètement les firmes multinationales cantonnent la périphérie à l'exportation de produits primaires. Or ces produits ne bénéficient pas d'une demande mondiale très dynamique ; leurs cours sont très instables d'où, le plus souvent, une détérioration des **termes de l'échange** (c'est-à-dire la baisse du prix des exportations par rapport au prix des importations), préjudiciable au développement des pays en développement. C'est pourquoi Prebisch préconise une stratégie de développement par substitution d'importations orientée vers le marché intérieur.

Lewis ►

Au début des années 1980, constatant les échecs des stratégies de développement qu'il promouvait, Prebisch militait pour l'émergence d'un nouveau système associant socialisme et libéralisme économique.

Bibliographie

- *The economic development of latin America*, 1950.
- *A new strategy for development*, 1968.
- *Capitalismo periferico*, 1981.

Pierre Joseph **Proudhon**

Pierre Joseph Proudhon est né en 1809 dans une famille modeste. À 18 ans, il doit travailler pour gagner sa vie. À 30 ans, il obtient une bourse de l'académie de Besançon qui lui permet de satisfaire son désir d'écrire. Il séjourne à Lyon et à Paris, fréquente les milieux révolutionnaires mais également libéraux. Il est élu député en 1848 ; en 1849, il est condamné à trois ans de prison pour des articles contestant l'action de Louis Napoléon Bonaparte. Il est à nouveau condamné en 1858 pour outrage à la religion et décide de s'exiler en Belgique. Il meurt en 1865 à Paris, un peu plus de deux ans après son retour d'exil.

Proudhon fonde sa vision du monde sur la **justice** (qu'il assimile à l'**égalité**), et la **liberté**. Or la propriété crée des **inégalités** : elle permet à certains de percevoir des revenus sans travailler (ce que Proudhon appelle des « revenus d'aubaine ») et d'accumuler des richesses. La propriété est en outre à l'origine de l'**exploitation** des travailleurs : les employeurs paient à leurs ouvriers l'équivalent de la valeur qu'ils produiraient s'ils travaillaient seuls. Mais la réunion

Marx ►

de travailleurs en un même lieu (au sein d'une entreprise) accroît, grâce à la division du travail, la productivité de chacun en regard de ce qu'elle serait si chaque ouvrier travaillait isolément. La propriété permet alors à l'employeur de s'accaparer ce surplus de productivité.

Dès lors, il faut abolir la propriété capitaliste en la transformant en « possession », c'est-à-dire une propriété sans les « revenus d'aubaine » qui y sont attachés. Il faut également rejeter le **communisme** et l'**étatisation**, sources d'oppression des individus par la collectivité, donc contradictoires avec la liberté. Finalement, Proudhon en arrive à justifier la propriété comme garantie des libertés face à l'oppression collective. Il promeut la petite propriété rurale et de ce fait réhabilite la rente ; en revanche, il persiste à dénoncer l'intérêt (il préconise le prêt gratuit) et le profit en y opposant le principe de l'appropriation de l'intégralité des fruits de son travail par l'ouvrier.

Pour Proudhon, seul le **mutuellisme**, c'est-à-dire l'association libre et contractuelle entre les individus, peut concilier la liberté et la justice. Il prône l'autogestion au sein des entreprises dont les salariés sont à la fois les gestionnaires et les propriétaires et préconise, sur le plan politique, le fédéralisme entre des entités locales auxquelles adhèrent volontairement les individus. Dès lors, l'État n'est plus nécessaire, le contrat et la libre association se substituant à la contrainte (ce principe est l'un des fondements de l'**anarchie** dont Proudhon se réclame).

Bibliographie

- *Qu'est-ce que la propriété ?*, 1840.
- *Systèmes des contradictions économiques ou Philosophie de la misère*, 1846.
- *Résumé de la question sociale, Banque d'échange*, 1848.
- *Théorie de la propriété*, 1865.

Q

François Quesnay

François Quesnay est né en 1694 dans une famille de laboureurs de douze enfants. Il apprend à lire à 11 ans grâce à un ouvrage de médecine ; il se lance alors dans des études médicales et devient un médecin très réputé à tel point qu'il soigne madame de Pompadour, sauve le dauphin de la petite vérole et est en mesure d'acheter la charge de premier médecin ordinaire du roi. Ayant près de 60 ans, il s'intéresse à l'économie, écrit plusieurs articles pour l'*Encyclopédie* et réunit autour de lui un certain nombre d'hommes influents, parmi lesquels figurent Victor Mirabeau, Pierre Dupont de Nemours ou Pierre Paul Mercier de La Rivière qui formeront la «secte» physiocratique avec une admiration dévouée pour leur maître. François Quesnay mourra en 1774 après s'être lancé dans une troisième carrière : celle de mathématicien.

Quesnay s'oppose aux mercantilistes, car il pense que l'objectif de la vie n'est pas l'enrichissement mais le bonheur. Pour atteindre ce bonheur, il préconise une vie naturelle aux champs et il considère qu'il faut augmenter la production de richesses, pas les richesses monétaires comme le pensent les mercantilistes, mais les **richesses** agricoles.

Seule l'agriculture est en mesure de produire un surplus au-delà des matériaux utilisés, c'est-à-dire un **produit net**. L'activité manufacturière est stérile, car elle ne dégage aucun produit net ; elle transforme les richesses, mais n'en crée pas. L'industrie est tout de même très utile, puisqu'elle fournit à l'agriculture des biens de production que Quesnay nomme « **avances** » et dont l'utilisation permet d'augmenter les rendements.

Quesnay procède à la première tentative de **comptabilité nationale**, en représentant la circulation des flux monétaires. Par le jeu des échanges, les dépenses des uns constituent les gains des autres. Quesnay distingue trois classes d'agents économiques :

- la classe productive qui regroupe les agriculteurs ;
- la classe des propriétaires fonciers qui regroupe tous ceux qui tirent un revenu de la terre sans travailler (souverain, nobles, clergé...) ;
- la classe stérile qui comprend essentiellement les artisans et les transporteurs ; cette classe ne produit pas, mais ne fait que véhiculer et transformer les matières premières que lui fournit la classe productive, et vendre aux deux classes précédentes.

Ainsi, Quesnay propose un cas particulier : les agriculteurs produisent l'équivalent de 5 milliards en produits agricoles ; ils conservent l'équivalent de 2 milliards pour pourvoir à leur entretien et pour faire des « avances » à la terre, et vendent les 3 milliards restants aux deux autres classes. Grâce à cette vente de 3 milliards, ils peuvent payer le produit net (création nette de marchandises qui constitue le revenu des propriétaires) et acheter à la classe stérile des produits finis, qui serviront d'avance. Ce **circuit** est équilibré et se renouvelle d'année en année. L'économie connaît donc un **état stationnaire** qui ne peut être modifié de façon positive (augmentation du produit net) que par une augmentation des rendements agricoles, et de façon négative (baisse du revenu net) que si les propriétaires augmentent leur « dépenses stériles », si de la monnaie est thésaurisée ou si des taxes trop lourdes grèvent le revenu des agriculteurs.

Quesnay est un libéral, il pense que l'État ne doit pas intervenir dans l'économie et qu'il doit respecter les lois physiques qui la guident. Les intérêts individuels et surtout ceux des agriculteurs sont conformes à l'intérêt général. Il faut respecter l'**ordre naturel** de l'économie et assurer la sécurité de la propriété foncière.

Quesnay est libre-échangiste et il s'oppose au protectionnisme de
Colbert ►
Colbert. Le mercantilisme avait mené une politique de bas prix agri-

coles, pour limiter les salaires et ainsi favoriser le développement industriel ; une des mesures emblématiques de la politique colbertiste était l'interdiction des exportations de blé qui, créant une surproduction relative, diminuait le prix du blé. Les physiocrates considèrent au contraire qu'il faut favoriser l'augmentation du prix du blé afin d'encourager les agriculteurs à accroître le produit net.

François Quesnay a emprunté une partie de ses analyses à Richard Cantillon. Le libéralisme de Quesnay annonce l'école classique anglaise, et sa démarche le tableau input/output de Léontief.

◄ Cantillon, Smith, Léontief

L'œuvre de Quesnay est *Le Tableau économique* conçu dès 1757 et présenté au roi Louis XV en 1758.

Bibliographie

- *Le Tableau économique*, 1766.

Adolphe Quételet

Adolphe Quételet (1796-1874), savant belge, est à la fois statisticien et mathématicien. Après une thèse d'optique géométrique en 1819, il est professeur de mathématiques au lycée de Gand puis à l'athénée et au musée de Bruxelles. Au cours d'un voyage à Paris, où il rencontre les mathématiciens Laplace, Fourier, Poisson, il développe son intérêt pour le calcul des probabilités et son application aux sciences morales et politiques. Directeur de l'observatoire astronomique belge en 1831, il continue cependant de s'intéresser aux recherches statistiques et démographiques. Il assurera ainsi la promotion de plusieurs sociétés de statistique, et surtout des neuf congrès internationaux de statistique qui se réuniront de 1853 à 1874.

Quételet reprend le terme de **physique sociale** qu'il emprunte à A. Comte. Cependant, alors que Comte désigne par là une science qui a pour but l'étude des phénomènes sociaux assujettis à des lois invariables, Quételet en fait une discipline qui emprunte ses concepts et sa méthode au calcul des probabilités et à la statistique. Comte pensait, au contraire, que la méthode mathématique était inadaptée à la multiplicité et à la variabilité des causes du mouvement des sociétés humaines, et lui préférait la méthode historique.

◄ Comte

Dans son projet de physique sociale, Quételet fait confiance à la loi des grands nombres pour annuler les particularités individuelles et ne conserver que les caractéristiques communes d'un phénomène. Il aboutit de la sorte à la **théorie de l'homme moyen** qui est le véritable objet auquel s'applique cette loi, centre de gravité du corps social, représentant un groupe social homogène, que l'on obtient en faisant la moyenne de la mesure de caractéristiques physiques ou morales et en évacuant les valeurs atypiques. Pour Quételet, les phénomènes moraux sont mesurables, au même titre que les phénomènes physiques. Il suffit pour cela d'évaluer les causes par leurs effets et de supposer que les effets sont proportionnels aux causes (par exemple, si le courage n'est en soi pas mesurable, les actes de courage le sont, à condition que l'on en donne une définition communément admise). Il est également possible de s'appuyer sur les enregistrements institutionnels de ces actes, comme l'enregistrement des faits criminels par la police ou la justice.

La théorie de l'homme moyen a fait l'objet de nombreux débats dans la seconde moitié du XIXe siècle. Les statisticiens comme Bertillon et Cournot stigmatiseront le caractère monstrueux d'un être dont les caractéristiques sont moyennes. Les sociologues Durkheim et Halbwachs préféreront rechercher d'autres fondements que statistiques à la norme sociale. Quant aux philosophes et aux moralistes, ils prendront des distances avec le déterminisme radical dont fait parfois preuve Quételet.

Durkheim
Halbwachs ►

Bibliographie

- *Sur l'homme, et le développement de ses facultés, ou Essai de physique sociale*, 1835.

R

Alfred Reginald **Radcliffe-Brown**

Alfred Reginald Radcliffe-Brown (1881-1955) est un des fondateurs de l'anthropologie sociale britannique, qui se distingue de l'anthropologie sociale américaine par l'intérêt qu'elle porte à l'étude des structures sociales plutôt qu'à celle des idéologies et de la culture, donc par le fait qu'elle est plus proche de la sociologie. Citoyen britannique, Radcliffe-Brown a commencé sa carrière dans les îles Andaman et parmi les tribus d'Australie occidentale. Il a enseigné à Sydney, puis à Chicago, avant de revenir à Oxford où il occupe la chaire d'anthropologie sociale de 1937 à 1946. L'originalité de Radcliffe-Brown est d'être un des fondateurs du fonctionnalisme et du structuralisme. Il a également été influencé par Spencer, d'où ses liens avec la science biologique, et par Durkheim.

◄ **Benedict**
◄ **Kardiner**
◄ **Linton**
◄ **Mead**

◄ **Fonctionnalisme**
◄ **Structuralisme**

Radcliffe-Brown compare donc la vie sociale à la vie biologique, ce qui le conduit à identifier par analogie trois problèmes pour toute société humaine.

Le premier problème est un problème de morphologie sociale, d'où une interrogation sur les types de structure sociale, leurs différences et leurs ressemblances, interrogation qui conduit naturellement à chercher à classer les différentes organisations humaines.

Le second problème est un problème de physiologie sociale ; il s'agit, en clair, de se pencher sur le fonctionnement d'une communauté.

Enfin, le troisième problème est un problème d'évolution sociale ; comment peut-on penser le devenir des sociétés, de leur naissance à leur mort ?

Ces trois problèmes nous donnent les trois concepts fondamentaux de Radcliffe-Brown, à savoir : les concepts de structure, de fonction et d'évolution.

La **fonction** selon Radcliffe-Brown est un moyen adapté à une fin, cette fin étant le fonctionnement normal d'un système social. On analysera, par exemple, comment la sanction des actes criminels apporte une contribution au maintien du système social. Cette contribution ne s'analyse pas isolément. En effet, les différentes parties du système collaborent de façon suffisamment harmonieuse pour éviter les conflits. Cette conception se distingue aussi bien de la mise en corrélation de deux phénomènes (quand on énonce qu'un phénomène est fonction d'un autre ; ex. : il y a une corrélation entre le nombre d'enfants que les femmes mettent au monde et le niveau de développement économique du pays) que du fonctionnalisme de Malinowski qui est fondé sur la culture et sur les besoins. Pour Malinowski, une fonction donnée doit répondre avant tout aux besoins de la société, y compris les besoins primaires.

Radcliffe-Brown analyse la **structure** comme un ensemble de relations constituant une réalité concrète, qui est donc observable directement. La structure est définie par les relations sociales qui concernent des individus ou des groupes, et ces relations sont caractérisées par la différenciation sociale (« différenciation des individus et des groupes par leur rôle social ») et par une certaine permanence dans l'espace et dans le temps. Les relations sont stabilisées par les institutions auxquelles notre auteur assigne un sens particulier qui est celui de l'ensemble des règles et des normes contribuant à la permanence du corps social.

Spencer ►

Enfin, pour Radcliffe-Brown, l'**évolution** repose sur un processus de différenciation qui fait apparaître le devenir des organisations sociales ce qui le rapproche évidemment de l'évolutionnisme de Spencer.

Étant à l'origine du fonctionnalisme, Radcliffe-Brown est aussi à l'origine de ses difficultés à rendre compte du changement social, puisqu'il s'agit, pour l'essentiel, de mesurer comment les éléments d'un système peuvent collaborer sans produire de conflit majeur.

S'il est aussi un des pères de l'analyse systémique en sociologie, sa relation au structuralisme est plus délicate. Lévi-Strauss lui reproche de confondre sous un même vocable le terme de structure, au sens de réalité empirique (les relations sociales), et le modèle théorique qui doit en rendre compte (la structure sociale) . De plus, alors que Radcliffe-Brown, fidèle à sa perspective évolutionniste, émet l'idée d'une continuité entre biologie et anthropologie, Lévi-Strauss postule plutôt l'existence d'une rupture entre la nature et la culture, à partir de l'axiomatique de la prohibition de l'inceste.

◄ Crozier
Morin

Bibliographie

- *Structure et fonction dans la société primitive*, 1952.

John Rawls

John Rawls (1921-2002) était professeur de philosophie politique dans plusieurs universités américaines et notamment à Harvard (1959-1991). La **philosophie politique** est une discipline qui cherche à rendre compréhensible la logique d'une société et à proposer des principes visant à l'organiser. C'est ce qu'avaient fait, en leur temps, Montesquieu avec sa théorie de la séparation des pouvoirs ou Rousseau lorsqu'il défendait le principe de la souveraineté populaire. De son côté, Rawls a renouvelé la philosophie politique moderne en publiant en 1971 un ouvrage (*La Théorie de la justice*) dans lequel il énonce trois principes qui, selon lui, devraient permettre de concilier la liberté, l'égalité des individus et l'efficacité économique.

◄ Montesquieu
Rousseau

Rawls fait l'hypothèse d'individus libres et, par principe, égaux. Il considère également que l'homme est un être spontanément social, la société étant bénéfique pour les individus. Elle accroît les opportunités de chacun, mais crée également des possibilités de conflits concernant la répartition des fruits de l'association des individus. Il est donc nécessaire de fixer des principes pour définir comment doivent être répartis ce que Rawls appelle les **biens premiers** et qui rassemblent tout ce qu'un homme rationnel est supposé désirer : les libertés fondamentales, les chances d'accès aux différentes fonctions et positions mais également les attributs de ces fonctions et positions : revenu et prestige social.

Utilitarisme ►

Bentham ►

Rawls pose donc le problème de la **justice sociale** et il le fait en critiquant la théorie qui faisait jusque-là l'objet d'un large consensus aux États-Unis : la théorie utilitariste. Les utilitaristes, en effet, considèrent qu'une société juste est une société qui maximise le bonheur collectif. Le bonheur étant la finalité de toute activité humaine, ils soutiennent qu'entre deux sociétés la plus juste sera celle qui autorise le plus grand bonheur possible pour le plus grand nombre d'individus possible. Parmi les critiques que Rawls adresse à la théorie utilitariste, la plus décisive est celle concernant la répartition des avantages de la société et donc du statut des minorités. Rien n'interdit, en effet, que le bonheur de la majorité se fasse au détriment de celui d'une minorité. C'est inacceptable, car cela revient à nier la liberté d'un ou de plusieurs individus.

Hobbes
Locke
Rousseau ►

Dans la lignée ouverte par les théories du contrat social du XVIIIe siècle, Rawls imagine que des individus libres, égaux et rationnels sont réunis pour déterminer ce que doit être une société juste. Il ajoute qu'aucun d'entre eux ne doit savoir quels seront ses attributs futurs (sexe, couleur de peau...). Ce « **voile d'ignorance** » place les individus dans une situation initiale d'égalité, personne n'ayant intérêt à désirer des inégalités sociales inscrites dans la loi. Rawls considère que de toutes les théories de la justice sociale possibles seule celle élaborée à la suite d'une concertation entre des individus placés dans une situation d'égalité peut être qualifiée d'équitable. L'égalité initiale des individus est le garant de l'équité des principes de la justice sociale.

Il soutient qu'une société est juste si elle respecte à la fois un principe de liberté, un principe d'égalité et un principe de différence, le premier étant supérieur au second qui est lui-même supérieur au troisième.

Le **principe de liberté** stipule que chaque individu doit bénéficier de la façon la plus vaste possible de libertés fondamentales. Celles-ci sont la liberté politique (celle d'être élu ou de voter), les libertés d'expression et de réunion, de conscience et de pensée, ainsi que le droit de propriété et celui d'être protégé contre l'arbitraire. Les libertés dont jouit un individu ne peuvent être limitées que par la nécessité d'en faire bénéficier tout le monde.

Le **principe d'égalité des chances** est une règle qui reconnaît à tous les individus le même droit d'accéder à une position (ex. : être riche) ou à une fonction sociale (chef d'entreprise, enseignant, etc.). Cette égalité des chances suppose non seulement l'égalité formelle (le droit d'accéder à une position), mais aussi l'égalité réelle des chances à talent et à aspiration donnés. Cela ne doit pas nécessairement déboucher sur une égalité statistique des chances entre groupes sociaux, car les aspirations peuvent différer d'un groupe à l'autre.

Le **principe de différence** est une règle qui interdit une inégalité qui se ferait au détriment des plus défavorisés. Par ce principe, Rawls évite la situation dans laquelle s'étaient, selon lui, enfermés les penseurs utilitaristes : une société qui sacrifie les plus défavorisés ne peut pas être juste. En même temps, il reconnaît la pertinence de la thèse libérale selon laquelle la possibilité d'enrichissement est un facteur de dynamisme économique et, éventuellement, d'amélioration de la situation des plus défavorisés. Ainsi, l'augmentation du revenu des plus riches est injuste si elle se fait au détriment des plus pauvres et juste si ces derniers profitent indirectement de l'accroissement de la richesse qui serait induite par l'existence d'inégalités de rémunération.

Ainsi, une société juste est donc une société qui accorde à chaque individu les mêmes libertés et les mêmes droits d'accéder aux différentes positions sociales et qui, ensuite, distribue les autres biens valorisés de façon à ce que cela maximise la situation des plus défavorisés. Il en ressort que les inégalités sociales sont toujours injustes lorsqu'elles portent sur les libertés fondamentales et sur le droit d'accéder aux positions sociales, mais sont justes lorsqu'elles bénéficient aux plus défavorisés.

Dès sa parution, *La Théorie de la justice sociale* est devenue une référence incontournable de la philosophie politique moderne. Tandis que R. Nozick lui reprochait d'avoir affaibli le principe de liberté en accordant trop d'importance à celui d'égalité, A. Sen prolongeait au contraire sa réflexion en se demandant quelles étaient les conditions requises pour que les plus défavorisés puissent réellement exercer leur liberté de choix. ◄ Sen

Bibliographie

- *Théorie de la justice*, Seuil, 1971.
- *Justice et démocratie*, Seuil.
- *Individu et justice sociale*, Seuil.
- *Le Libéralisme politique*, PUF, 1993.
- *Le Droit des gens*, éd.10-18, 1999.
- *Leçons sur l'histoire de la philosophie morale et politique*, La découverte, 2002.

David Ricardo

David Ricardo est né à Londres en 1772. Très tôt, il est initié aux mécanismes boursiers par son père, avec qui il travaille dès l'âge de 14 ans. Il devient agent de change et cesse cette activité en 1815 après avoir fait fortune. Il est alors propriétaire foncier et s'adonne à la spéculation à titre personnel ; sa fortune s'accroît. En 1819, il est élu député et tente notamment de promouvoir le libre-échange. Il meurt subitement en 1823.

Ricardo découvre l'économie par hasard en 1799, en lisant le livre d'Adam Smith, *Recherches sur la nature et les causes de la richesse des nations*. Dès lors, il ne cessera de polémiquer (notamment avec son ami Malthus et avec Say) sur les grands problèmes économiques de son époque et sur des questions théoriques. Ricardo ambitionne de faire de l'économie politique une discipline rigoureuse et enrichit la pensée de l'**école classique**.

■ Pour Ricardo, l'objet fondamental de l'économie politique est de spécifier les lois qui président à la répartition des revenus.

Smith
Marx ►

• L'analyse de la **répartition des revenus** repose sur une théorie de la **valeur-travail**.

Alors que la **valeur d'usage** d'un bien résulte de son utilité, sa valeur d'échange est fondée sur le travail humain : si la fabrication d'une marchandise A requiert un nombre d'heures de travail double de celui exigé par la production d'une marchandise B, 1 unité de A s'échangera contre 2 unités de B.

Cette théorie de la valeur fonde le système des prix. Ricardo appelle **prix naturel** le prix des marchandises résultant de la comparaison de leur valeur-travail et de celle de l'unité monétaire (or ou argent). Si 1 unité de marchandise A vaut 10 heures et 1 unité de marchandise B vaut 5 heures tandis que la valeur d'1 gramme d'or est de 5 heures, le prix de A sera égal à 2 grammes d'or et celui de B à 1 gramme. Le rapport d'échange est de 2 unités de B par unité de A.

Le prix des marchandises peut diverger de leur prix naturel. Toutefois, cette situation ne peut être que transitoire : si, par exemple, le prix d'une marchandise quelconque s'élève du fait de la pression de la demande, les perspectives de gains attirent les capitaux dans la production de cette marchandise. L'offre va s'accroître ce qui ramènera le prix à un niveau correspondant au prix naturel.

• La valeur d'échange des produits agricoles (et plus généralement des produits bruts) détermine le montant de la rente.

La **rente différentielle** est le revenu des propriétaires fonciers ; elle rémunère les qualités intrinsèques de la terre et non le capital mis en œuvre pour l'exploiter au mieux.

La rente trouve son origine dans le fait que la croissance de la population oblige d'accroître la production agricole et pour cela de mettre en culture des terres de moins en moins fertiles. Dans ce cas, la valeur-travail et donc le prix naturel des produits agricoles vont augmenter, fournissant aux cultivateurs des terres les plus fertiles les moyens de payer la rente.

Par exemple, lorsque la production d'un quintal de blé exige 50 heures de travail sur les terres les plus fertiles et 60 heures sur celles qui le sont moins, la valeur d'échange du blé sera établie sur la base de 60 heures. Si tel n'était pas le cas, personne ne cultiverait les terres les moins fertiles, puisque le blé rapporterait moins que son coût de production. Les propriétaires des terres les plus productives vont alors exiger des agriculteurs le versement d'une rente d'une valeur équivalente à 10 heures de travail. Les cultivateurs y sont contraints, car, s'ils ne la versaient pas, les propriétaires ne leur loueraient pas leurs terres. En revanche, la rente est nulle sur les terres les moins fertiles.

• La théorie de la valeur permet de montrer que **salaires** et **profits** sont antagoniques.

Le salaire s'établit tendanciellement au niveau du prix naturel du travail, c'est-à-dire le montant du salaire permettant aux travailleurs de subsister et de prendre en charge leur famille. Il dépend des prix de la nourriture et des biens indispensables à l'entretien du travailleur et de sa famille. Il varie selon le lieu et l'époque.

Sur le long terme, le prix naturel du travail a tendance à croître. Avec l'augmentation de la population, les prix des produits alimentaires vont augmenter du fait des rendements décroissants de la terre. Par conséquent, les salaires nominaux vont croître, puisque les prix des biens nécessaires aux travailleurs se valorisent (la hausse des salaires réels n'est pourtant pas assurée).

Dès lors que les mécanismes fixant les salaires sont expliqués, les profits sont déterminés. Pour une valeur d'échange donnée, les profits seront élevés quand les salaires seront bas et inversement.

■ Le libéralisme économique est préférable à toute autre doctrine.

• L'intervention de l'État dans l'économie doit être minime :

– En effet, les impôts nuisent à la croissance quand ils frappent le capital du pays ou ponctionnent les profits. Il faut également craindre les taxes destinées à venir en aide aux pauvres : en accord avec Malthus, Ricardo dénonce ces aides qui découragent le travail, incitent à la paresse et favorisent l'accroissement de la population, perpétuant ainsi la misère.

Malthus ►

– Plutôt que de trouver ses ressources par l'impôt, l'État peut recourir à l'emprunt. Or l'emprunt public freine la croissance en réduisant le capital national : en effet, il absorbe une partie de l'épargne qui aurait pu financer l'investissement. Un impôt aurait forcé les individus à épargner au préalable pour le payer, ce qui aurait élevé le capital national. Ainsi, le choix du mode de financement des dépenses publiques n'est pas indifférent contrairement à ce qu'énonce le théorème d'équivalence ricardienne établi au milieu des années 1970 par Robert Barro (ce théorème stipule que le financement des dépenses budgétaires par l'impôt a les mêmes effets négatifs sur l'économie qu'un financement par l'emprunt).

Barro ►

• Par ailleurs, le **libre-échange** est préférable au protectionnisme.

Ricardo établit la **loi des avantages comparatifs (ou relatifs)** pour justifier la supériorité du libre-échange. Alors que l'avantage absolu, qui pour Smith préside à la spécialisation des pays, est fondé sur le niveau absolu des coûts unitaires (l'avantage réside dans les coûts unitaires les plus bas), l'**avantage comparatif (ou relatif)** désigne l'écart relatif de ces coûts entre pays (l'avantage comparatif repose sur les coûts unitaires relativement les plus bas ou les plus faiblement supérieurs en regard de ceux des concurrents).

Smith ►

Par exemple, si en une heure de travail sont obtenus 5 mètres de tissu et 100 litres de vin en Grande-Bretagne et 10 mètres de tissu et 300 litres de vin au Portugal, dans les deux cas, le Portugal dispose d'un avantage absolu (la Grande-Bretagne n'en bénéficie d'aucun). Cet avantage est plus important sur le vin (3 fois) que sur le tissu (2 fois). Le Portugal dispose donc d'un avantage comparatif (ou relatif) sur le vin, et la Grande-Bretagne enregistre son désavantage le plus faible sur le tissu. Si les Portugais exportent 300 litres de vin en Grande-Bretagne, ils pourront en échange obtenir 15 mètres de tissu, alors qu'au Portugal 300 litres de vin s'échangent contre seulement 10 mètres de tissu. Si les Britanniques exportent 5 mètres de tissu au Portugal, ils se procureront 150 litres de vin, alors qu'en

Grande-Bretagne ces 5 mètres s'échangent contre 100 litres de vin. Ainsi, les deux pays ont intérêt à opter pour le libre-échange en se spécialisant, la Grande-Bretagne sur le textile et le Portugal sur le vin.

Au début du XIXe siècle, Ricardo mobilise sa théorie pour justifier le libre-échange et l'abrogation des lois sur les blés (ou *corn laws*) qui grèvent de lourdes taxes les importations de blé en Grande-Bretagne afin de protéger l'agriculture britannique. Selon Ricardo, l'adoption du libre-échange permettrait d'abaisser le prix du blé en Grande-Bretagne et donc les salaires, gonflant les profits des industriels. Ceux-ci pourront écouler leurs produits sur le marché intérieur et les marchés internationaux.

• L'**étalon-or** est un régime monétaire vertueux.

Selon Ricardo, l'émission de billets doit être liée au stock d'or pour que les banques n'abusent pas de leurs prérogatives en créant trop de monnaie. Dès lors que la Banque centrale fixe l'émission de billets en fonction du stock d'or disponible, la stabilité de la valeur de la monnaie (c'est-à-dire la stabilité des prix) est garantie.

L'étalon-or assure un **rééquilibrage automatique de la balance des comptes**. La répartition du métal entre pays sera telle que chaque pays disposera de la quantité qui lui est nécessaire. Si une quelconque modification des conditions de production intervenait, par exemple si la Grande-Bretagne devenait plus efficace que le Portugal sur la production du vin, la répartition du stock métallique évoluerait en conséquence : le Portugal cesserait d'exporter du vin, et son commerce extérieur deviendrait déficitaire, impliquant des sorties d'or. À l'inverse, la Grande-Bretagne serait excédentaire et bénéficierait d'entrées d'or. Par conséquent, les prix baisseraient au Portugal en raison de la contraction de la masse monétaire (théorie quantitative). Les exportations portugaises seraient alors stimulées, et le déficit se résorberait. *A contrario*, la Grande-Bretagne verrait décroître son excédent.

◄ **Fisher, Mill**

S'il est préférable à toute autre doctrine, le libéralisme économique n'élimine pas toutes les difficultés.

• Le machinisme peut parfois nuire au bien-être des ouvriers. La mécanisation peut provoquer un chômage durable, et de ce fait les industriels et les fermiers sont dispensés de consacrer une partie de leurs recettes au paiement de salaires. Par conséquent, la demande de biens agricoles et des biens nécessaires à l'entretien de la force de travail s'amenuise, réduisant la demande de travail dans ces secteurs.

Néanmoins, pour Ricardo, ces craintes sont sans doute excessives. Le sort de la classe laborieuse peut s'améliorer du fait des dépenses des capitalistes. En embauchant un grand nombre de domestiques, les capitalistes procureront beaucoup plus d'emplois que s'ils dépensent leurs revenus en objets de luxe dont l'achat n'est pas sans cesse renouvelé. Il en est de même si les capitalistes achètent des biens courants (nourriture, vêtements...). En outre, les effets négatifs de la mécanisation sur l'emploi sont à redouter quand elle est soudaine et largement appliquée. Or il s'agit plutôt d'un phénomène graduel, et les machines nouvelles s'ajoutent au capital existant. Le fonctionnement et la fabrication des machines nécessitent d'ailleurs l'embauche de travailleurs. De plus, la baisse des coûts liée à la mécanisation accroît la compétitivité et dope les exportations : il en résulte une demande de travail supplémentaire. Enfin, si l'on interdisait l'usage des machines, les capitaux fuiraient à l'étranger, et, par conséquent, la demande de travail diminuerait.

• À long terme, la croissance économique deviendra nulle (état stationnaire).

Ricardo récuse la thèse de Smith qui lie le taux de profit à la plus ou moins grande quantité de capital disponible. Comme l'a montré J.-B. Say, la production issue de tout capital crée sa propre demande. Il ne peut donc y avoir excès de capital qui ferait chuter les profits.

Say ►

En fait, c'est la hausse durable des salaires qui conduit à la baisse du taux de profit, provoquant le blocage de croissance. Avec l'accroissement de la population, et la mise en culture de terres moins fertiles, l'augmentation durable des salaires devient inévitable : les profits diminueront, bloquant l'accumulation du capital et la croissance de la production. L'**état stationnaire** est alors atteint. Toutefois, cette tendance à la baisse des profits pourrait être retardée par des améliorations techniques intervenant dans la production des biens nécessaires aux travailleurs, qui abaisseraient leurs prix et donc les salaires. L'importation de produits bruts à bas prix aurait le même effet.

Mill ►

Bibliographie

- *Des principes de l'économie politique et de l'impôt* (*On the principles of political economy and taxation* ; 1817)
- *Principles* : dans *The high price of bullion, a proof of the depreciation of bank notes*, 1810.
- *Essay on the influence of a low price of corn on the profits of stock*, 1815.

Joan Robinson

Joan Robinson (1903-1983) apparaît comme une femme bien isolée dans l'univers masculin de la science économique. Elle a forgé ses armes en participant au « Circus », un groupe de réflexion animé par Keynes (à Cambridge en Grande-Bretagne). Son analyse économique a été influencée par les économistes qu'elle y a rencontrés : Keynes bien sûr, mais aussi Kalecki, Sraffa. Sa contribution à la pensée économique fait de Robinson un des chefs de file du courant « **postkeynésien** » qui a pris ses distances par rapport au keynésianisme de la synthèse et qui conteste radicalement la pensée néoclassique.

◄ Kaldor

La concurrence imparfaite

La première attaque que Robinson va porter contre le courant néoclassique concerne l'hypothèse de concurrence pure et parfaite. Dans son ouvrage *L'Économie de la concurrence imparfaite* paru en 1933, elle montre que les situations de rendements croissants sont fréquentes dans l'industrie (l'importance du capital fixe permet de réaliser des économies d'échelle) contrairement à ce que postule la théorie néoclassique. L'entreprise qui parvient à réaliser le plus fort volume de production sur son marché peut alors laminer la concurrence grâce à des coûts de production plus faibles. Il en résulte que les situations d'oligopole voire de **monopole** sont les structures de marché les plus répandues dans les sociétés industrielles. Les prix ne sont plus alors gouvernés par la loi de l'offre et de la demande mais par la politique tarifaire de l'entreprise dominante.

◄ Chamberlin

Pour Robinson, la firme leader est « dans la position d'un monarque régnant parmi ses barons » (*Hérésies économiques*). Elle fixe ses prix de vente en ajoutant une marge à ses coûts de revient tandis que les firmes concurrentes sont contraintes de s'aligner. Par un accord tacite ou explicite (Robinson parle de « convention »), entreprise dominante et entreprises dominées « s'entendent » pour ne pas se livrer à une concurrence sans merci : la firme leader peut engranger de confortables profits tandis qu'elle permet aux autres firmes de se maintenir sur le marché. Ce « pacte de non-agression » a pour avantage de stabiliser le marché, une idée qui sera notamment reprise par F. Perroux.

■ Le concept de capital « revisité »

En 1954, Joan Robinson va être l'instigatrice d'un débat particulièrement vif au sujet du capital. La controverse touche un des thèmes récurrents de l'économie, puisqu'il s'agit en dernier ressort d'expliquer le sous-emploi.

Dans un article paru dans la *Review of Economic Studies* , elle réfute l'idée néoclassique selon laquelle la « préférence » d'une nation pour une combinaison productive (agrégée) plus ou moins capitalistique (utilisant dans des proportions variables du travail et du capital) résulte du rapport entre la productivité marginale (en valeur) du travail et la productivité marginale (en valeur) du capital. Autrement dit, le choix d'utiliser une combinaison productive plus ou moins intensive en capital dépend de la capacité respective des facteurs travail et capital à créer des richesses et du prix relatif de ces deux facteurs. Toutes choses égales par ailleurs, une hausse du prix du travail devrait alors se traduire par la mise en œuvre de techniques de production utilisant davantage de capital que de travail.

Solow ►

Pour Robinson, si on définit le capital comme l'ensemble des machines, stocks de matériel, bâtiments..., on ne peut construire une mesure agrégée du capital en terme physique compte tenu de son hétérogénéité. Il faut alors se résoudre à mesurer le capital en valeur. Or la valeur du capital dépend de la rentabilité. Ce qui signifie que toute modification dans la répartition des revenus entraîne une variation du taux de profit donc de la valeur du capital. Il s'agit typiquement d'un raisonnement circulaire dans lequel causes et conséquences sont intimement liées.

L'idée que la répartition des revenus détermine en dernier ressort le niveau de l'emploi annonce les thèses défendues par l'école de la régulation.

Bibliographie

- *L'Économie de la concurrence imparfaite*, 1933.
- *Hérésies économiques*, 1971.

Paul M. Romer

Paul M. Romer est un économiste américain (né en 1951) qui s'est très tôt rendu célèbre grâce à un article tiré de sa thèse soutenue en

1983. Ses travaux sur la dynamique de la croissance ont ouvert un nouveau champ de recherche particulièrement fécond.

Il est actuellement professeur d'économie à l'université de Stanford et apparaît comme un des économistes contemporains les plus influents.

L'article publié par Paul Romer en 1986 « Increasing returns and long-run growth » est à l'origine des nouvelles théories de la **croissance endogène**.

Alors que le modèle de Solow explique l'essentiel de la croissance par une variable exogène « inexpliquée » sous la forme d'un progrès technique autonome, Romer propose une théorie du progrès technique endogène (c'est-à-dire expliqué par des variables internes au modèle), reposant sur l'accumulation des connaissances.

◄ Solow

Pour Romer, le capital-connaissance présente deux propriétés importantes :

• contrairement au capital physique, le capital-connaissance ne perd pas de son efficacité au cours du temps : l'acquisition de nouvelles connaissances est d'autant plus facile que l'on en détient déjà un stock initial élevé. Ce facteur se caractérise donc par des **rendements croissants** ;

• l'accumulation de ce capital particulier génère des **externalités** positives (conséquences positives d'une activité économique qui ne sont pas prises en compte par le marché), puisque les innovations technologiques (qui sont des biens collectifs) réalisées grâce à la recherche profitent à tous sans qu'il y ait compensation monétaire.

◄ Pigou

L'analyse de Romer s'inspire de la théorie du ***learning by doing*** présentée par Arrow (1962) : l'accumulation de connaissances acquises par apprentissage permet des rendements croissants et profite à l'économie tout entière (**effet externe** positif). Toutefois, Romer envisage une accumulation volontaire des connaissances par les firmes plutôt qu'un apprentissage par la pratique non intentionnelle.

◄ Arrow

◄ Romer (théorie de la croissance endogène)

À partir de ce modèle, Romer rejette l'hypothèse d'un épuisement naturel de la croissance et la perspective d'un état stationnaire. La croissance peut se poursuivre sans limites grâce aux propriétés du capital-connaissance.

En revanche, le modèle n'indique pas une tendance à la convergence des revenus par tête entre les pays dans la mesure où les stocks initiaux de connaissances conditionnent le taux de croissance et le niveau de production par tête de chaque économie.

Conformément à l'analyse néoclassique, l'État est habilité à intervenir en cas d'externalités, puisque les conditions de l'optimalité ne sont pas réunies. Puisque le rendement social (dont profite toute la collectivité) est supérieur au rendement privé, il est normal que l'État prenne en charge une partie du coût de l'accumulation de connaissances. Les pouvoirs publics doivent donc favoriser l'innovation, l'accumulation de connaissances, et *in fine* la croissance.

Lucas
Barro ►

Si la politique conjoncturelle reste inefficace en raison des anticipations rationnelles des agents, les modèles de croissance endogène réhabilitent les politiques structurelles d'investissement.

Bibliographie

- « Increasing Returns and long-Run Growth », paru dans le *Journal of Political Economy*, 1986.
- *Endogenous Technical Change*, 1990.

Walt Whitman **Rostow**

Après avoir obtenu son doctorat en 1940, l'Américain Walt Whitman Rostow (1916-2003) enseigne l'économie pendant deux ans avant de servir dans l'armée américaine de 1942 à 1945. Il travaille ensuite pour le Département d'État en Europe (1945-1949). En 1950, il devient professeur d'histoire économique au MIT (Massachussets Institute of Technology). À partir du début des années 1960, il exerce différentes responsabilités au sein de l'administration américaine ; il est en particulier nommé conseiller pour les affaires de sécurité nationale auprès du président Johnson et agit en faveur de l'engagement américain au Viêt Nam. En 1969, il redevient professeur d'histoire et d'économie à l'université du Texas, à Austin.

La thèse la plus connue de Rostow présente le **développement** comme un processus linéaire en cinq étapes :

• La première étape est celle de la **société traditionnelle** : ce stade de développement correspond aujourd'hui à celui des pays les moins avancés.

• La deuxième étape est celle où sont réunies les **conditions préalables au développement** (émergence d'une classe d'entrepreneurs, d'un État dont les interventions favorisent le développement, modernisation de l'activité agricole). Certains pays en développement (PED) intermédiaires y sont parvenus.

• La troisième étape est celle du **take-off** ou **décollage**, qui désigne une période d'une à trois décennies au cours de laquelle une économie nationale accède à un niveau de développement tel que la croissance est durable et auto-entretenue ; au cours de cette étape, le taux d'investissement augmente de manière conséquente, la productivité agricole s'accroît, des industries nouvelles se développent et dynamisent l'ensemble de l'économie, la classe des entrepreneurs s'élargit. Plusieurs pays nouvellement industrialisés ont atteint ce stade de développement. ◄ Kuznets

• Après leur décollage, les pays accèdent à la quatrième étape, le **stade de la maturité**, celui qu'ont atteint plusieurs pays nouvellement industrialisés d'Asie.

• La cinquième étape, la **société de consommation de masse**, est celle à laquelle sont parvenus les actuels pays développés.

Pour Rostow, favorable au libéralisme, il est nécessaire que les PED rejettent le communisme et s'inspirent de l'expérience des pays occidentaux pour élaborer leur stratégie de développement. En outre, l'aide au développement fournie par les pays industrialisés et l'insertion dans les échanges mondiaux en fonction des facteurs de production disponibles doivent permettre aux PED d'accéder progressivement au stade de pays développés. ◄ Nurske

Bibliographie

- *Essays on the british economy of the nineteenth century*, 1948.
- *The dynamics of soviet society*, 1952.
- *The stages of economic growth* (traduction française, *Les Étapes de la croissance économique*, 1962), 1960.
- *Politics and the stages of growth*, 1971.

Jean-Jacques Rousseau

Jean-Jacques Rousseau (1712 - 1778) a une jeunesse instable. Il quitte la Suisse à 16 ans, voyage (Annecy, Turin, Lyon, Lausanne,

Paris, Venise), se passionne pour la musique et l'enseigne. À Paris, il se lie aux philosophes (en particulier à Diderot) et collabore à l'*Encyclopédie.* Il se fait reconnaître en 1750 grâce à son *Discours sur les sciences et les arts,* mais son *Discours sur l'origine et le fondement de l'inégalité parmi les hommes* (1755) est le point de départ de sa rupture avec les philosophes. En réaction à la contestation de ses ouvrages, il s'isole et reprend une vie errante. Rousseau est à la fois un écrivain romantique et un penseur politique. C'est ce deuxième aspect qui nous intéresse ici.

Hobbes
Locke ►

Rousseau soutient que l'homme est naturellement bon et heureux, et qu'il est corrompu par la société. À l'**état de nature**, l'homme a une vie solitaire et sans besoin. Mais la pression démographique intensifie les relations entre les hommes, et le développement de la richesse entraîne celui des inégalités, de l'esclavage et de la guerre. Les lois actuelles justifient ces injustices. Puisqu'il n'est pas possible de revenir à l'état de nature, il faut créer une société juste assurant sécurité, égalité et liberté pour tous ses membres.

Hobbes
Locke ►

Comme pour Hobbes ou Locke, la solution passe par un contrat social. Mais le problème soulevé par Rousseau n'est donc plus exactement celui travaillé par ses deux prédécesseurs. Alors que ceux-ci cherchaient l'origine du pouvoir politique, Rousseau se demande sur quoi fonder un pouvoir politique assurant aux citoyens une liberté aussi forte, sinon plus, que celle dont ils bénéficiaient à l'état de nature. Les individus doivent s'associer et passer un **contrat social**, c'est-à-dire un pacte par lequel ils renoncent à une **liberté naturelle** qui favorise les plus forts en échange d'une **liberté civile** qui assure l'égalité des citoyens. Par ce contrat, la société s'organise en un corps politique qui édicte ses propres lois. Le pouvoir législatif appartient au peuple et ne peut être délégué. Les personnes qui écrivent les lois ne doivent être que des rédacteurs sans initiatives. Les lois sont faites dans l'intérêt général et s'appliquent, au moins potentiellement, à tous. Elles ne peuvent pas favoriser certains citoyens à l'exception des autres. À ces conditions (souveraineté du peuple, généralité de la loi), la loi représente la **volonté générale** que Rousseau assimile au bien public. Les lois étant l'expression de la volonté générale, il est impossible de ne pas les respecter, et les minorités doivent accepter la décision de la majorité. Les volontés particulières doivent donc s'effacer devant la volonté générale. Selon lui, cette soumission à la volonté collective est la forme supérieure de la liberté. En effet, la loi ne saurait être oppressive non seulement car elle émane de l'ensemble des citoyens, mais également car elle a été édictée dans le but de promouvoir le bien collectif.

Si l'on ne peut déléguer le pouvoir législatif, il n'en est pas de même pour le pouvoir exécutif. Le gouvernement est chargé de l'exécution des lois et du respect de la liberté. Le peuple souverain lui donne comme mission de faire respecter les lois qu'il s'est lui-même données. Ce gouvernement doit respecter la volonté générale, faute de quoi il peut être destitué par le peuple.

Les théoriciens du contrat social ont démontré que la société et l'État n'étaient pas des phénomènes naturels mais des constructions humaines. Chacun d'entre eux a contribué à faire progresser la réflexion politique. L'originalité de Rousseau est d'avoir mis en avant l'idée de **souveraineté populaire**. Il ébauche ainsi le modèle de l'État républicain, régi par des lois et orienté vers l'intérêt général. Cependant, ses théories du contrat social ont connu un déclin à partir du XIXe siècle. Il est vrai que la perspective s'était transformée : le problème, en effet, n'était plus de savoir ce qui pouvait fonder l'État mais plutôt de le dénoncer (Marx) ou, au moins, d'analyser sa domination sur les individus (Weber).

◄ **Marx**
Weber

Bibliographie

- *Discours sur l'origine et les fondements de l'inégalité parmi les hommes*, 1755.
- *Du contrat social*, 1762.

Jacques **Rueff**

Jacques Rueff est un économiste français, né en 1896 à Paris. Après des études à l'École polytechnique et à l'École libre des sciences politiques, il devient inspecteur des Finances en 1923. Il entame alors une carrière de haut fonctionnaire. Spécialiste des questions monétaires et financières, il conseille plusieurs responsables politiques tels Raymond Poincaré en 1926, Antoine Pinay en 1952 et Charles de Gaulle à la fin des années 1950. En 1964, il est élu à l'Académie française, à un moment où sa réflexion est largement mobilisée sur la réforme du système monétaire international. Il décède en 1978.

Rueff est un libéral qui n'exclut pas l'intervention de l'État dès lors qu'elle préserve la **flexibilité des prix** permettant un ajustement automatique des déséquilibres sur les marchés. C'est ainsi qu'il est favorable à une planification indicative ou à l'intervention publique en matière réglementaire (notamment pour faire respecter les règles de la concurrence). En outre, il prohibe (bien avant Friedman) toute création monétaire intempestive liée à des déficits budgétaires récurrents et source d'**inflation**. Il considère que la **stabilité monétaire** (c'est-à-dire l'absence d'inflation) est propice à la diminution des taux d'intérêt à long terme et donc à l'investissement, ce qui favorisera la croissance et l'emploi. Les politiques économiques laxistes (relances budgétaires et/ou monétaires) préconisées par les keynésiens sont donc à rejeter puisque inflationnistes. Rueff critique également l'existence d'un salaire minimum ou d'indemnités de chômage qui ne permettent pas aux salaires de diminuer en cas de chômage, ce qui aurait dopé la demande de travail.

Friedman ►

Keynes ►

Par ailleurs, Rueff est attaché à l'**étalon-or**. Durant les années 1960 et 1970, il dénonce avec vigueur le statut exorbitant du dollar et l'injustice inhérente au **système monétaire international** issu du traité de Bretton Woods (**étalon de change-or**), qui permet aux États-Unis de ne pas résorber leurs déficits externes. Il promeut un système monétaire ancré sur un étalon qui ne soit ni la monnaie d'un pays ni une monnaie internationale sans ancrage métallique créée par une organisation internationale. Pour Rueff, l'or pourrait être cet étalon après avoir été réévalué (ce qui signifie que le dollar devrait être dévalué par rapport à l'or) ; la restauration de l'étalon-or serait donc viable.

Ricardo ►

Triffin ►

Bibliographie

- *Des sciences physiques aux sciences morales*, 1922.
- *Sur une théorie de l'inflation*, 1925.
- *Théorie des phénomènes monétaires*, 1927.
- *L'Ordre social*, 1945.
- *Epître aux dirigistes*, 1949.
- *Le Lancinant Problème des balances de paiements*, 1965.
- *Le Pêché monétaire de l'Occident*, 1971.
- *Combat pour l'ordre financier*, 1972.

S

Claude Henri de Rouvroy, comte de **Saint-Simon**

Généralement classé parmi les socialistes utopiques, le penseur français, Claude Henri de Rouvroy, comte de Saint-Simon (1760-1825), considère qu'il faut créer une nouvelle société dans laquelle progrès industriel et fraternité entre les hommes régneront. Son analyse s'inspire de l'utilitarisme de Bentham, de la philosophie de Condorcet et de l'économie politique des économistes classiques.

◄ Bentham
Smith

De 1802 à 1825, dans de nombreux livres, opuscules et périodiques, il se consacre à l'analyse, à la défense du nouveau système et à la recherche des moyens pour le faire advenir.

Sa fameuse « parabole des abeilles et des frelons » résume bien sa théorie : si la France perdait ses 50 meilleurs mathématiciens, ses 50 meilleurs chimistes, ses 50 meilleurs poètes, ses 50 meilleurs industriels, ses 50 meilleurs banquiers etc., en tout 3 000 personnes, le mal serait irréparable. Par contre, si elle perdait tous les princes, tous les préfets, tous les cardinaux, tous les propriétaires, etc., en tout 30 000 personnes, le dommage causé ne serait pas durable. Cette parabole suscita à la fois l'enthousiasme et l'indignation et faillit le conduire en prison.

Il faut donc donner le pouvoir à ceux qui détiennent la compétence et qui sauront l'orienter dans le sens du **progrès**. Saint-Simon

Schumpeter ► (rôle de l'entrepreneur)

pense que le progrès économique et technique provient essentiellement de la **classe industrielle**. Il considère qu'il faut réorganiser la société et l'économie afin que le progrès puisse mener la société à la paix et à l'**harmonie universelle** ; il ne faut par exemple tolérer la propriété privée que si elle est efficace.

Il considère que l'ancienne morale, la **morale** chrétienne, est dépassée ; il faut lui substituer une nouvelle morale fondée sur les intérêts individuels, la « morale industrielle » : « chacun retire de la société des bénéfices exactement proportionnés à sa mise sociale, c'est-à-dire à sa capacité positive, à l'emploi utile qu'il fait de ses moyens, parmi lesquels il faut comprendre bien entendu ses capitaux ».

Le saint-simonisme a fortement marqué le XIXe siècle, car de nombreux saint-simoniens se sont rendus célèbres par leurs actions; c'est le cas des frères Péreire, qui créèrent en 1852 la première grande banque moderne, le Crédit mobilier, ou de Michel Chevalier, qui négocia le traité franco-anglais de libre-échange signé en 1860. Mais le **saint-simonisme** est devenu une véritable religion célébrant le progrès par des rites et des chants.

La fondation Saint-Simon, créée en 1982 en France par de nombreuses personnalités dont P. Rosanvallon ou A. Minc, montre que les analyses de Saint-Simon conservent une certaine actualité.

Bibliographie

- *L'Industrie ou Discussions politiques, morales et philosophiques*, 1817.
- *Du système industriel*, 1821.
- *Le Nouveau Catéchisme*, 1825.

Paul Anthony **Samuelson**

Économiste américain, Paul Anthony Samuelson (1915-) est célèbre pour avoir introduit la formalisation mathématique en économie. Il a largement contribué au courant de la synthèse grâce notamment à son diagramme à 45° et son oscillateur. Il a été conseiller économique du président Kennedy. Il a obtenu le prix Nobel d'économie en 1970.

L'apport de Samuelson à la pensée économique : le courant de la synthèse

L'apport de Samuelson à l'analyse économique est considérable. Il a écrit de nombreux ouvrages et a exploré de nombreux domaines de la science économique : il a contribué à faire progresser aussi bien l'**analyse microéconomique** que l'**analyse macroéconomique**. Samuelson n'est ni un auteur néoclassique, ni un auteur keynésien.

Avec Hicks, Samuelson a créé un courant de pensée : le **keynésianisme** (appelé aussi **courant de la synthèse** ou **synthèse classico-keynésienne**). C'est le courant qui a fondé la macroéconomie traditionnelle. Il a introduit une nouvelle orthodoxie, ni vraiment keynésienne ni totalement néoclassique, qui a dominé la pensée économique de l'après-guerre jusqu'au milieu des années 1970 et qui a largement inspiré les politiques économiques de cette période.

◂ Hicks

Les économistes du courant de la synthèse ont bâti une modélisation macroéconomique des œuvres de Keynes qui représente l'économie comme un circuit keynésien dans lequel s'enchaînent les dépenses et les revenus, et dont l'équilibre est réalisé suivant un processus néoclassique d'interaction entre les différents marchés.

◂ Keynes

La modélisation macroéconomique des œuvres de Keynes a soulevé des objections chez certains keynésiens qui y voyaient une dérive. Effectivement, cette représentation minimise les différences entre Keynes et les classiques. L'hypothèse sous-jacente est que l'économie a toujours tendance à revenir automatiquement à l'équilibre, même si cet équilibre peut être un équilibre de sous-emploi.

◂ Clower
Robinson

Dans ces modèles, le niveau de la production s'ajuste à celui de la **demande**. Cette dernière est composée de la **consommation** (qui résulte du revenu) et de l'**investissement** (qui résulte du taux d'intérêt). Le niveau de l'emploi, conformément à la théorie keynésienne, dépend du niveau de la production. Il n'existe donc qu'un seul niveau de production qui permette d'assurer le plein emploi. Le problème est que le niveau de production d'équilibre (point où la production est égale à la demande) coïncide rarement avec le niveau de production de plein emploi. Deux cas peuvent se produire : le niveau d'équilibre peut être inférieur au niveau de production assurant le plein emploi, on parle alors d'**équilibre de sous-emploi** ; le niveau assurant l'équilibre peut se trouver au-dessus du niveau de production de plein emploi et donc du niveau de production maximum réalisable ; l'écart est alors appelé **écart inflationniste**.

On utilise parfois le terme de **synthèse néoclassique** pour souligner que la modélisation de Samuelson (ou de Hicks) semble montrer que l'analyse keynésienne ne représente qu'un cas particulier de l'analyse néoclassique : celle où l'économie serait en situation de sous-emploi. Mais à partir du moment où il n'existe aucun mécanisme régulateur permettant d'assurer le plein emploi, si ce cas est particulier, il n'est pas exceptionnel.

La contribution de Samuelson à la macroéconomie keynésienne : le **diagramme à 45°**

Dans une optique keynésienne, la demande globale est composée de la consommation et de l'investissement. La consommation est de la forme C = a Y + b ; où Y est le revenu national (qui est égal à la production), a la propension marginale à consommer et b la consommation incompressible. L'investissement (I) est ici considéré comme un investissement autonome qui ne dépend pas du revenu. Pour que l'économie soit en équilibre, il faut que le revenu national (ou la production) soit égal à la dépense, autrement dit que l'offre globale soit égale à la demande globale et donc que : Y = C + I

Si l'on représente la dépense (C et I) en ordonnée et le revenu en abscisse, la bissectrice présente toutes les solutions d'équilibre où Y = C + I.

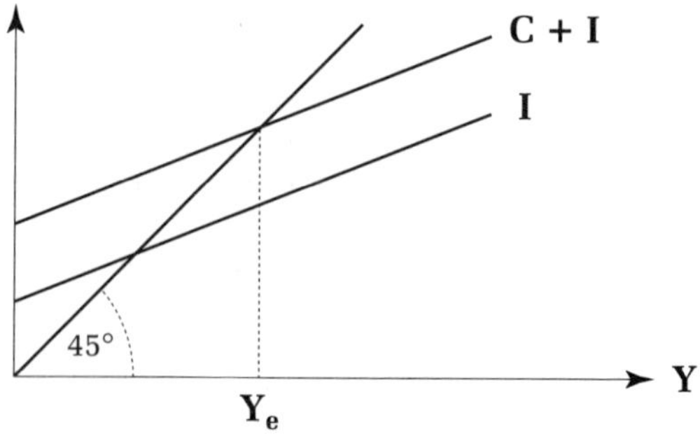

L'intersection entre la droite C + I et la bissectrice représente le point d'équilibre (E). Ce point est le seul qui, connaissant la forme de la variation de la dépense (C et I), satisfait à l'équilibre revenu = dépense. Ce point permet de connaître le niveau de production (Ye) qui est le niveau d'équilibre.

Le niveau de l'emploi, conformément à la théorie keynésienne, dépend du niveau de la production. Il n'existe donc qu'un seul niveau de production qui permette d'assurer le plein emploi.

La contribution de Samuelson à la théorie du commerce international

L'économiste suédois B. Ohlin (prix Nobel en 1977), à la suite des travaux de son compatriote E. F. Heckscher, établit en 1933 les bases d'une nouvelle théorie du **commerce extérieur** ; de son analyse va naître le célèbre **théorème d'Heckscher-Ohlin-Samuelson** (HOS), car P. A. Samuelson a repris, développé et présenté une formulation mathématique de ces travaux. Les différentes nations sont amenées à exporter les produits incorporant une forte quantité du facteur de production qu'elles détiennent en abondance et à importer les produits incorporant une forte quantité du facteur de production dont elles sont peu dotées. Selon cette **analyse factorielle**, les rémunérations des facteurs de production (et donc leurs coûts) tendent à converger entre les différents pays participant au commerce international. En effet, les facteurs abondants (donc au départ les moins chers) sont les plus utilisés pour produire (pour les marchés intérieurs et extérieurs), ce qui fait diminuer leur abondance relative et donc augmenter leurs prix ; les facteurs rares (au départ les plus chers) seront de moins en moins utilisés ; puisque les produits qui en incorporent beaucoup sont importés, ils verront donc leurs prix augmenter. Ainsi, la **spécialisation internationale** résulte de la **dotation factorielle** et provoque une certaine convergence des économies.

◄ Heckscher
Ohlin

La justification des biens collectifs

L'étude de l'économie non marchande et de ses relations avec la sphère marchande occupe une place importante dans l'analyse de Samuelson. Il affirme que l'État doit prendre en charge les activités produisant des **biens collectifs**, appelés aussi **biens publics**. Un bien collectif (défense nationale ou phare par exemple) est un bien indivisible dont le coût de production n'augmente pas à chaque consom-

◄ Buchanan
(biens publics)

mation supplémentaire. Alors qu'un bien privé ne satisfait les besoins que d'un seul individu, un bien collectif a pour vocation de répondre aux besoins, exprimés ou non, d'un maximum de personnes. L'objectif de ce type d'activité n'est pas le profit; elle est donc à la charge de l'État. Samuelson ajoute aux biens collectifs les « **besoins tutélaires** ». Selon lui, l'État doit contrôler certaines productions et consommations afin d'encourager celles qui sont profitables à tous et de décourager celles qui peuvent se révéler dangereuses: « le gouvernement agit, dans une certaine mesure, de façon paternaliste, en taxant les cigarettes, en interdisant les drogues dangereuses, en versant des subventions pour les soins médicaux et pour les retraites des personnes âgées ».

La contribution à l'analyse des cycles : l'oscillateur

Aftalion ►

En combinant l'**accélérateur** d'Aftalion et le **multiplicateur** de Kahn, mis en évidence par Keynes, P. A. Samuelson montre comment l'instabilité de l'investissement peut créer des mouvements oscillatoires qui expliquent les **cycles**.

L'instabilité de l'investissement, due aux effets conjugués du multiplicateur et de l'accélérateur, est la cause des cycles économiques et des fluctuations de grande ampleur de la demande et de la production. En fonction du niveau de la propension marginale à consommer et du coefficient de capital (K/Y), les **fluctuations** peuvent être amorties (de moins en moins fortes) ou explosives (de plus en plus fortes).

Courbe de Phillips et politique économique

Phillips ►

Avec Solow, Samuelson rend célèbre et réinterprète la **courbe de Phillips** qui établit une relation inversement proportionnelle entre le taux de croissance des salaires et le taux de chômage. La réinterprétation de celle-ci mène à l'établissement d'une symétrie entre l'**inflation** (souvent due à l'augmentation des salaires nominaux) et le **chômage** et implique un choix : opter pour un faible taux d'inflation, mais dans ce cas accepter un chômage important ou au contraire diminuer le chômage, quitte à tolérer de l'inflation. En effet, les politiques restrictives (limitation de la création monétaire, limitation du déficit budgétaire, modération de la demande) permettent de ralentir l'inflation, mais réduisent la croissance et favorisent le sous-emploi, alors qu'inversement, les politiques de relance de l'économie sont une source d'inflation. Les préconisations de **politique économique conjoncturelle** de Samuelson se fondent sur cette courbe de Phillips et vont faire de Samuelson le spécialiste du « **réglage fin** ».

Bibliographie

- *L'Économique*, 1948.
- *Interactions between the multiplier analysis and the principle of acceleration*, 1939.
- *Analytical aspects of anti-inflation policy*, avec Solow, 1960.
- *International trade and the equalisation of factors prices*, 1948.

Alfred **Sauvy**

Alfred Sauvy (1898-1990) est né à Villeneuve-de-la-Raho dans les Pyrénées-Orientales. Polytechnicien de formation, il intègre dès 1922 la Statistique générale de la France puis impulse la création d'un Institut de conjoncture qu'il dirige ensuite. Il a été membre du cabinet de Paul Reynaud, ministre des Finances en 1938-1939.

Fondateur de l'Institut national d'études démographiques (INED) qu'il dirige de 1945 à 1962, il restera rédacteur en chef de la revue *Population* jusqu'en 1977. Ses travaux de recherche relèvent d'une approche pluridisciplinaire articulant l'économie, l'histoire et la démographie avec le souci permanent de confronter la théorie aux faits. C'est à lui que l'on doit l'expression de « tiers-monde ».

Le nom de Sauvy est indissociablement attaché à celui de l'Institut national d'études démographiques (INED). Spécialiste de la population et des statistiques, Sauvy montre que le dynamisme économique est lié aux caractéristiques démographiques d'une population. Contrairement aux thèses malthusiennes qui expliquent la misère des peuples par un excès de population, A. Sauvy souligne les vertus d'une population jeune et bien formée seule capable de porter l'innovation et donc la croissance économique. Ce qu'il résume par la formule « croître ou vieillir, il faut choisir ». À partir du concept d'**optimum de population**, Sauvy entend montrer qu'il existe un niveau de peuplement compatible avec le plein emploi des

◄ Malthus

facteurs de production. Les déséquilibres démographiques entre un Sud dynamique et un Nord vieillissant doivent nécessairement conduire à des flux migratoires des pays pauvres vers les pays riches : « Cette entrée de travailleurs nouveaux, aptes à combler les déficiences, sera bénéfique au PIB et à l'emploi. Faut-il rappeler que, sans cet apport, les retraites et les salaires devront être amputés, ce qui entraînerait des difficultés plus grandes encore sur le chemin de l'expansion ? » Ce diagnostic qu'il dresse dans *L'Europe submergée* (1987) montre l'exceptionnelle clairvoyance d'A. Sauvy.

Les travaux de Sauvy ont aussi porté sur la relation entre le progrès technique et l'emploi. Contrairement à une idée couramment admise selon laquelle la machine crée du chômage, Sauvy montre que le progrès technique s'est accompagné sur le long terme d'une augmentation de l'emploi, d'une amélioration des niveaux de vie et d'un allongement de l'espérance de vie. La période des Trente glorieuses confirme le lien positif entre productivité et emploi. Sauvy considère les gains de productivité comme un surplus, une richesse à répartir entre toutes les parties prenantes de la production. *A contrario*, les pays du tiers-monde qui restent éloignés du progrès technique se caractérisent par l'importance du sous-emploi.

Pour l'expliquer, Sauvy avance plusieurs arguments :

• puisque le progrès technique résulte de la mécanisation, il faut créer de nouveaux emplois pour produire les machines et assurer leur maintenance ;

• la substitution du capital au travail permet de diminuer les coûts de production et les prix de vente, provoquant une hausse de la production. Mais tout dépend du degré de sensibilité de la demande à une variation de prix ;

• le progrès technique libère du pouvoir d'achat grâce à la baisse des prix et/ou la hausse du revenu réel, ce qui va accroître la demande dans les autres branches : c'est le principe du **déversement**.

Sauvy précise toutefois qu'il existe des obstacles au déversement. Les emplois créés « ne sont identiques ni en nature, ni en nombre aux emplois perdus ». L'évolution combinée de la demande et de la productivité pousse à un développement des emplois qualifiés, ce qui pose le problème de la reconversion des travailleurs victimes du progrès technique.

Ensuite, le déversement est limité si l'offre ne peut répondre à une augmentation de la demande : la hausse des prix qui en résulte annule les créations d'emploi. De même, lorsque les gains de productivité ne profitent qu'aux travailleurs de la branche bénéficiant du progrès technique, les effets sur l'emploi sont amoindris.

Enfin, le déversement concerne aujourd'hui essentiellement le secteur tertiaire où les rémunérations sont en moyenne élevées, et les économies d'échelle limitées, ce qui affaiblit les créations d'emploi.

◄ Baumol

Économiste hétérodoxe et démographe militant, A. Sauvy a toujours confronté l'analyse théorique à l'observation des faits, au-delà de toutes les modes.

Bibliographie

- *Théorie générale de la population*, PUF, 1963.
- *Histoire économique de la France entre les deux guerres*, 3 tomes, Fayard, 1965-1975.
- *La Machine et le chômage*, Dunod, 1980.

Jean-Baptiste **Say**

Jean-Baptiste Say est né à Lyon en 1767, dans une famille protestante. Partisan actif de la Révolution française, il dirige un nouveau journal qui défend ces idées. Hostile à la politique de Bonaparte, il se retire de la vie politique et crée une usine de filature de coton qui deviendra prospère. À partir de 1820, il enseigne l'économie au Conservatoire national des arts et métiers, puis occupe la première chaire d'économie politique créée au Collège de France. Il se montre très proche des analyses de Smith (la lecture de *La Richesse des nations* l'a fortement marqué), mais son analyse de la valeur préfigure la pensée néoclassique. Son nom reste associé à la « **loi des débouchés** ».

J.-B. Say remet en cause la théorie de la valeur travail défendue par les économistes classiques. Il défend une **conception subjective de la valeur** : « le premier fondement de la valeur est l'utilité ». C'est donc l'utilité qui est à l'origine de la valeur des biens. Dans la mesure où « la production n'est point une création de matière, mais une création d'utilité », les services sont également productifs, puisqu'ils concourent à satisfaire des besoins.

◄ Smith
Ricardo

De fait, les revenus sont la contrepartie de l'utilité apportée par les facteurs de production. Les conflits de répartition disparaissent, chacun perçoit la juste rémunération liée à sa contribution. En cela, J.-B. Say est un précurseur du courant marginaliste.

Walras, Menger, Jevons ►

L'apport majeur de J.-B. Say réside dans sa « **loi des débouchés** ». Cette loi qui, pour Keynes, constitue une ligne de partage entre les économistes classiques (c'est-à-dire ceux qui acceptent la loi de Say) et les autres, montre que toute offre crée une demande de montant équivalente.

En effet, un accroissement de la production donne lieu à une distribution de revenus d'un même montant, revenus qui permettront d'écouler le supplément d'offre. Say en fait le résumé suivant : « c'est la production qui ouvre des débouchés aux produits ».

On en déduit que toute crise de surproduction généralisée est impossible. Si des crises temporaires ou sectorielles surgissent, il suffit de laisser jouer les mécanismes de marché seuls capables d'une réallocation des ressources.

Pour J.-B. Say, si la loi des débouchés est forcément vérifiée dans une économie de troc (puisque « les produits s'échangent contre les produits »), elle l'est aussi dans une économie monétaire. Dans la mesure où la monnaie ne sert qu'à faciliter les échanges (la monnaie n'est qu'un voile, un fluide), elle ne peut pas être demandée pour elle-même. L'argent ne sert qu'à acquérir des biens, et le plus grand désir du producteur est qu'il « ne chôme pas entre ses mains ».

Malthus
Keynes ►

Cette loi a fait l'objet de nombreuses critiques de la part de Malthus d'abord puis des keynésiens ensuite : la monnaie est aussi une réserve de valeur qui soustraite du circuit économique peut conduire à des situations de sous-consommation durables. Elle reste pourtant un des piliers essentiels du modèle économique standard. Les économistes de l'offre lui ont même redonné une seconde jeunesse dans les années 1980.

J.-B. Say distingue les capitalistes qui perçoivent des intérêts et les entrepreneurs qui tirent leur revenu des profits. Pour lui, c'est cette dernière catégorie qui joue un rôle central dans la vie économique d'un pays. En combinant des facteurs de production, les entrepreneurs valorisent les ressources productives et élèvent le niveau de la production.

Schumpeter ►

L'image que dresse J.-B. Say de l'entrepreneur est proche du « capitaine d'industrie » de J. Schumpeter. Il le définit comme « celui qui entreprend de créer pour son compte, à son profit et à ses risques, un produit quelconque ».

En outre, les entrepreneurs sont mieux placés que l'État pour produire. Ils sont animés par l'aiguillon du profit et eux seuls savent ce qui sera vendu. Ils doivent satisfaire les consommateurs sous peine de disparaître.

Il ne réduit pourtant pas le rôle de l'État à sa plus simple expression. Le développement des infrastructures ou des connaissances scientifiques est favorable à la croissance et légitime dans ces domaines l'intervention de l'État.

Bibliographie

- *Traité d'économie politique*, 1803.
- *Catéchisme d'économie politique*, 1815.
- *Cours complet d'économie politique pratique*, 1828.

Theodore Schultz

Après avoir obtenu un doctorat en économie de l'agriculture en 1930, Theodore Schultz devient professeur. Économiste du développement, il développe des arguments conformes aux thèses libérales tout en s'en démarquant sur différents points. En 1979, il reçoit (avec Arthur Lewis) le prix Nobel d'économie pour ses recherches sur le développement.

Les premiers travaux de Schultz portent sur le rôle de l'**agriculture** dans le **développement** et la **croissance**. Il dénonce les subventions et autres pratiques gouvernementales qui faussent le mécanisme des prix. En outre, il révèle la rationalité des agriculteurs pauvres qui, en situation d'incertitude, ont tout intérêt à ne pas risquer leurs faibles ressources dans des investissements par nature hasardeux et donc à rester pauvres. Les pouvoirs publics doivent prendre en considération une telle situation et stimuler les investissements pour doper la productivité agricole.

Par ailleurs, à la fin de années 1950, Schultz entame une réflexion sur le rôle du **capital humain** dans la croissance et le déve- ◄ Becker loppement. Dès lors, il insiste sur la nécessité de l'investissement éducatif en particulier dans le monde rural.

Dans l'ensemble de ses travaux, la méthode d'analyse développée par Schultz n'est pas exclusivement économique, puisqu'il en appelle fréquemment à la sociologie, à l'anthropologie, aux sciences politiques…

Bibliographie

- *The economic organization of agriculture*, 1953.
- *The economic value of education*, 1953.
- *Investing in people : the economics of population quality* (traduction française, *Il n'est de richesse que d'hommes : investissement humain et qualité de la population*, 1983), 1980.

Joseph Aloïs **Schumpeter**

Joseph Aloïs Schumpeter est né en 1883. Économiste d'origine autrichienne, il est classé parmi les hétérodoxes. Il fut le ministre des Finances d'un gouvernement socialiste. Les apports de Schumpeter à la pensée économique sont nombreux : théorie des cycles, analyse du rôle de l'innovation et du rôle de l'entrepreneur dans la croissance économique, théorie sur l'évolution du capitalisme... L'œuvre de Schumpeter a été influencée par les physiocrates (le circuit de type schumpetérien s'inspire du circuit économique présenté par les physiocrates), Marx (il considère que l'œuvre de Marx est « unique ») et par Walras (pour son concept d'équilibre général). Il s'exile aux États-Unis à la suite de la montée du nazisme. Il décède en 1950.

Quesnay
Marx
Walras ►

■ L'évolution économique

Schumpeter affirme que le **développement** qu'il appelle « **évolution** » entraîne une augmentation générale des richesses créées, un élargissement de la consommation et du progrès social. Ce développement est un phénomène qualitatif « spontané et discontinu ».

Selon Schumpeter, l'économie serait statique tel un circuit économique si le système ne produisait pas spontanément de nouvelles combinaisons productives ; celles-ci sont dues à l'innovation, c'est-à-dire au progrès technique.

Sous ce terme d'**innovation**, Schumpeter englobe cinq catégories de faits : la fabrication d'un produit nouveau ; l'introduction d'une méthode de production nouvelle ; l'ouverture d'un débouché nouveau, c'est-à-dire pour une industrie de pénétrer sur un marché où elle n'était pas présente auparavant ; la conquête d'une nouvelle source de matières premières ; la création d'une nouvelle organisation comme par exemple la création d'une situation de monopole ou une nouvelle organisation du travail.

Chaque nouvelle innovation crée une nouvelle combinaison, mais détruit l'ancienne. Schumpeter considère donc que la **croissance** est « un processus de **destruction créatrice** qui révolutionne incessamment de l'intérieur la structure économique en détruisant continuellement des éléments vieillis et en créant continuellement des éléments neufs ».

■ L'entrepreneur est au cœur de la croissance économique

En continuité avec les théories classique et néoclassique, Joseph Schumpeter considère que la recherche du profit de la part de l'**entrepreneur** est au cœur de la croissance du système capitaliste. Afin d'augmenter son **profit**, « le rôle de l'entrepreneur consiste à réformer ou à révolutionner la routine de la production ». Le profit récompense l'entrepreneur dynamique et innovant, c'est grâce à cette motivation que l'entrepreneur est le moteur du progrès technique et est incité à innover.

Le profit n'est pas la seule motivation : l'entrepreneur est un créateur, un aventurier qui trouve du plaisir et de la joie à découvrir de nouvelles combinaisons productives et à l'emporter sur ses concurrents. ◄ Saint-Simon

Selon la théorie microéconomique traditionnelle, en raison de la concurrence que se livrent les entreprises, le profit a tendance à diminuer et même à devenir nul. Une des façons pour un entrepreneur de réaliser un profit malgré cette concurrence est d'innover. L'innovation dans un nouveau produit le mettra dans une situation de **monopole** (il sera le seul à fabriquer ce produit durant un moment), et l'innovation de procédé lui permettra d'avoir des coûts inférieurs à ceux du marché. Mais cette **rente de monopole** ou ce sur-profit ne seront que temporaires, car d'autres entreprises imiteront rapidement l'entreprise innovatrice.

Schumpeter pense donc que les pratiques monopolistiques doivent être acceptées. La concurrence parfaite apparaît comme un cadre théorique. L'initiative capitaliste doit être concurrentielle, mais le monopole est dans de nombreux cas un puissant moteur du progrès. C'est la recherche du monopole provisoire qui permet la croissance, et pour conserver ou pour conquérir de nouveau une position de monopole, il est nécessaire d'investir et d'innover. L'évolution technique rend instable la position de monopole ; ce dernier doit donc constamment progresser.

Le problème est que cette fonction d'entrepreneur-innovateur tend à disparaître. L'innovation, pourtant indispensable à l'évolution capitaliste, souffre d'une certaine routine. Schumpeter pense que le progrès technique a tendance à se dépersonnaliser, à s'automatiser, ce qui élimine progressivement la motivation à « révolutionner la routine de production » et réduit l'initiative individuelle. Cela est dû au fait que le système s'habitue à l'innovation (« au romantisme des aventures d'antan succède le prosaïsme ») et qu'avec la disparition, du fait de la concentration, des petites et moyennes entreprises la figure emblématique de l'entrepreneur et le prestige de la bourgeoisie s'effacent progressivement. Le **capitalisme**, victime de son succès, va laisser la place au **socialisme**. Comme Marx, Schumpeter pense que le socialisme est inéluctable, mais contrairement à Marx, il le regrette.

Marx ►

■ La théorie des cycles

Les innovations surviennent par « grappes » ou « essaims » et se généralisent par diffusion ; ce mécanisme explique le **cycle**.

Une **grappe d'innovations** désigne un nombre important d'innovations qui surviennent durant une même période, car elles sont dépendantes. Ainsi, une innovation dans un secteur crée des **goulets d'étranglement** (un goulet d'étranglement est un déséquilibre dû aux différences de capacités productives de deux secteurs liés entre eux) dans les secteurs complémentaires qui sont ainsi incités à innover à leur tour.

C'est l'irrégularité du **progrès technique** qui explique les irrégularités de la croissance. Des périodes à fort progrès technique succèdent à des périodes à faible progrès technique. En effet, les grappes d'innovation suscitent des anticipations de profit élevé dans les branches innovatrices, ce qui attire de nouveaux entrepreneurs sur ces marchés. Mais la généralisation de l'innovation et l'accroissement de la production dans ces branches innovantes entraînent la baisse de profit ; l'impulsion finit par s'épuiser ; les entreprises les moins solides disparaissent ; c'est la dépression.

Les innovations étant différentes (Schumpeter explique que l'on ne peut pas mettre sur le même plan l'amélioration d'une diligence et l'invention de la locomotive), elles ont des périodes d'introduction variées, et leur résorption par le système ne sera pas de durée égale. Schumpeter distingue des **cycles longs**, appelés **cycles Kondratieff** (55 ans environ), des **cycles des affaires**, appelés aussi **cycles majeurs** ou **cycles Juglar** (6 à 10 ans), des cycles mineurs ou cycles Kitchin (40 mois environ).

Selon Schumpeter, la crise des années 1930 était un phénomène inéluctable se situant au point de retournement d'un cycle Kondratiev et d'un cycle Juglar.

Bibliographie

- *Théorie de l'évolution économique*, 1912.
- *Les Cycles des affaires*, 1939.
- *Capitalisme, socialisme et démocratie*, 1942.

Alfred Schütz

Alfred Schütz (1899-1959) a étudié le droit à l'université de Vienne au début du siècle. Il a publié un premier ouvrage philosophique en 1932, fondé à partir des œuvres de Weber et Husserl. En 1938, il fuit le régime nazi et s'installe définitivement aux États-Unis où il meurt en 1959. Schütz est le fondateur du courant phénoménologique en sociologie. Il a notamment inspiré les travaux de P. Berger et T. Luckmann exposés dans un ouvrage de référence : *La Construction sociale de la réalité*, en 1967.

En effet, Schütz utilise les concepts de la **phénoménologie** de Husserl pour aborder l'étude du monde social. Cependant, si Husserl, qui assigne comme but à la phénoménologie de réaliser une étude objective de la subjectivité, propose pour y parvenir de « mettre le

Weber ► monde entre parenthèses », Schütz prend plutôt comme point de départ le « monde de la vie », qui est le monde vécu par les individus dans leurs interactions quotidiennes, pour accéder à la compréhension des phénomènes sociaux. Comme M. Weber, le but de Schütz est de parvenir à faire de la sociologie une science, tout en prenant en compte la subjectivité des acteurs. Cependant, bien que Weber ait insisté sur la notion de compréhension (*Verstehen*) par opposition à celle d'explication (*Erklären*), il n'en a guère précisé le sens exact.

Pour Schütz, l'expérience subjective d'un individu n'est pas inaccessible à un autre individu, d'une part parce que ce qu'il appelle le système de pertinence fournit un cadre commun (tous les témoins d'un spectacle partagent la même expérience), d'autre part parce que les points de vue sont interchangeables (on peut avoir un point de vue analogue à celui d'autrui, en prenant sa place). Par ailleurs, le sociologue n'a pas les mêmes interprétations que les acteurs sociaux ordinaires. Pour comprendre le monde social, il construit des « modèles typiques de l'action sociale ». La construction de « types » pour percevoir un objet est le fait de tout un chacun. Cette perception s'appuie sur des habitudes, des connaissances que nous mobilisons dans telle ou telle situation sociale. L'originalité du sociologue est de se fonder sur des objets de pensée, construits par les chercheurs qui l'on précédé, qui se fondent sur les objets élaborés par la pensée courante. Les constructions utilisées par les chercheurs en sciences sociales sont ainsi des constructions au second degré.

Bibliographie

■ *Le Chercheur et le quotidien*, sélection de textes publiés dans les *Collected Papers* en 1962, 1964 et 1966 (3 volumes).

Amartya Kumar **Sen**

Amartya Kumar Sen est un économiste indien, né en 1933. Après un doctorat obtenu à Cambridge (Grande-Bretagne) en 1959, il enseigne l'économie dans plusieurs universités (Cambridge, Delhi, Londres, Oxford et Harvard). En 1998, il revient à Cambridge où il compte achever sa carrière universitaire. Cette même année il reçoit le prix Nobel d'économie pour ses contributions à l'économie du bien-être, mais ses travaux dépassent largement ce domaine.

Pour Sen, l'économie est une science morale : elle doit intégrer dans son champ d'analyse une réflexion philosophique qui conduit l'économiste à s'interroger sur le caractère désirable ou non de l'action humaine dont il étudie les déterminants.

Les travaux de Sen concernent particulièrement la **théorie du choix social** dont l'objet est de comprendre comment peuvent s'exprimer les **préférences collectives** à partir des choix individuels. Au début des années 1970, il propose une solution au théorème d'impossibilité énoncé en 1951 par Arrow qui montre qu'il n'est pas possible de définir l'intérêt général à partir des préférences individuelles. Pour Sen, déterminer démocratiquement des choix collectifs suppose que ceux-ci soient confrontés aux exigences d'une **éthique** permettant de définir ce qui est ou n'est pas désirable pour la population. Par exemple, l'équilibre résultant du libre jeu des marchés pourrait être un optimum de Pareto. Toutefois, il est possible que, dans une telle situation, une importante partie de la population vive dans un grand état de dénuement, cause d'une mortalité élevée et de l'incapacité de vivre dignement. Sen considère alors qu'il est nécessaire de modifier une telle situation au nom de principes moraux fondant la **dignité humaine**. Il ajoute que les individus doivent pouvoir être capables de saisir les opportunités de la vie pour tenter de réaliser leurs projets et pour vivre dignement en société. Sen appelle « **capabilité** » la capacité que possède l'individu de choisir sa vie. Elle dépend des caractéristiques personnelles de chacun (sexe, âge, état de santé, niveau de formation...) mais aussi de l'organisation sociale. Celle-ci devrait notamment permettre le plein exercice des **libertés** fondamentales et de la **démocratie** et contribuer à la satisfaction des **besoins essentiels** (ration alimentaire suffisante et équilibrée, accès à l'eau potable, préservation de la santé, élévation du niveau d'éducation et de formation...). C'est ainsi que Sen a montré que les famines ne sont pas principalement liées à un manque de nourriture mais à un déni de liberté : elles sont en effet moins fréquentes, voire inexistantes, dans les sociétés démocratiques ; le bien-être des populations est alors plus élevé dans ce type de société que dans les dictatures, même quand le niveau de revenu par habitant est plus bas.

◄ Arrow

◄ Pareto (optimum)

◄ Perroux (coûts de l'homme)

L'approche de Sen a suscité une réflexion sur les indicateurs de bien-être. Ces travaux ont largement présidé à l'établissement, depuis le début des années 1990, des indicateurs de développement humain promus par le Programme des Nations unies pour le développement (PNUD) afin de mieux appréhender le niveau de développement des pays et de mieux définir les caractéristiques d'une société développée.

Bibliographie

- *Collective choice and social welfare* (1970).
- *Poverty and famines : an essay on entitlement and deprivation* (1981).
- *On ethics and economics* (1987 : traduction française, *Éthique et économie*, 1993), *L'économie est une science morale* (1999).
- *Inequality reexamined* (1992 ; traduction française, *Repenser l'inégalité*, 2000).
- *Development and freedom* (1999 ; traduction française, *Le Nouveau Modèle économique ; développement, justice, liberté*, 2000).

Georg **Simmel**

Georg Simmel (1858-1918) est né à Berlin de parents israélites. Il enseigne la philosophie dans cette même ville à partir de 1894 en qualité de *Privatdozent* (professeur non titulaire). Si ses cours connaissent un grand succès, il est cependant victime de l'antisémitisme qui sévit à l'époque et de la méfiance qu'éveille le seul nom de « sociologie ». En 1914, il finit par être nommé à Strasbourg, à 54 ans. Partageant l'enthousiasme de bon nombre d'intellectuels allemands, il fit preuve, durant la Première Guerre mondiale, d'un indéniable chauvinisme, affirmant que « de cette guerre surgira une

Allemagne différente de celle qui s'y est engagée ». Sa mort en 1918 ne lui a pas permis de voir l'évolution réelle du cours des choses.

Simmel est le fondateur de la **sociologie formelle**. Cette sociologie trouve son origine dans la distinction kantienne entre *formes a priori* ou catégories de l'entendement, et contenus livrés par la sensibilité. Toutefois, si chez Kant, les formes sont des produits de l'entendement humain, elles deviennent chez Simmel des structures obtenues par abstraction des contenus sociaux. Les contenus de la société, ce sont les buts, les intérêts, les pulsions, qui sont portés par les individus. Les formes sont les modèles selon lesquels s'opère la socialisation : les actions réciproques des individus s'effectuent selon des schémas qui demeurent permanents. Par exemple, une forme sociale comme la domination peut aussi bien apparaître dans une association religieuse que dans une communauté de malfaiteurs. Inversement, un même contenu se rattachera parfois à des formes très différentes : l'intérêt économique s'exprime aussi bien dans l'organisation monopolistique que dans la concurrence pure et parfaite.

Pour Simmel, la sociologie n'est pas la « science des faits sociaux », car les faits sociaux sont étudiés aussi bien par le droit, l'histoire, l'économie ou la science politique. La sociologie est l'étude des formes de la vie sociale, qui sont les formes de la socialisation, que le chercheur découvre par un effort d'abstraction tout à fait comparable à celui qui permet de dégager l'idéal-type webérien, entendu comme « des éléments abstraits de la réalité historique qui se retrouvent dans un grand nombre de circonstances ». Ces formes sont au-delà des individus et partiellement autonomes. La religion, la langue, l'économie, subsistent indépendamment des acteurs et des contenus qu'on peut leur donner à chaque époque.

◄ **Durkheim (fait social)**

◄ **Weber (idéal-type)**

On peut illustrer la méthode simmelienne à travers l'analyse du conflit, de la piété, du secret, de la mode ou encore de l'étranger.

Chez Simmel, le **conflit** n'est pas un mal, un dysfonctionnement, qu'il s'agit d'éliminer au plus vite. Bien au contraire, le conflit est un facteur de socialisation. La situation conflictuelle est, par essence, ambivalente ; elle n'est pas une maladie de société postérieure à l'émergence de celle-ci, mais manifeste plutôt simplement l'unité de la vie faite de positif et de négatif. À travers des exemples multiples, empruntés aussi bien à la microsociologie qu'à la macrosociologie, Simmel montre que de l'ambivalence du sentiment amoureux à l'étude des formes de la concurrence, en passant par le conflit juridique et la controverse scientifique, l'agressivité fait partie du processus de socialisation.

De même, la **piété** exprime des valeurs religieuses autonomes, formes qui se révèlent dans toutes les relations sociales durables, et pas seulement à l'intérieur des églises. Ces valeurs n'appartiennent donc pas seulement à la religion au sens strict du terme. La relation de l'enfant à ses parents, de l'ouvrier à sa classe, du soldat à son armée, suppose l'existence d'un phénomène d'obéissance qui n'a pas pour origine l'amour, la suggestion ou encore le droit, mais plutôt la « foi » dans le pouvoir d'autrui que Simmel résume sous le nom de piété, sans laquelle la société n'existerait pas.

Autre forme sociologique étudiée par Simmel : la **société secrète** se définit toujours par une opposition à un ensemble plus vaste. Elle regroupe des hommes et des femmes qui se retranchent de la vie sociale ordinaire, avec souvent une hostilité absolue envers d'autres groupes ou envers la société globale. Ces sociétés secrètes se caractérisent souvent par l'existence d'une autorité féroce en leur sein, dans laquelle le chef demeure inconnu. Le secret s'empare de l'autorité elle-même, qui revêt de la sorte un caractère inconnu. On retrouve ces caractéristiques aussi bien dans une bande organisée de malfaiteurs que dans une société à but philanthropique. Là comme ailleurs, la forme est susceptible de s'inscrire dans des contenus multiples.

Dans toutes les formes de socialisation, Simmel prend bien soin de montrer l'ambivalence des choses. Par exemple, **l'étranger** est une forme qui participe du proche et du lointain. L'étranger est le voisin des membres du groupe social et, en même temps, la figure extérieure à la communauté. Cette dialectique explique qu'on investit l'étranger de rôles contradictoires. À certains moments, il représente un pôle d'objectivité, car il n'est pas directement engagé dans la vie du groupe, pouvant même remplir la fonction de juge ; à d'autres moments, dans les périodes troublées, on accuse l'étranger d'être le fomenteur des désordres.

Un des thèmes fondamentaux de Simmel est **l'image du pont et de la porte** que l'on résume en disant que les choses du monde extérieur se présentent toujours à nous en un double sens, comme si tout était lié ou, au contraire, comme si tout était séparé. Le pont est l'image de la liaison, et la porte l'image de la séparation. La *Philosophie de l'argent* montre ainsi que l'argent est le symbole simultané de la liaison et de la séparation. En effet, l'argent incarne la mobilité absolue, puisque sa signification apparaît dès qu'on s'en dessaisit. En même temps, l'argent est le symbole de la stabilité, puisqu'il est la valeur qui mesure toutes les autres valeurs.

Les principales objections à la conception simmelienne de la sociologie formelle viennent du camp durkheimien. Durkheim pense que le formel, c'est le général, et que la généralité ne fait guère progresser la connaissance du social. Pour Durkheim, la sociologie formelle est une philosophie abstraite et vague qui sépare l'inséparable (la forme et le contenu), et obtient finalement un résultat manquant totalement de détermination.

Autre reproche émis par Durkheim : Simmel, comme Weber, pense que la sociologie ne peut ignorer la psychologie et faire fi du sens des conduites. Or, pour l'auteur des *Règles de la méthode sociologique*, en réduisant la société à un jeu d'interactions et en assimilant les contenus sociologiques à des phénomènes psychologiques, les travaux de Simmel sont victimes de psychologisme, ce qui est pour Durkheim l'obstacle le plus grave à la connaissance véritable du social.

◄ Durkheim
Weber

Bibliographie

- *Problèmes de la philosophie de l'histoire*, 1892.
- *Philosophie de l'argent*, 1900.
- *Sociologie. Recherches sur les formes de la socialisation*, 1908.

Herbert **Simon**

Herbert Simon (1916-2001) est né dans l'État du Wisconsin aux États-Unis. Il a fait ses études à l'université de Chicago où il a obtenu son doctorat en 1943. Économiste atypique, il a développé ses recherches dans des domaines aussi variés que les mathématiques, l'informatique, la psychologie, les sciences politiques, les sciences de gestion et de l'organisation..., ce qui lui a valu de nombreuses distinctions. Le prix Nobel qu'il obtient en 1978 vient récompenser « son travail de pionnier sur le processus de la décision au sein de l'organisation économique ».

L'apport essentiel de H. Simon dans le champ de l'économie concerne l'analyse de la rationalité de l'homme dans la prise de décision.

La théorie économique standard postule que les individus cherchent à maximiser leur utilité compte tenu des contraintes auxquelles ils sont soumis. Parfaitement rationnels (on parle de rationalité substantielle), les agents économiques sont capables de prendre des décisions optimales en comparant toutes les possibilités de choix qui s'offrent à eux, et en ne retenant que la meilleure.

Simon conteste l'hypothèse de rationalité optimisatrice qui selon lui ne correspond pas à la réalité. L'observation montre que les hommes et les organisations se contentent généralement d'une solution qui leur paraît satisfaisante (*satisficing*) sans qu'elle soit forcément optimale. En effet, il n'existe qu'un choix optimal, alors que plusieurs possibilités peuvent être jugées satisfaisantes. Simon en conclut que la rationalité de l'homme est une **rationalité limitée**. À cela, plusieurs explications peuvent être avancées :

- les capacités « cognitives de l'esprit humain » sont bornées, ce qui les empêche d'envisager toutes les solutions ;
- la plupart des décisions sont prises dans un univers complexe (objectifs multiples et parfois contradictoires) et incertain (non probabilisable) ;
- dans un contexte d'information imparfaite, la recherche de la solution optimale est illusoire.

Le principe de rationalité limitée ou procédurale (*bounded rationality*) est donc une remise en cause du comportement de l'*homo œconomicus* tel que le décrit la théorie microéconomique. Il ne s'agit pas toutefois d'une forme « affaiblie » par rapport à la rationalité optimisatrice. Au contraire, rechercher une solution satisfaisante est une stratégie plus efficace que de rechercher un choix optimal qui, dans la pratique, est irréalisable.

Simon critique l'analyse classique des organisations, particulièrement le modèle taylorien du « *one best way* » pour lequel la motivation des salariés repose seulement sur la recherche du gain le plus élevé. En réalité, toute décision dans une organisation relève d'un processus de négociation entre les différents acteurs, chacun d'eux cherchant une solution satisfaisante. En raison de la rationalité limitée de l'homme, l'organisation doit adapter ses structures de façon à faciliter les procédures de prise de décision.

Crozier ►

Les travaux de Simon ont ouvert la voie à un renouveau de l'analyse des organisations, notamment en économie des conventions et en économie industrielle.

Par ailleurs, les théories de la recherche d'information ont cherché à intégrer l'hypothèse de rationalité limitée dans une perspective optimisatrice. Un individu s'engage dans une recherche d'information tant que le bénéfice qu'il espère retirer de cette recherche est inférieur à son coût, ce qui renvoie de nouveau à un calcul optimisateur.

◄ **Stigler, Phelps (Théorie de la recherche d'information)**

L'œuvre foisonnante de H. Simon fait de lui le père des théories de la décision.

Bibliographie

- *Administrative Behavior*, 1947.
- *From substantial to procedural rationality*, 1976.
- *Organizations*, en collaboration avec James March, 1958.

Jean Charles Léonard Simonde de **Sismondi**

Jean Charles Léonard Simonde de Sismondi est né à Genève en 1773. À partir de 1790, il suit sa famille d'exil en exil, en France, en Angleterre, en Italie. Lors de son séjour en Angleterre, il se convainc des bienfaits de l'économie de marché. Constatant les effets sociaux négatifs de la révolution industrielle et après un nouveau voyage en Angleterre, il publie en 1819 son livre *Nouveaux principes d'économie politique* dans lequel il promeut une économie politique soucieuse du bonheur des hommes et de justice sociale tout en restant favorable à l'économie de marché. Parallèlement à sa réflexion économique, Sismondi marque son intérêt pour l'histoire des institutions. Il meurt en 1842, à Genève.

■ Des inégalités excessives peuvent nuire au bien-être collectif

Sismondi révèle le caractère conflictuel du **partage du revenu national** qui oppose principalement les ouvriers et les capitalistes. Le profit peut être une spoliation : en avançant le capital nécessaire à la production, le capitaliste accroît la productivité du travail ; l'ouvrier produit davantage que ce qu'il consomme, d'autant plus que son employeur ne lui laisse fréquemment que le strict nécessaire. Si les salariés sont condamnés à la misère du fait du bas niveau des salaires réels, l'augmentation des bénéfices est contraire au bien-être social.

◄ **Smith**

◄ **Marx**

Par ailleurs, le développement économique s'appuie sur les inégalités entre riches et pauvres. Les besoins des ouvriers sont majoritairement confinés aux besoins fondamentaux (se nourrir, se loger, se vêtir...). La hausse de la production, consécutive à l'élévation de la productivité du travail, atteindrait rapidement ses limites face à une demande attachée à de tels besoins. Par conséquent, c'est la consommation de produits de luxe par les plus riches qui dynamise la demande. Pour Sismondi, une répartition plus égalitaire serait propice à la croissance du revenu national : pour le développement des manufactures, mieux vaut cent artisans moyennement riches embauchant chacun dix travailleurs qu'un seul très riche employant mille ouvriers misérables. La consommation sera plus diversifiée et comprendra davantage de produits ouvrés dans le premier cas que dans le second.

■ Les dysfonctionnements de l'activité économique

Say ►

Contrairement aux affirmations de Say, l'offre ne crée pas sa propre demande : la **surproduction** est donc possible. Le revenu national détermine la dépense nationale qui absorbe les biens de consommation. Ainsi, la production va-t-elle être plus ou moins dynamisée et influer, en retour, sur l'évolution du revenu national. Mais cet enchaînement ne se développe pas au cours de la même période. Si au cours de l'année n-1 les riches ont accru leur capital par une épargne plus importante, la production au cours de cette même année va pouvoir s'accroître si elle est demandée. L'évolution de la production conduira à celle des revenus : sur les fruits de ses ventes, le capitaliste récupère d'abord le capital qu'il a avancé. Puis il satisfait ses propres besoins. Il décide ensuite s'il renouvelle ou non le processus productif au cours de la période suivante. *A priori*, il n'est donc pas certain que les revenus versés en n-1 assureront le maintien de la croissance au cours de la période n.

Par ailleurs, le revenu de la période n-1 est dépensé au cours de la période n. Par conséquent, rien ne garantit qu'il absorbe la production offerte sur le marché à ce moment. Si tel n'est pas le cas, les ouvriers en surnombre ne peuvent trouver un autre métier correspondant aux qualifications qu'ils ont acquises. Ils vont alors continuer à travailler pour des salaires plus bas, éventuellement inférieurs au nécessaire. Ils vont même travailler plus longtemps pour compenser la chute de leur salaire horaire. L'offre de travail reste donc excédentaire. De manière similaire, le capital fixe ne peut trouver un nouvel emploi sans difficulté.

Les interventions de l'État

Le protectionnisme n'est pas souhaitable : Sismondi rejette les thèses mercantilistes. Ainsi, la protection accordée à certains secteurs n'est justifiée qu'en cas d'absolue nécessité, et lorsque la défense de la nation et la subsistance du peuple sont en cause. Appliquées plus largement, les interventions étatiques ne permettraient pas de profiter des avantages de la spécialisation et en renchérissant les prix contribueraient à ralentir la croissance. De plus, elles conduiraient à la fermeture mutuelle des marchés entre nations. Plus globalement, l'économie de marché doit être préservée, mais l'État doit pallier ses défaillances.

◄ **Smith**

◄ **Musgrave**

Ainsi, l'**État** peut exercer une influence bénéfique à l'activité agricole. Face à un accroissement de la population, l'agriculteur produit davantage si l'ordre social et la sécurité lui sont assurés. Le rôle des pouvoirs publics est donc particulièrement important. Toutefois, l'appropriation de la terre n'étant pas fondée sur un principe de justice mais sur un principe d'utilité publique, la protection accordée aux propriétaires des terres n'est légitime que s'il en résulte, effectivement, le bien de tous. Par exemple, le législateur doit intervenir pour limiter l'excès des grandes fermes qui, disposant d'un capital élevé, peuvent accroître la productivité du travail de leurs journaliers et licencier certains d'entre eux, créant ainsi de la misère.

L'action des pouvoirs publics est souhaitable dans d'autres domaines : l'État peut orienter le travail des savants dans l'intérêt de l'industrie ; il peut, par ses dépenses, influer positivement sur l'activité économique ; il peut améliorer les voies de communication, assurer la justice, sans accabler pour autant les citoyens d'impôts trop lourds ; il peut placer des bornes à la concurrence pour garantir à l'ouvrier un certain bien-être, etc.

Bibliographie

- *De la richesse commerciale*, 1803.
- *Examen de la constitution française*, 1815.
- *Nouveaux principes d'économie politique*, 1819.
- *Histoire des républiques italiennes au Moyen Âge*, 16 volumes, 1807 et 1818.
- *Histoire des Français*, 1821-1844.
- *Études de sciences sociales*, 1837.
- *Études sur l'économie politique*, 1837.

Adam Smith

Adam Smith est né en 1723 et mort en 1790. Philosophe et économiste écossais, il enseigne à l'université de Glasgow où il occupe la chaire de philosophie morale. Il devient précepteur du duc de Buccleugh, ce qui l'amène à voyager dans toute l'Europe et notamment en France où il s'initie à l'économie politique auprès des physiocrates. De retour en Écosse, il écrit ses célèbres *Recherches sur la nature et les causes de la richesse des nations* qui feront de lui le père de la pensée économique moderne. Adam Smith est à la fois le fondateur de l'**école classique** anglaise et du courant libéral.

Quesnay ►

■ La richesse des nations provient du travail productif

Selon Smith, la véritable **richesse** n'est pas l'or comme l'affirmaient les mercantilistes, mais les biens consommables. Smith reconnaît les mérites des physiocrates français qui avaient compris que les richesses proviennent du travail et que la « plus parfaite liberté » est l'unique moyen de rendre cette « reproduction annuelle la plus grande possible ». Mais l'erreur des physiocrates est d'avoir considéré que la classe des artisans, manufacturiers et marchands est stérile et non productive. Pour Smith, la richesse provient de toute la production matérielle ; l'objectif de son œuvre est alors de déterminer le moyen d'accroître cette production afin d'enrichir les nations.

Quesnay (richesse) ►

La richesse provient du **travail productif**. Tout travail n'est pas créateur de richesse ; Smith, constatant que les services disparaissent dès qu'on les rend, affirme que le travail qui est à leur origine est improductif ; le travail des domestiques, du souverain, des magistrats... est utile, mais il n'est pas productif, car il ne crée pas de valeur.

La **division du travail** est le meilleur moyen d'accroître la richesse des nations, car elle augmente la force productive du travail. Pour illustrer ce phénomène, Smith prend l'exemple d'une manufacture d'épingles. Sans division du travail, un ouvrier seul aurait bien du mal à produire 20 épingles dans une journée ; en revanche, dans la petite manufacture prise en exemple par Smith, les 10 ouvriers qui se partagent les 18 opérations nécessaires pour faire une épingle parviennent à produire 48 000 épingles par jour, soit une moyenne de 4 800 épingles par ouvrier. Trois principales raisons expliquent que la division du travail permette d'augmenter la force productive : l'accroissement de l'habileté dû à la spécialisation dans une opération très simple ; le temps gagné à ne pas passer continuellement d'une tâche à une autre ; l'emploi des machines que la division du travail rend possible.

Le degré de division du travail résulte de l'étendue du marché ; lorsque les échanges sont nombreux, la production peut être importante, et donc la division du travail peut être forte. Naturellement, les hommes ont tendance à échanger et donc à se spécialiser dans les travaux dans lesquels ils sont les plus habiles. C'est la recherche de leur intérêt personnel qui permet de développer les échanges, la production et donc la consommation. Il faut donc laisser les individus s'enrichir, car, en œuvrant pour leur intérêt personnel, ils enrichissent non intentionnellement la nation tout entière ; chaque individu « est conduit par une **main invisible** à remplir une fin qui ne rentre nullement dans ses attentions ».

◄ **Bentham (utilitarisme)**

Smith distingue la valeur en usage et la valeur en échange des marchandises. La **valeur en usage** résulte de l'utilité de la marchandise, mais elle ne détermine pas la faculté d'acheter d'autres marchandises ; « Il n'y a rien de plus utile que l'eau, mais elle ne peut presque rien acheter. » La **valeur en échange** représente le prix réel de la marchandise ; elle provient du travail nécessaire à sa production. Lorsque quelqu'un achète une marchandise, il achète en réalité le travail d'autrui. L'unité utilisée lors de l'achat d'une marchandise ne peut être le travail, qui est pourtant la mesure réelle de la valeur, on utilise donc l'or et l'argent qui sont eux-mêmes des marchandises dont la valeur résulte de la quantité de travail nécessaire pour les extraire et les apporter sur le marché. Cette théorie de la **valeur travail** sera reprise par Ricardo, qui l'approfondira en distinguant le travail direct du travail indirect, et par Marx qui en déduira son analyse de l'exploitation des travailleurs.

◄ **Ricardo, Marx (valeur travail)**

Si c'est le travail productif qui crée directement la richesse, le **capital** est toutefois nécessaire, car il permet d'employer le travail. Le capital résulte de l'épargne qui est une vertu économique. Smith considère que les individus ont un penchant naturel à épargner et que seuls les gouvernements sont naturellement dépensiers et peuvent ainsi appauvrir la nation. On retrouve ici aussi le principe de la main invisible : en épargnant, les individus œuvrent de manière non intentionnelle pour l'intérêt commun.

La répartition des revenus

Seul le travail donne la valeur aux marchandises, mais de celle-ci naissent trois revenus : le salaire, le profit et la rente.

Turgot, Ricardo, Marx (salaire de subsistance) ►

Le **salaire** permet la subsistance des travailleurs et de leurs familles. Il résulte d'un rapport de force entre les ouvriers et les maîtres. Ce rapport de force est inégal, car les employeurs ont généralement l'avantage. Toutefois, il existe un niveau de salaire au-dessous duquel il est impossible de descendre : le salaire de subsistance. Mais contrairement à Turgot, Ricardo ou Marx, Smith pense que le salaire effectif est généralement supérieur au **salaire de subsistance**, car lorsque la croissance économique est forte le besoin de main-d'œuvre fait augmenter les salaires, et parce que certains maîtres ont conscience que des salaires plus élevés peuvent rendre le travail plus productif. (Smith a ici presque deux cents ans d'avance sur les théories du salaire d'efficience). Smith pense que le salaire a globalement tendance à augmenter avec le développement économique.

Akerlof (salaire d'efficience) ►

Ricardo (répartition) ►

Le **profit** est le revenu du capital. Smith considère qu'en raison de la concurrence que les capitalistes se livrent les profits ont tendance à baisser avec le développement économique.

La rente est le revenu du propriétaire foncier. Le rentier est dans un rapport de force favorable avec le fermier ; plus le prix des marchandises est élevé, plus la rente est forte. La rente, comme le salaire, a tendance à augmenter avec le développement économique.

L'avantage du commerce extérieur

Colbert ►

Smith s'oppose aux différentes mesures protectionnistes préconisées par les mercantilistes. Il pense que leur erreur est d'avoir confondu la richesse avec les métaux précieux. En voulant exporter davantage et importer moins, les mercantilistes proposent une stratégie qui réduit les possibilités de consommation et donc, *in fine*, la richesse. Or « la consommation est l'unique but, l'unique terme de toute production ». La **colonisation** est globalement critiquable, car les fruits de la colonisation sont mal partagés ils profitent aux commerçants, mais ni à la population des pays colonisateurs ni à celle des pays colonisés.

Le **commerce extérieur** a de nombreux avantages :

• il permet de vendre le superflu de ce qui est produit et donc donne de la valeur à ce qui est inutile ;

• il permet d'acheter à l'étranger ce qui y est moins cher et donc permet d'accroître la consommation ;

• il accroît la taille du marché et donc encourage à produire plus et à améliorer la puissance productive (notamment par la division du travail).

Chaque pays doit donc produire les produits pour lesquels il est avantagé (nécessitant moins de travail) et importer les produits pour lesquels il est désavantagé (nécessitant plus de travail). Ce principe, qui fonde le **libre-échange** et la **spécialisation internationale**, sera plus tard appelé « théorie des **avantages absolus** ».

◄ Ricardo (théorie des avantages comparatifs)

Il est donc nécessaire de libéraliser les échanges, de supprimer les mesures qui encouragent les exportations et qui entravent les importations. La sauvegarde de la balance du commerce n'est pas nécessaire, car la volonté d'en améliorer le solde a comme principal résultat de développer la contrebande. Le **protectionnisme** doit donc être supprimé, sauf lorsqu'une industrie est nécessaire à la défense du pays ou en cas de représailles envers une nation qui elle-même est protectionniste. Il est important de ne rétablir que graduellement la liberté du commerce de façon à ne pas faire disparaître soudainement des activités, ce qui priverait de nombreuses personnes d'emploi et de revenu.

■ L'intervention de l'État doit être limitée

Smith est un libéral. Il pense que la **régulation par le marché** doit être respectée. Pour cela, l'État doit limiter son intervention à trois devoirs :

• la défense de la nation contre les autres nations ;

• la défense de chaque individu contre l'injustice et l'oppression ;

• la mise en œuvre et l'entretien de certains ouvrages publics et certaines institutions qui sont profitables à la société mais ne peuvent être pris en charge par le secteur privé car ne générant pas assez de profit. Il s'agit des routes, des ponts, des canaux... mais aussi de la **fiscalité**, de l'éducation des plus pauvres.

◄ Allais, Ricardo (impôt)

L'État doit veiller à ce que l'impôt soit juste et efficace. Pour cela, la contribution de chacun doit être en proportion du revenu dont il jouit ; l'impôt que paye chaque individu doit être certain et non arbitraire ; l'impôt doit être perçu selon les modalités qui gênent le moins les contribuables et qui limitent au maximum les fuites (le mode de perception de l'impôt doit être le moins coûteux possible).

Smith pense que la dette est préjudiciable à l'économie. L'État doit bien gérer son budget. En cas de déficit, il est nécessaire d'augmenter les impôts ou de baisser les dépenses.

Adam Smith est un auteur optimiste. Il pense que le développement économique vient de lui-même grâce au penchant naturel des individus à vouloir augmenter leurs revenus et à vouloir épargner. Libéral, Smith craint que par des interventions maladroites l'État ne nuise à ce développement. Mais Smith est aussi un pragmatique, un libéral modéré, et il accepte certaines interventions étatiques dans les échanges extérieurs ou pour promouvoir l'éducation des plus déshérités.

Bibliographie

- *Recherches sur la nature et les causes de la richesse des nation*, 1776.
- *Théorie des sentiments moraux*, 1759.

Robert **Solow**

Robert Solow est né en 1924 à Brooklyn aux États-Unis. Élève brillant, il décroche une bourse pour l'université de Harvard où il obtient un doctorat en 1951. Professeur d'économie au Massachussetts Institute of Technology (MIT) durant toute sa carrière, il est avec son collègue et ami P. A. Samuelson l'un des chefs de file du courant de la synthèse. « Keynésien éclectique » comme il se qualifie lui-même, il a été conseiller des présidents démocrates J. F. Kennedy et L. Johnson. Président de l'American Economic Association en 1979, il obtient le prix Nobel d'économie en 1987 pour « ses contributions à la **théorie de la croissance économique** ».

La notoriété de R. Solow doit beaucoup à ses travaux sur la croissance économique. Solow relâche certaines hypothèses restrictives Harrod, Domar ► du modèle Harrod-Domar et introduit dans son « modèle néo-classique de croissance » la **substituabilité des facteurs de production**. Cela signifie qu'il est techniquement possible de combiner des quantités variables de capital et de travail pour obtenir un même volume de production. Le **coefficient de capital** (qui est le rapport entre le capital productif et la production) devient flexible. Toutes choses égales par ailleurs, le choix de la combinaison productive dépend du prix relatif des facteurs, lesquels s'ajustent aux quantités de facteurs disponibles. Il est alors possible d'atteindre une croissance de plein emploi stable et équilibrée en raison des hypothèses de flexibilité des prix et de substituabilité des facteurs.

Dans un deuxième temps, Solow va chercher à mesurer la contribution des facteurs de production à la croissance. À partir d'une étude réalisée sur la première moitié du XXe siècle aux États-Unis, Solow montre que l'augmentation des quantités de facteurs capital et travail n'explique qu'une faible part de la croissance ; le **résidu**, c'est-à-dire la part inexpliquée de la croissance, est imputable à un troisième facteur qu'il attribue au **progrès technique**. Dans cette approche, le progrès technique est exogène, puisqu'il n'entre pas dans le calcul des agents économiques.

D'autres études empiriques réalisées par Edward Denison sur l'économie américaine ou en France par J. Carré, P. Dubois et E. Malinvaud sur la croissance française entre 1946 et 1966 aboutissent à des résultats voisins, à savoir que ce « résidu » explique plus de la moitié du taux de croissance.

◄ **Malinvaud**

R. Solowl va par la suite essayer d'intégrer le progrès technique à son modèle de croissance. Il insiste sur la nécessaire prise en compte des facteurs qualitatifs de la croissance comme le niveau d'éducation de la population active ou l'amélioration qualitative du stock de capital grâce au progrès technique « incorporé » dans les nouveaux équipements. L'investissement joue donc un rôle central dans la diffusion de l'innovation et le soutien à la croissance. Solow complexifie le modèle de croissance pour prendre en compte la structure en termes d'âge du capital, en s'appuyant sur le concept de générations de capital (*vintage models*).

Solow précise que le progrès technique est neutre c'est-à-dire qu'il ne modifie pas la répartition des revenus entre le capital et le travail.

Il faudra attendre le milieu des années 1980 pour que le progrès technique soit « endogénéisé » dans les nouveaux modèles de croissance, c'est-à-dire généré par l'activité économique elle-même.

◄ **Romer (croissance endogène)**

Par ailleurs, Solow s'est interrogé sur le rapport entre les innovations, la croissance économique et plus particulièrement la productivité du travail. L'étude qu'il réalise sur les États-Unis entre 1973 et 1995 fait apparaître une corrélation négative entre les investissements informatiques et la productivité du travail. Ce que Solow résume par la formule : « on voit des ordinateurs partout sauf dans les statistiques ». Ce phénomène est connu sous le nom de **paradoxe de Solow**. Vérifié jusqu'à une époque récente, le paradoxe de Solow semble à présent levé. D'une part, l'appareil statistique américain n'aurait pas permis d'évaluer à sa juste mesure les gains de productivité dus aux nouvelles technologies de l'information et de la communication (NTIC). D'autre part, les NTIC ne permettent des gains de productivité qu'après une période d'apprentissage durant laquelle les entreprises procèdent à une réorganisation du travail ; ce qui explique l'effet différé des NTIC sur la croissance américaine.

Robinson ►

En traitant de la théorie de la croissance et du capital, R. Solow s'est durement heurté aux économistes post-keynésiens pour lesquels on ne peut pas évaluer le stock de capital physique (compte tenu de son hétérogénéité) à un niveau agrégé. Solow a partiellement levé l'objection en montrant que seul le taux de rendement du capital importait et que l'absence de substitution des facteurs n'est pas incompatible avec une croissance stable et équilibrée.

Samuelson ►
Phillips ►

Solow a aussi participé avec Samuelson à la reformulation de la relation de Phillips : en substituant le taux d'inflation au taux de croissance des salaires nominaux, ils montrent qu'il existe un **dilemme entre inflation et chômage**. À partir d'une lecture keynésienne de la courbe de Phillips (et en opposition avec M. Friedman pour qui il existe un taux de chômage naturel), Solow défend une politique de relance lorsqu'il existe des capacités de production sous-utilisées. L'État a donc un rôle à jouer pour assurer la croissance et le plein emploi.

À ce titre, Solow a pris position contre les « nouveaux économistes classiques » pour qui l'intervention de l'État est toujours inefficace. Il leur reproche aussi leur goût immodéré pour la formalisation mathématique aux dépens de l'analyse réaliste des phénomènes économiques.

Redoutable polémiste, R. Solow s'impose comme l'un des économistes clés de la synthèse néoclassique.

Bibliographie

- « A Contribution to the theory of economic growth quartely » *Journal of Economics*, 1956.
- « Le Changement technique et la fonction de production agrégée », *Review of economics and statistics*, 1957.
- *Théorie de la croissance économique*, 1970.

Herbert Spencer

Herbert Spencer a été tour à tour instituteur dans l'école que dirigeait son père à Derby, puis ingénieur des chemins de fer et, d'une manière générale, amateur de génie. Sa carrière s'est déroulée en marge de l'université, et ses goûts, orientés très tôt vers les sciences exactes, le porteront ensuite vers la philosophie au sens général du terme. Ses premiers écrits traitent des sujets économiques et politiques. Très vite, il se consacre à la philosophie et acquiert une réputation intellectuelle dépassant largement les frontières de son pays, la Grande-Bretagne.

Spencer tient une place très importante dans l'histoire de la sociologie en tant qu'auteur d'une pensée évolutionniste qui doit beaucoup au positivisme de Comte et au transformisme de Darwin. Il retient et projette dans les sciences sociales la formule de Darwin de la lutte pour la vie et de la survivance des plus aptes. Si Darwin énonce en 1859 (*De l'origine des espèces*) que, par le biais de la sélection naturelle, seules les espèces les plus fortes subsistent en transmettant à leur descendance les caractères innés qui leur permettront de s'adapter, Spencer reprend l'idée pour signaler que ne survivent que les sociétés qui tirent le mieux parti de l'environnement (d'où l'expression de **darwinisme social**). Plus généralement, l'œuvre de Spencer est inséparable de l'**idéologie du progrès** qui est celle de l'Europe du XIXe siècle qui confond sa civilisation avec la civilisation. Pour lui, on peut énoncer une loi d'**évolution** naturelle et universelle de l'humanité qui la conduit à passer d'une homogénéité indéfinie à une hétérogénéité précise et cohérente. Cette loi s'applique aussi bien à l'étude des phénomènes inorganiques qu'à l'étude des phénomènes organiques. Il est ainsi le fondateur de l'**organicisme**, conception naturaliste de la société qui pense celle-ci comme un organisme vivant allant du simple au complexe et composé d'éléments indépendants mais hiérarchisés.

◄ **Comte (positivisme)**

L'un des thèmes majeurs de la sociologie spencerienne est la distinction des sociétés militaires et des sociétés industrielles. Dans les **sociétés militaires**, la défense de la collectivité implique la subordination absolue à un chef. C'est une société très centralisée où la stratification sociale est prononcée, et l'autonomie individuelle faible. Chacun a une place et un rôle qui lui sont parfaitement assignés. Les alternances de la guerre et de la paix font passer les nations de l'état militaire à l'état industriel. Pour Spencer comme pour Comte et Saint-Simon, les sociétés industrielles ne se caractérisent pas par la machine et la productivité, mais par la prédominance des activités pacifiques et surtout, par la libération de l'individu. Dans les **sociétés industrielles**, l'intervention de l'État régresse, et le processus d'individuation et de coopération volontaire conduit à une distribution des bénéfices proportionnelle aux services rendus. L'évolution de l'homogène vers l'hétérogène, principe fondamental dont on vient de parler, se manifeste par l'effacement du type militaire. Quant aux lois naturelles, il est évident pour Spencer qu'elles conduisent l'homme vers le bien et que la société industrielle représente la réalisation de la morale absolue dans laquelle l'être humain n'a plus à choisir entre le bien et le mal. Au total, on peut donc affirmer que la sociologie spencerienne, tout comme celle de Comte, est progressiste, très peu révolutionnaire, se situant dans le contexte scientiste et optimiste qui prévaut dans la seconde moitié du XIXe siècle.

Durkheim ►

Dans *De la division du travail social*, Durkheim prend bien soin de distinguer sa théorie du passage de la solidarité mécanique à la solidarité organique de la théorie de Spencer sur les sociétés militaires et industrielles. En effet, Spencer affirme, d'une part, que l'absorption originelle de l'individu dans la société vient d'une trop forte centralisation militaire et, d'autre part, que la solidarité présente dans une société industrielle est contractuelle et libre de toute réglementation. Or Durkheim s'attache au contraire à démontrer que l'organisation centralisée est le commencement de l'individuation, et que l'étendue de l'appareil juridique augmente en même temps que prend naissance la société à solidarité organique. Ceci a une conséquence importante : l'égoïsme n'est pas le point de départ du progrès économique et social, comme le voudrait Spencer, et la société moderne n'est pas une société « contractuelle » si on entend par là des accords libres passés entre individus détachés de toute appartenance collective. En bon sociologue, Durkheim affirme que la cause de l'augmentation de la division du travail n'est pas la quête du bonheur, ni le désir d'augmenter le rendement du travail collectif, comme le disent Spencer et Smith, mais l'augmentation de la densité morale et matérielle de la société.

Smith ►

Bibliographie

- *The study of sociology*, Londres, 1873.
- *Introduction à la science sociale*, Alcan, 1877.

George J. Stigler

George J. Stigler (1911-1991) est né à Renton, dans l'État américain de Washington. Il a soutenu sa thèse de doctorat en 1938 à l'université de Chicago sous la direction de Frank Knight. Après avoir enseigné dans de nombreuses universités, c'est à Chicago (1958-1981) qu'il passera le reste de sa carrière. Président de l'American Economic Association en 1964, il a aussi été directeur du *Journal of Political Economy* de 1973 à sa mort. Il est avec Milton Friedman un des principaux représentants de l'école de Chicago. Il a reçu le prix Nobel en 1982 pour « ses études sur la structure industrielle et le fonctionnement des marchés ainsi que les causes et les effets de la réglementation publique ».

◄ Friedman

Stigler a consacré ses premiers travaux à l'histoire de la pensée économique, domaine dans lequel il est devenu un spécialiste reconnu. Dans ce prolongement, il s'est interrogé sur l'influence réciproque entre les théories et l'histoire économique. Selon lui, il n'y a pas de relation simple et univoque entre les deux, l'influence des événements sur la production théorique comme l'impact des économistes sur l'environnement sont limités. Le développement des théories répond davantage à une logique interne en grande partie déconnectée des préoccupations du moment.

L'intérêt que Stigler a porté au fonctionnement des marchés et aux structures industrielles fait de lui un des fondateurs de l'économie industrielle. Il a montré notamment que pour chaque branche d'activité il existe une taille optimale que chaque entreprise doit atteindre sous peine de disparaître. Ce sont les économies d'échelle qui permettent de déterminer techniquement la dimension idéale d'une entreprise. Une analyse qui laisse de côté les éléments de monopole pour expliquer la survie des entreprises.

Ses travaux sur la formation des prix et le fonctionnement des marchés l'ont conduit à remettre en cause la théorie orthodoxe qui ne prend pas en compte les coûts d'information. En effet, une des conditions de la concurrence pure et parfaite repose sur la transparence des marchés et la gratuité de l'information. Pour Stigler, la réalité est très éloignée de cette hypothèse. L'information sur les marchés est généralement imparfaite, ce qui nécessite de prendre en compte dans les modèles théoriques les coûts de recherche de l'information. Comme pour les autres activités économiques, la recherche d'informations repose sur un calcul coût-avantage de l'agent rationnel, lequel poursuivra sa recherche aussi longtemps que le gain escompté sera infé-

◄ Coase

rieur au coût de prospection. Il en déduit que la rigidité des prix sur certains marchés résulte d'un manque d'information, et que la publicité peut permettre d'améliorer la transparence des marchés.

La **théorie de la recherche d'information** (*search theory*) a suscité de nombreux développements, notamment dans le domaine de l'économie du travail. Edmund Phelps a prolongé l'analyse de Stigler en montrant que le chômage frictionnel relevait d'une démarche volontaire des chômeurs pour trouver le meilleur emploi compte tenu des coûts de prospection (*job search*).

Phelps ►

Enfin, G. Stigler a travaillé sur le rôle de l'État dans l'économie au travers de la réglementation. Selon lui, les défaillances du marché (caractérisées par une absence ou une insuffisance de la concurrence) telles que les envisage l'économie du bien-être ne suffisent pas à légitimer l'intervention de l'État. La **théorie de la réglementation** de Stigler montre que la régulation des activités économiques par la puissance publique ne relève pas d'une maximisation du bien-être collectif, mais vise à protéger les intérêts des firmes existantes. L'idée est que, « en règle générale, la réglementation est obtenue à l'initiative du secteur réglementé et qu'elle est définie et mise en œuvre à son avantage ». Les avantages que recherchent les groupes industriels auprès des institutions publiques sont une limitation de la concurrence et le maintien de structures oligopolistiques, au détriment des consommateurs. Pour démontrer son raisonnement, G. Stigler s'appuie sur des expériences de réglementation conduites dans divers secteurs d'activité. Il montre par exemple que la réglementation progressive du secteur de l'électricité aux États-Unis n'a pas permis d'abaisser le prix de l'électricité, ni de diminuer le taux de profit de ces entreprises.

Puisque la réglementation publique est contraire à l'intérêt général, il convient de s'interroger sur les raisons pour lesquelles les institutions politiques donnent satisfaction aux groupes de pression. Pour Stigler, on peut d'une part l'expliquer par l'absence d'évaluations sérieuses sur le bilan des politiques économiques (à ce titre, il met beaucoup d'espoirs dans le recours à la « quantification »), et d'autre part, par la collusion entre le pouvoir économique et le pouvoir politique. Stigler est ici très proche de la théorie du **marché politique** défendue par J. Buchanan et G. Tullock.

Buchanan
Tullock ►

G. Stigler s'impose comme un des plus ardents défenseurs de la déréglementation et du désengagement de l'État.

Bibliographie

- « The economics of information », *Journal of political economy*, 1961.
- *The citizen and the state, essays in regulation*, 1975.

Joseph Stiglitz

L'économiste américain Joseph Stiglitz est né en 1943. Depuis 1967, il enseigne l'économie dans différentes universités. Entre 1993 et 1997, il préside l'équipe des conseillers économiques du président Bill Clinton et devient ensuite économiste en chef à la Banque mondiale. En janvier 2000, il quitte cette institution qui, selon lui, promeut des politiques économiques inadaptées à la situation des pays en développement. Il rejoint alors l'université new-yorkaise de Columbia. En 2001, il reçoit le prix Nobel d'économie (qu'il partage avec George Akerlof et Michael Spence) pour ses travaux sur les marchés avec asymétrie d'information.

Une grande partie des travaux de Stiglitz porte sur les effets de l'imperfection de l'information des agents économiques. Lors d'une transaction impliquant deux agents, l'un peut disposer d'informations que l'autre ne possède pas (**asymétrie d'information**). Dès lors, les marchés peuvent être inefficients. Par exemple, une compagnie d'assurances évalue imparfaitement les comportements de ses assurés, alors que ceux-ci savent très bien quels risques ils représentent pour leur assureur. Cette asymétrie d'information va provoquer une **anti-sélection** (ou **sélection adverse**), c'est-à-dire que l'agent en manque d'informations (ici l'assureur) va opérer de mauvais choix : en effet, la compagnie d'assurances va établir ses tarifs sur la base des frais qu'occasionnent les assurés aux comportements les plus risqués. Les clients dont les comportements sont moins risqués refusent de payer de telles primes trop coûteuses, et seuls les clients présentant les risques les plus grands souscriront aux contrats proposés par la compagnie. ◄ Akerlof

L'asymétrie d'information est aussi source d'un **aléa moral** : dans une transaction, l'agent le moins informé ne peut pas contrôler les comportements de son partenaire mieux informé ou ne peut pas évaluer l'opportunité de ces comportements. Ainsi, un propriétaire foncier ne peut contrôler la quantité et la qualité du travail du paysan métayer à qui il loue sa terre. Dès lors, la production agricole peut ne pas être maximale, et le revenu du propriétaire en pâtira ; il convient alors d'assurer un partage des récoltes entre le propriétaire et le paysan susceptible de maintenir l'incitation au travail de ce dernier.

Par ailleurs, Stiglitz élabore une **théorie des salaires d'efficience** et développe une analyse du **chômage involontaire** fondée sur l'asy- ◄ Akerlof Keynes métrie d'information. Il met l'accent sur les coûts importants que représente la rotation de la main-d'œuvre pour l'employeur. Celui-ci a tout intérêt à rémunérer ses salariés au-dessus du salaire du marché pour les inciter à rester dans l'entreprise. Le maintien des salaires à un niveau plus élevé que celui du marché, considéré par les néoclassiques comme une rigidité condamnable, est en fait source d'efficience. L'employeur est également conduit à pratiquer des salaires plus élevés que ceux du marché pour accroître l'efficience de ses employés en les incitant à travailler plus intensément pour élever leur productivité (**modèle du « tire-au-flanc »**).

En conséquence, le coût du travail est maintenu à un niveau plus élevé que celui qui résulterait de la flexibilité des salaires en situation de sous-emploi ; les chômeurs qui souhaiteraient travailler pour des salaires inférieurs à ceux pratiqués rationnellement par les employeurs ne le pourront pas, car les embauches seront limitées en raison du coût du travail élevé. Le chômage est donc involontaire.

S'opposant à la nouvelle école classique, Stiglitz s'inscrit dans la perspective du courant de la **nouvelle école keynésienne** : il récuse l'idée d'un marché autorégulateur et considère que l'État doit intervenir, mais de manière limitée, dans l'économie pour pallier les dysfonctionnements du marché. De plus, il estime que la microéconomie doit servir la macroéconomie (il s'agit de fonder microéconomiquement la macroéconomie) et non l'inverse. Les comportements des agents économiques permettent d'éclairer les phénomènes collectifs, mais ceux-ci forment cependant un tout, supérieur au résultat de l'agrégation des comportements individuels. Par ailleurs, il s'oppose avec force à la « thérapie de choc », que promeuvent certains libéraux et le Fonds monétaire international (FMI) : cette stratégie implique que les ex-pays socialistes en transition vers le capitalisme et les pays en développement adoptent brutalement et rapidement les rouages de l'économie de marché. Or ces pays ne disposent pas des institutions adaptées au bon fonctionnement de l'économie de marché et devraient plutôt opter pour des stratégies gradualistes.

Bibliographie

- *Readings in modern theory of economic growth*, 1969.
- *Information and competitive price systems* (avec S.J. Grossman), 1976.
- *Credit rationing in markets with imperfect information* (avec A. Weiss), 1981.
- *Price rigidities and market structure*, 1984.
- *Keynesian, new keynesian and new classical economics*, 1987.
- *Globalization and its discontents*, (traduction française, *La Grande Désillusion*), 2002.

T

Gabriel **Tarde**

Gabriel Tarde (1843-1904) a été directeur du service de la statistique au ministère de la Justice puis professeur au Collège de France de 1900 à 1904. D'abord criminologue, il réagit contre le biologisme qui règne à son époque (Greef, Lombroso, Worms) en mettant l'accent sur les aspects psychologiques de la criminalité. Son objectif est alors d'établir une psychologie physiologique qui puisse donner à la science pénale un fondement autonome plutôt que de l'asservir aux sciences naturelles. Progressivement, il élabore un schéma social original fondé sur l'**imitation** et l'**invention**. L'essence de toute société est de produire de la similitude, et cette société est une « collectivité d'êtres en tant qu'ils sont en train de s'imiter entre eux ». L'invention, cause du changement social, si elle est individuelle, est aussi quelque part la reprise d'éléments préexistants (« L'inventeur qui inaugure une nouvelle espèce d'actes ne fait lui-même œuvre sociale que s'il a combiné avec des exemples anciens »). Quant à la dynamique sociale, si Tarde accorde une certaine place aux processus d'opposition dans sa genèse, il se contente d'en faire une étape intermédiaire entre l'imitation et l'invention.

Le Bon ►

Pour Tarde comme pour Le Bon, les foules sont instables, hystériques, sujettes à des accès de manie et de mélancolie, bref immodérées en tout. La foule est « femme », ce qui veut dire que les individus qui lui appartiennent renoncent à leur identité masculine pour adopter quelques traits traditionnellement attribués à « l'éternel féminin », à savoir « les caprices routiniers, les sautes de vent psychologiques de la ferveur à la tendresse, de l'exaspération au rire ». Bref, Le Bon et Tarde sont d'accord pour affirmer le caractère irrationnel des foules.

Tarde prend toutefois bien soin de distinguer les **foules naturelles** et les **foules artificielles**. La foule naturelle est une association improvisée. Elle se constitue sous l'influence d'un facteur physique, de conditions externes : les embarras de la circulation, la pluie et le beau temps, etc. Les foules organisées ou artificielles sont mues par des croyances et des sentiments collectifs qui évoluent en fonction de conditions internes. Elles se caractérisent par la capacité d'imitation de leurs membres, d'où la conformité plus grande que l'on y trouve. Tarde affirme d'ailleurs que c'est de là que provient l'avantage de substituer des masses disciplinées aux masses indisciplinées. Si les foules naturelles diminuent le raisonnement des individus jusqu'au niveau le plus bas, les foules artificielles obligent l'inférieur à calquer le supérieur parce que tous leurs membres doivent imiter le chef. L'intelligence du chef devient la leur, et c'est ainsi que l'esprit de corps remplace peu à peu l'esprit de foule. Pour prendre l'exemple de la gendarmerie, on peut dire que celle-ci est plus intelligente que les gendarmes pris isolément. En effet, la méthode de recherche des criminels, la formule de rédaction des procès-verbaux, ont été inventées par des esprits supérieurs et sont appliquées par chaque gendarme dans sa pratique professionnelle. Et ceci vaut pour toutes les corporations. L'Université est plus intelligente que ses professeurs, et l'Église plus vertueuse que ses prêtres.

Durkheim (conscience collective) ►

La théorie de l'**imitation** de Tarde comporte une critique vigoureuse adressée à la notion de conscience collective de Durkheim. Cette critique est une conséquence logique de sa vision de l'organisation sociale. Si l'imitation est le fondement de l'organisation, c'est la volonté et l'image du chef qui se répandent dans tous ses membres. L'âme collective est alors une notion vide de sens. C'est tout simplement l'âme du chef.

Durkheim, de son côté, évidemment contemporain de Tarde, n'est pas non plus très positif lorsqu'il évoque le concept d'imitation. L'auteur du *Suicide* pense que le mot imitation recouvre une pluralité de significations, venant du fait que les sociologues sont habitués à employer des termes sans les définir vraiment. Si on approfondit la notion, on peut lui trouver trois sens différents que Tarde ne distingue pas :

• l'imitation est d'abord le processus par lequel, au sein d'une réunion, un sentiment collectif s'élabore ; les individus se sentent alors en commun, mais cela exclut tout phénomène de reproduction ;

• l'imitation est ensuite l'adhésion aux règles communes et traditionnelles de la conduite ; il s'agit donc de s'incliner devant l'autorité de l'opinion, d'adhérer aux règles coutumières, ou tout simplement habituelles ;

• l'imitation est enfin la répétition automatique de ce que d'autres ont fait ; c'est le phénomène par lequel les moutons de Panurge se jettent à l'eau parce que l'un d'entre eux a commencé. Durkheim propose de limiter l'imitation à cette dernière forme d'action, en en proposant une définition restée célèbre : « Il y a imitation quand un acte a pour antécédent immédiat la représentation d'un acte semblable, antérieurement accompli par autrui sans que, entre cette représentation et l'exécution, s'intercale aucune opération intellectuelle, explicite ou implicite, portant sur les caractères intrinsèques de l'acte reproduit. » (*Le Suicide*, 1897).

Bibliographie

- *La Criminalité*, 1886.
- *La Philosophie pénale*, 1890.
- *La Logique sociale*, 1893.
- *Les Lois de l'imitation*, 1890.
- *L'Opposition universelle*, 1897.

Frederick Winslow **Taylor**

Frederick Winslow Taylor (1856-1915) est né à Germantown en Pennsylvanie, où il a reçu une éducation rigoureuse basée sur le travail, les exercices physiques et la discipline, dans une famille de forte tradition quaker. À 22 ans, il entre aux aciéries de Midvale, suit des cours du soir, décroche un diplôme d'ingénieur et devient en six années ingénieur en chef de l'usine. À 37 ans, la carrière de consultant s'offre à lui, et la Bethlehem Steel Company fait appel à ses services pour réduire les coûts de production. C'est à partir de ce moment qu'il va concevoir peu à peu le **taylorisme**, méthode de production qui a pour but d'augmenter le rendement des travailleurs en appliquant l'organisation scientifique du travail. À partir de 1910, il se heurte à une forte contestation, notamment syndicale, qui sera à l'origine d'une commission d'enquête sur les effets du « système Taylor ».

Le point de départ des travaux de Taylor repose sur le constat de la « flânerie systématique des ouvriers ». Pour diverses raisons, dont l'une des plus importantes est de se prémunir contre les risques de chômage, les ouvriers freinent le rythme du travail. En outre, le système de rémunération n'incite guère à travailler plus. Pour remédier à cela, Taylor propose, dans un premier temps, d'instaurer un salaire aux pièces. Les salaires ouvriers augmentent, la production s'accroît, et les coûts de production diminuent. Cependant, cette méthode est loin de porter toujours ses fruits du fait de l'attitude des patrons qui profitent très vite de l'accroissement de la productivité pour baisser le salaire par pièce produite. Pour sortir de l'impasse qui consiste en une sorte d'équilibre sous-optimal, on peut concevoir plusieurs solutions. La solution de Taylor est de révolutionner l'organisation du travail en dépossédant l'ouvrier de métier de son savoir traditionnel.

L'**organisation scientifique du travail** se présente sous la forme d'une double division du travail : horizontale et verticale.

• La **division horizontale du travail** vise à attribuer à chaque travailleur quelques opérations bien délimitées après une étude scientifique des gestes et des temps des pauses par le bureau des méthodes. Ce bureau rassemble des experts en organisation chargés d'analyser et de préparer le travail. Les ingénieurs ont pour mission de diviser le travail en mouvements élémentaires et de les chronométrer, de repérer les séquences inutiles et d'élaborer des tables des temps qui donneront une durée optimale pour réaliser la production une fois qu'elles seront agrégées. Dans tous les cas, l'objectif est de parvenir au « ***one best way*** », succession de gestes productifs qui seront enseignés aux travailleurs et dont ils ne devront pas s'écarter.

• La **division verticale du travail** repose sur la séparation du travail de conception et du travail d'exécution ; ce sont les ingénieurs du bureau des méthodes qui chronomètrenf et rationalisent le travail ; ce sont les opérateurs qui apprennent à exécuter le « *one best way* » dont le principe a été trouvé par d'autres. On aboutit ainsi à une division du travail selon les aptitudes supposées de chacun (*the right man in the right place*).

On peut dire que si l'innovation technique du convoyeur n'appartient pas à Taylor, il est tout de même le père de l'organisation scientifique du travail, donc de la dépossession du savoir ouvrier. Il est difficile de dire s'il en mesurait tous les dangers. Taylor, fidèle en cela à l'esprit du catholicisme, avait en effet aussi pour objectif de changer les représentations ouvrières et patronales en prônant la réconciliation de tous par la prospérité générale (« La direction obtient un bénéfice plus important, les consommateurs un prix de vente moins élevé, les ouvriers un salaire en augmentation. »).

Il ne pouvait cependant pas ignorer les méfaits de l'organisation scientifique du travail dénoncés dès l'époque par les syndicats américains, dont l'American Federation of Labor, à savoir les grèves, l'abrutissement des ouvriers, le chômage technologique, etc.

Bibliographie

- *La Direction des ateliers*, 1907.
- *La Direction scientifique des entreprises*, 1912.

James **Tobin**

James Tobin est né en 1918 dans l'État de l'Illinois. Excellent élève, il obtient une bourse pour entrer dans la prestigieuse université d'Harvard. La lecture de la *Théorie générale* de J. M. Keynes l'amène définitivement à l'économie et au... keynésianisme. Mobilisé en 1941, il retourne après guerre à Harvard pour soutenir sa thèse. En 1950, il devient enseignant à l'université de Yale où il fera toute sa carrière. Il a été membre du Comité des conseillers économiques de J. F. Kennedy entre 1961 et 1962. La consécration viendra en 1981 lorsqu'il obtient le prix Nobel pour son analyse des marchés financiers.

J. Tobin a développé à la fin des années 1950 une **théorie du portefeuille**. Le point de départ est que tout agent économique a le choix entre un grand nombre d'actifs au moment de constituer son patrimoine : des instruments monétaires et financiers (actions, obligations, dépôts bancaires...) mais aussi réels sous la forme d'immeubles, terrains, etc.

Tobin montre que la composition du portefeuille d'un agent résulte d'un arbitrage entre le risque et le rendement de chacun des actifs. Mais le rendement dépend de l'évolution des taux d'intérêt qui sont eux-mêmes influencés par la quantité de monnaie mise en circulation (conformément à l'analyse keynésienne). Toute variation de l'offre de monnaie conduit donc à une modification de la demande de monnaie et à une recomposition du portefeuille des agents.

À partir de cette analyse, Tobin va s'intéresser aux mécanismes de transmission entre le secteur financier et le secteur réel de l'économie. Il développe pour cela le fameux **ratio Q** qui est le rapport entre la valeur boursière d'une entreprise et la valeur comptable de son stock de capital. Lorsque ce ratio est supérieur à 1, l'entreprise a intérêt à investir dans la mesure où les marchés boursiers sous-estiment la rentabilité de l'entreprise. Lorsque la valeur d'une entreprise est inférieure à la valeur de son stock de capital, l'investissement productif doit être délaissé au profit d'autres types de placements. Ce ratio montre le lien entre les marchés financiers et les variables réelles, l'investissement en particulier.

Enfin, J. Tobin est surtout resté célèbre pour avoir proposé de taxer les transactions sur les marchés des changes afin de limiter les mouvements spéculatifs. En effet, une taxe (d'un faible montant) frappant les achats et les ventes de devises permettrait de diminuer le rendement escompté des opérations spéculatives de très court terme. L'objectif est de « jeter du sable dans les rouages trop bien huilés » des marchés financiers internationaux qui ont pris une place sans proportion avec le commerce mondial. Il faut noter la clairvoyance de Tobin qui ne pouvait imaginer à la fin des années 1970 le développement spectaculaire que connaîtrait la finance mondiale. Aujourd'hui, les mouvements de capitaux quotidiens sont environ cent fois plus élevés que le montant quotidien du commerce mondial et représentent pour l'essentiel des échanges à court terme à la recherche du meilleur rendement. La volatilité de ces capitaux rend les taux de change et les taux d'intérêt très instables avec des risques sur l'économie réelle.

Aglietta (risque systémique) ►

Par ailleurs, les fonds collectés grâce à cette taxe pourraient être mobilisés pour financer des projets de développement dans les PED.

Si la mise en œuvre de la **taxe Tobin** pose problème, sa médiatisation, largement relayée par la plupart des mouvements antimondialisation, a permis d'engager un débat public sur la nécessaire régulation de la finance mondiale.

Bibliographie

- « Liquidity preference as behavior towards risk », *Review of economic studies*, 1958.
- *Financial markets and economic activity*, 1967.

Charles Alexis Clérel **de Tocqueville**

Charles Alexis Clérel de Tocqueville (1805-1859) est né à Paris dans une famille de vieille noblesse normande. Ses études de droit l'amènent à la magistrature. En 1831, il part en Amérique pour y étudier le système pénitencier et met ce voyage à profit pour analyser ce qu'il considère comme un modèle d'organisation politique. Il publie en 1835 le premier tome de son ouvrage majeur, *De la démocratie en Amérique*, dans lequel il montre comment les Américains réussissent à concilier liberté et égalité. Il démissionne de la magistrature en 1832 et entreprend une carrière politique. C'est un libéral conservateur qui défend les libertés (il dénonce l'esclavagisme) et refuse toute révolution. Il est l'un des principaux représentants du **libéralisme politique** français du XIXe siècle. Il se retire de la vie politique après le coup d'État de 1851 et se consacre à l'écriture.

Tocqueville oppose deux formes de société : l'aristocratie illustrée en France par l'Ancien Régime et la démocratie dont l'Amérique constitue, selon lui, le meilleur exemple. Dans ce pays neuf, en effet, la démocratie a pu se développer sous son aspect le plus pur, alors que le régime politique français reste marqué par une histoire tumultueuse.

L'**aristocratie** est un ordre social caractérisé par l'existence d'une hiérarchie de droit instaurant une inégalité de principe entre les individus. Cela se traduit par l'existence de classes sociales qui sont des groupes sociaux fermés et héréditaires. La mobilité sociale est, en principe, exclue.

La **démocratie** est un ordre social dont la caractéristique première est l'**égalité des conditions**. Cela signifie qu'il existe une égalité sociale entre les individus et que toutes les fonctions sont ouvertes à tous. La démocratie est donc une relation sociale avant d'être une relation politique. Évidemment, cette égalité débouche, dans le domaine politique, sur un gouvernement démocratique représentant les citoyens. Cette égalité sociale se traduit par un état d'esprit nouveau : les individus se pensent égaux, refusent tous les privilèges et acceptent difficilement que l'un d'entre eux se distingue. Dans son ensemble, la société cherche l'égalité en toute chose, le bien-être de tous, la prospérité et le calme. C'est une société modérée et conservatrice, et qui refuse les révolutions.

La première conséquence de cette égalité des conditions est que la mobilité sociale devient la règle. Les familles ne sont plus assignées à une activité sociale. Chaque individu devient autonome et cherche à s'enrichir par l'exercice d'un travail qu'il aura lui-même choisi. La population est géographiquement et socialement mobile. Les fortunes sont devenues précaires, et surtout, les positions sociales ne sont plus héréditaires. De ce fait, il n'existe plus de classes sociales.

La deuxième conséquence de cette égalité des conditions est une relative égalité réelle entre les individus. Alors que les aristocrates se distinguaient du peuple par un mode de vie dicté par l'honneur et le refus du travail, tous les membres d'une société démocratique, ou presque, travaillent. La division du travail a multiplié les métiers qui ont tous une utilité sociale et qui sont exercés par des individus dont l'objectif commun est de s'enrichir. Il se crée une vaste classe moyenne composée d'artisans, de commerçants et d'employés salariés qui sont moyens en tout : éducation, intelligence, moralité et richesse. Le nombre des très riches et des très pauvres diminue, et la situation des très pauvres s'améliore : la pauvreté devient relative. Pourtant, cette égalité réelle vers laquelle tend la société démocratique ne peut jamais être atteinte. La première raison est que l'intelligence est inégalement répartie, alors qu'elle constitue le fondement de la réussite sociale dans une telle organisation sociale. La seconde est que chacun cherche à se différencier des autres par sa réussite professionnelle. Les inégalités se recréent spontanément à chaque fois qu'elles se réduisent.

L'égalité des conditions est un principe actif qui transforme toutes les sociétés. On ne peut donc pas s'y opposer. Or plus l'égalité progresse, et plus les inégalités deviennent insupportables, puisque chacun peut comparer sa situation avec celle de ceux qui lui sont proches. Tocqueville est d'accord avec Montesquieu pour craindre que cette quête ne se fasse au détriment de la liberté. En effet, les hommes ont « une passion pour l'égalité » et seulement un « goût pour la liberté », la **liberté** étant définie négativement comme l'absence d'oppression et positivement comme la possibilité d'agir. Ce sacrifice de la liberté à l'égalité peut prendre deux formes : l'individualisme et la tyrannie de la majorité.

◄ Montesquieu

Tocqueville associe la montée de l'individualisme et la centralisation du pouvoir. Alors que l'égoïsme est un trait de caractère (amour passionné de soi-même), l'**individualisme** est un phénomène propre aux sociétés démocratiques et qui se traduit par un repli de l'individu sur ses affaires privées et la concentration des pouvoirs dans l'État. Les individus étant égaux et indépendants, il n'y a plus de relations d'inférieurs à supérieurs avec tout ce que cela comportait de devoirs. Les relations sociales, à l'exception des relations familiales, deviennent contractuelles et éphémères. Si bien que l'individu a tendance à se désintéresser de la politique, à n'exiger que le respect de sa liberté dans sa conception négative et à se replier sur sa famille et ses propres affaires. Le pouvoir politique se concentre alors dans l'État qui décide seul du bien public. La liberté dans sa conception positive est alors sacrifiée à l'égalité. En effet, tous sont également privés de pouvoir face à un État tout puissant.

La **tyrannie de la majorité** est une seconde forme de sacrifice de la liberté à l'égalité. Si les hommes se valent, les opinions deviennent équivalentes, et seul le nombre de ceux qui les soutiennent permet de les départager. En démocratie, le risque existe que la majorité impose ses idées et son mode de vie à un individu trop impressionné par la loi de la majorité pour oser affirmer son autonomie. L'exigence égalitaire étant sans limite, cette pression sociale peut modeler toutes les relations sociales.

Ce **despotisme** démocratique n'est pourtant pas inéluctable. Tocqueville remarque que les Américains ont réussi à concilier liberté et égalité. Cela tient, selon lui, à quatre raisons :

- La liberté d'association qui permet aux individus de se regrouper pour être plus forts vis-à-vis du pouvoir politique, et la liberté de la presse qui leur permet de s'informer et de s'exprimer.
- Une organisation du pouvoir politique qui favorise l'action des citoyens tout en défavorisant la révolution. Il faut d'abord une dis-

tinction entre l'exécutif et le législatif et un partage du législatif en deux chambres afin de mettre des filtres entre la volonté populaire et les lois. Il faut ensuite une organisation politique décentralisée qui permette non seulement d'avoir des lois adaptées aux situations locales mais aussi et surtout de faire participer les citoyens à la gestion des affaires courantes de leur commune.

• Un système juridique fondé sur une constitution défendant les libertés et accordant l'indépendance aux juges. Ces derniers doivent pouvoir, en se référant à la constitution, faire évoluer lentement les lois afin de les adapter aux situations nouvelles.

• Une discipline morale qui tempère les exigences des individus quand elles sont destructrices. En Amérique, les mœurs et la religion jouent ce rôle en valorisant la liberté, l'égalité et le bien commun. La morale puritaine incite les individus à travailler pour accroître le bien-être de tous. Les individus sont insatisfaits mais pragmatiques : ils préfèrent chercher des solutions concrètes aux problèmes du moment plutôt que de développer des idéologies prônant le bouleversement de la société.

À ces quatre conditions, une société démocratique peut être égalitaire tout en respectant la liberté. Tocqueville l'a observé en Amérique et souhaite que la France s'inspire de ce modèle.

De Tocqueville, il nous reste d'abord une méthode d'analyse des sociétés fondée sur la comparaison de deux organisations sociales soit dans le temps (l'ancien et le nouveau régime), soit dans l'espace (la France et les Amériques). Cela consiste a créer ce qui s'apparente à des idéaux types weberiens et à les opposer entre eux. C'est ainsi qu'il distingue la société démocratique de la société aristocratique.

Weber ►

Société démocratique	Société aristocratique
• Égalité des conditions	• Hiérarchie des positions
• Mobilité sociale	• Hérédité sociale
• Autonomie des individus	• Double appartenance : lignée familiale et hiérarchie sociale
• Recherche du bien-être	• Recherche de la gloire et de la puissance
• Culte de l'enrichissement matériel	• Culte des vertus héroïques et du génie

Tocqueville est ensuite un des membres les plus éminents du libéralisme politique du XIXe siècle. Il soutient que l'égalité de droit est un principe incontournable mais qui ne doit pas nuire à la liberté. Pour cela, il préconise une décentralisation du pouvoir politique permettant le développement de la démocratie locale et des associations de citoyens. En ce sens, c'est un auteur qui peut aisément être mobilisé pour s'interroger sur l'organisation pertinente du pouvoir politique dans le cadre de la construction européenne.

Tocqueville est enfin un des penseurs de la moyennisation de la société ; le premier, il prophétise le regroupement d'une partie croissante de la population dans une classe moyenne qui, du fait de son ouverture, n'est plus une classe sociale au sens strict. Il est curieux de noter que sa pensée a été popularisée en France au cours des années 1980, au moment même où les inégalités sociales augmentaient à nouveau aux États-Unis et où cette moyennisation de la société semblait marquer le pas.

◄ Mendras (moyennisation)

Bibliographie

- *De la démocratie en Amérique*, 1835.
- *L'Ancien Régime et la révolution*, 1856.

Ferdinand **Tönnies**

Ferdinand Tönnies (1855-1936) a étudié à l'université de Strasbourg et obtenu le doctorat de philologie à Tübingen en 1877. Il s'oriente ensuite vers la philosophie politique et la philosophie sociale et devient président de la société allemande de sociologie avec W. Sombart et M. Weber. C'est tardivement, seulement en 1912, avec la troisième édition de son ouvrage *Gemeinschaft und Gesellschaft*, que son importance comme sociologue a été reconnue. En 1933, son opposition au national-socialisme lui valut d'être déchu de la dignité de professeur émérite.

◄ Weber

L'œuvre de Tönnies s'enracine dans le contexte des transformations sociales rapides de la fin du XIXe siècle, et c'est dans ce contexte qu'il élabore la célèbre distinction, à laquelle son nom est resté attaché, entre la communauté (*Gemeinschaft*) et la société (*Gesellschaft*).

La **communauté** est le produit de la **volonté organique**, ou volonté naturelle (*Wesenwille*). Cette volonté naturelle a la caractéristique d'être non réfléchie. Elle se manifeste dans le plaisir, l'habitude ou encore la mémoire. Dans la communauté, les relations sociales sont caractérisées par la proximité affective, sociale et spatiale des individus. Le sentiment d'appartenance y dépasse celui de la différence, et l'intérêt collectif prime sur l'intérêt individuel. Les rôles et statuts sont prescrits, et non acquis. Ces liens communautaires s'expriment aussi bien dans la sphère économique que dans les sphères politique, juridique et morale. Les principaux groupes de la communauté sont : la famille (lien de parenté), le village (lien de voisinage) et la communauté spirituelle (lien fondé sur la pratique religieuse).

La **société** est le produit de la **volonté réfléchie** (*Kürwille*). C'est évidemment l'antithèse de la communauté. Les relations entre les personnes se fondent sur le calcul des intérêts ; l'échange et le commerce, l'industrie et la science, sont donc la traduction concrète de cette forme sociétaire. Les individus ne sont pas unis comme dans la *Gemeinschaft*, mais plutôt séparés et étrangers les uns aux autres. L'individualisme y règne en maître, et, pour reprendre une expression de T. Hobbes, cette société se caractérise par « la lutte de tous contre tous ». *La Gesellschaft* s'exprime évidemment dans le capitalisme, dans le droit qui n'est plus régi par la coutume mais par les contrats, ainsi que dans la politique et la morale.

Hobbes ►

La sociologie de Tönnies n'est pas dépourvue d'ambiguïtés, tenant avant tout à l'obscurité de certaines formulations.

Première ambiguïté : on ne sait pas si les concepts de communauté et de société décrivent des catégories pures ou des réalités empiriques. Cette ambiguïté est en partie à la source du succès de son ouvrage en 1912 (qui était passé inaperçu vingt-cinq ans plus tôt), qui a été compris par le mouvement anticivilisation industrielle qui prend naissance en Allemagne au début du XXe siècle comme l'expression d'un enthousiasme à peine voilé pour la « communauté authentique ».

Deuxième ambiguïté : si Tönnies se défend d'avoir voulu donner un sens évolutionniste à sa typologie, il n'en reste pas moins que bon nombre de ses expressions font penser qu'il considère que les sociétés occidentales sont progressivement passées de l'état communautaire à l'état sociétal, avec l'essor des grandes villes, la rationalisation de l'administration et de l'entreprise. Au passage, on notera que M. Weber considère au contraire que les relations de communalisation et de socialisation coexistent parfaitement à une époque donnée.

Troisième ambiguïté : s'il est vrai que les notions de communauté et de société sont proches de celles de solidarité mécanique et de solidarité organique développées par Durkheim, les conclusions de Tönnies sont opposées à celles de l'auteur de l'ouvrage *De la division du travail social* : « La grande ville et la société en général représentent la corruption du peuple. » Il y a là un jugement de valeur que Durkheim ne peut partager. S'il est vrai que celui-ci s'inquiète de la progression de l'individualisme dans les sociétés modernes, il n'en insiste pas moins sur l'importance de la morale, morale qui n'est cependant plus véhiculée avant tout par les groupes traditionnels (famille), mais plutôt par les communautés de travail (les corporations) ou par l'école.

◄ **Solidarité mécanique**

◄ **Durkheim (solidarité organique)**

Bibliographie

- *Gemeinschaft und Gesellschaft*, 1887.
- *Communauté et société : catégories fondamentales de la société pure*, Retz, C.E.P.L, 1977.

Alain **Touraine**

Alain Touraine, né en 1925, s'est d'abord fait connaître par ses travaux de sociologie du travail. Il élargit ensuite sa réflexion pour penser le passage des sociétés industrielles aux sociétés post-industrielles dans le cadre d'une sociologie baptisée « **actionnalisme** » parce qu'elle est centrée sur l'étude des mouvements sociaux et par opposition avec l'« **actionnisme** » de Boudon qui repose plutôt sur les concepts d'individualisme méthodologique et de rationalité située. Au début des années 1970, il analyse l'émergence de nouveaux mouvements sociaux (mouvement des femmes, mouvement écologiste ou encore mouvement antinucléaire) en pratiquant une méthode d'observation originale voisine de l'observation participante, l'« interventionnisme sociologique ».

◄ **Boudon (individualisme méthodologique)**

◄ **Malinowski (observation participante)**

Les premiers travaux de Touraine portent donc sur la sociologie industrielle ainsi que sur la sociologie du travail. À partir d'observations menées aux usines Renault dans les années 1950, il pense pouvoir décomposer l'histoire des rapports entre l'homme et la machine en trois étapes.

La première (phase A) correspond aux débuts de la révolution industrielle ; les machines sont alors des machines universelles susceptibles de fabriquer différentes pièces. L'ouvrier est maître de son travail (**ouvrier de métier**). La formation a lieu sur le tas et prend parfois des années.

Taylor (taylorisme) ►

Par la suite (phase B) se met en place le taylorisme. Les machines deviennent de plus en plus spécialisées ; le chronomètre impose le respect des cadences de telle sorte que les directives du bureau des méthodes puissent être appliquées avec le maximum d'efficacité (**ouvrier spécialisé**).

La dernière phase (phase C) est celle de la machine autonome ; les tâches à exécuter ne sont plus que des tâches de contrôle, de surveillance ou d'entretien. Toute intervention directe sur la matière est supprimée (**ouvrier surveillant-opérateur**).

Les recherches que mène ensuite Touraine sur le mouvement ouvrier et les événements de 1968 l'amènent à découvrir l'importance des minorités agissantes et débouchent sur l'étude des mouvements sociaux. Le mouvement social pour Touraine ne se réduit pas à l'action collective. Si l'**action collective** se définit généralement comme les activités par lesquelles un groupe cherche à promouvoir les revendications dont il est porteur, au besoin en voulant modifier la configuration de l'ordre social, le **mouvement social** ne se situe pas au simple niveau revendicatif d'un groupe ou d'une classe. Son but est plutôt de mettre en cause la domination établie par les classes dirigeantes en visant le contrôle du développement historique. Trois principes jouent un rôle primordial dans la genèse et le développement de ces mouvements sociaux :

- le **principe d'identité**, qui permet de reconnaître sa spécificité,
- le **principe d'opposition**, faisant référence à la présence d'un adversaire désigné comme tel,
- le **principe de totalité**, qui indique la nécessité que le mouvement soit porteur d'un contre-projet de société dépassant les corporatismes qui animent bien souvent l'action collective.

Les mouvements sociaux contribuent de la sorte à l'invention de la société ; ils sont la source du contrôle de l'action de l'homme sur l'histoire que Touraine nomme **historicité**.

Pour analyser leur déroulement, Touraine recommande l'application de la méthode de l'**intervention sociologique**. Celle-ci met en question l'idée de la traditionnelle distance du chercheur par rapport à son objet, source de l'objectivité scientifique. Au contraire, pour l'auteur de *La voix et le regard*, il ne faut pas séparer la connaissance de l'action sociale. Il affirme même que l'apport des observations du sociologue peut aider le déroulement du mouvement social. Le sociologue devient ainsi non seulement un spectateur, mais aussi un acteur engagé.

L'idée générale qui domine l'œuvre de Touraine est que la modernité a supprimé tous les garants méta-sociaux des collectivités humaines (divinité, tradition ...). Si la société actuelle est toujours dominée par une rationalité technique, sa reproduction passe de plus en plus par une emprise non seulement sur la matière, mais également sur les modalités d'organisation sociale qui prennent la forme d'un pouvoir technocratique. C'est dans ce contexte que le mouvement ouvrier se voit de plus en plus relayé par de **nouveaux mouvements sociaux** qui ont pour but de contester la domination des classes dirigeantes et de contrôler le système d'action historique. Tous ces nouveaux mouvements sociaux ont pour point commun la lutte contre l'idéologie technicienne et bureaucratique qui est celle des technocrates au pouvoir.

Bibliographie

- *L'Évolution du travail aux usines Renault*, 1955.
- *Sociologie de l'action*, 1965.
- *La Conscience ouvrière*, 1966.
- *La Société post-industrielle*, 1969.
- *Production de la société*, 1973.
- *La Voix et le regard*, 1978.
- *Le Retour de l'acteur*, 1984.
- *Critique de la modernité*, 1992.
- *Qu'est-ce que la démocratie ?*, 1994.

Robert **Triffin**

Robert Triffin (1911-1993) est né en Belgique. En 1938, il entame une carrière universitaire dans son pays puis en 1939, il se rend à Harvard où il enseigne l'économie. Il devient citoyen américain en 1940 après son mariage avec une Américaine. Entre 1942 et 1951, il travaille successivement pour la FED, le FMI et le Département d'État américain ; il participe à la mise en œuvre de l'Union européenne

té n'est pas réalisable (le coût de la recherche serait trop élevé et conduirait sans doute à ne prendre aucune décision), les décisions politiques ne peuvent simultanément satisfaire tous les individus. C'est la raison pour laquelle un individu pourra accepter des sacrifices ponctuels en échange d'un avantage ultérieur dans un domaine où l'intensité de ses préférences est forte. Tullock et Buchanan parlent à ce sujet d'**échanges de vote** (*logrolling*).

Dès lors, il est rationnel pour un gouvernement de donner satisfaction aux revendications des groupes de pression, puisque l'avantage perçu par ces derniers sera élevé, tandis que le coût, largement dilué sur l'ensemble des contribuables, suscitera peu de réactions. Tullock considère le *logrolling* comme la cause principale de l'augmentation des dépenses publiques.

Tullock a par ailleurs développé le **théorème de l'électeur médian**. Dans une démocratie où les décisions sont prises à la majorité par vote direct des citoyens, c'est l'électeur médian qui retire la plus grande satisfaction du choix politique. En effet, chaque citoyen-électeur prend ses décisions en comparant la satisfaction qu'apportent des services collectifs supplémentaires et le coût marginal que cela représente. La fonction-utilité des individus se distribue entre des services collectifs minimaux et une faible imposition et des services collectifs développés mais au prix d'une fiscalité élevée. Le choix retenu sera celui qui minimise le mécontentement de l'électorat ; il correspond aussi à l'optimum de l'électeur médian.

À partir de ce modèle, Tullock montre qu'un parti politique qui veut maximiser ses chances de réélection a tout intérêt à gouverner « au centre ».

Ces analyses montrent que les hommes politiques n'ont pas pour objectif premier le respect des préférences des électeurs et que le mode de fonctionnement politique des régimes démocratiques ne répond pas aux principes de l'**intérêt général**. Il faut donc s'interroger sur les moyens constitutionnels de contraindre les responsables politiques à l'orthodoxie budgétaire.

Arrow (théorème d'impossibilité) ►

Par ailleurs, l'école des choix publics, Tullock tout particulièrement, critique l'économie du bien-être selon laquelle l'intervention de l'État est légitime lorsque le marché est défaillant. Sans contester le fait que le marché puisse connaître des échecs, cela ne présume pas que l'État soit meilleur pour faire face à ces situations. Pour Tullock, « il faut comparer les inconvénients pratiques d'un processus étatique avec ceux du marché » (voir les travaux de Stigler sur la déréglementation).

Pigou ►

Pour condamner l'intervention de l'État, G. Tullock et l'école des choix publics ne s'appuient pas sur l'inefficacité des politiques économiques mais sur le processus de décision politique qui ne conduit pas à des choix optimaux. Une occasion de rappeler les limites des principes démocratiques.

Bibliographie

- *The calculus of consent. Logical foundations of constitutional democracy*, en collaboration avec J. Buchanan, 1962.
- *The politics of bureaucracy*, 1965.
- *The logic of law*, 1971.
- *The economics of war*, 1974.
- *Rent seeking*, 1993.

Anne Robert **Turgot**

Anne-Robert Jacques Turgot (1727-1781) est un économiste français lié au mouvement physiocrate. Serviteur de l'État, il est successivement intendant puis contrôleur général des Finances. Il met en œuvre ses principes libéraux en décidant de libéraliser le commerce des vins, la circulation du blé, de supprimer les corvées pour les routes... Ces mesures, trop en avance sur leur temps, provoquent son limogeage par Louis XVI en 1776.

◄ **Quesnay**

La pensée de Turgot est riche. Il est l'un des premiers grands libéraux. Il rejette la pensée mercantiliste en expliquant, dix ans avant Smith, que l'argent et l'or ne sont que des marchandises, qui sont d'ailleurs en elles-mêmes bien moins précieuses que les autres biens, car « elles ne sont d'aucun usage pour les véritables besoins de la vie ». Ce n'est donc que par commodité que les métaux précieux sont choisis comme **monnaie**.

◄ **Smith (richesse)**

Plus d'un siècle avant Marshall et Pareto, il affirme que la **valeur des marchandises** est fixée par la « balance de l'offre avec la demande ». Rappelons que les classiques opteront pour la théorie de la valeur travail, et les premiers néoclassiques pour la théorie de la valeur utilité.

◄ **Smith, Ricardo (valeur travail)**

Ricardo, Marx ► (salaire de subsistance)

Il est le premier à formuler le principe du **salaire de subsistance**, qui sera qualifié de « **loi d'airain des salaires** » : en raison de la concurrence que se livrent les ouvriers, le salaire ouvrier tend à se rapprocher du niveau de subsistance. Ce principe ne s'applique pas aux laboureurs qui sont les seuls dont le travail crée de véritables richesses. Ce principe sera repris par les auteurs classiques et par Marx.

Ricardo (loi des rendements décroissants) ►

Il est aussi le premier à présenter la **loi des rendements décroissants** en expliquant que l'augmentation des dépenses agricoles (qu'il nomme avances) n'induit pas une augmentation proportionnelle de la production agricole. Le rendement d'une parcelle étant forcément limité, l'augmentation des dépenses en semences, irrigation... ne peut induire une augmentation des récoltes aussi fructueuse. Ricardo appliquera la loi des rendements décroissants à la mise en culture de nouvelles terres, et cette loi sera un des principes fondamentaux de l'analyse néoclassique (loi de la productivité marginale décroissante).

Bibliographie

- *Réflexions sur la formation et la distribution des richesses*, 1766.

V

Thorstein **Veblen**

Thorstein Veblen (1857-1929) est né aux États-Unis de parents immigrants norvégiens d'origine paysanne. Après des études de philosophie, il enseigne dans plusieurs universités américaines. Son premier livre et le plus connu, *La Théorie de la classe de loisir*, est publié en 1899 aux États-Unis et ne sera traduit en français qu'en 1970. Il y développe une théorie de la stratification sociale qui tient à la fois de l'économie, de la sociologie, de l'histoire et de la philosophie.

Veblen soutient que l'homme est doué d'un penchant qui le pousse à travailler de façon efficace afin de s'enrichir. Partout où la propriété existe, les individus participent à une forme de compétition dont l'enjeu est l'accumulation de biens. Ces biens ont deux fonctions : ils permettent de satisfaire des besoins matériels et d'afficher la richesse d'un individu. Dans toutes les sociétés fondées sur la propriété privée, l'accumulation est motivée, avant la nécessité de satisfaire des besoins, par la volonté de se distinguer. L'objectif est moins d'accumuler des richesses que de les mettre en valeur afin de susciter l'envie. Dans ces conditions, travailler est un signe d'infériorité, la réussite passant par l'absence de travail et l'affichage de ses loisirs. Le **loisir** est une consommation improductive de temps permettant à un individu de montrer son dédain du travail et sa richesse financière. Cette absence de travail est évidente pour toutes les activités publiques (ex. : visites, réunions de cercles, œuvres charitables, courses de chevaux, etc.) mais pourrait être mise en doute pour toutes les activités privées. C'est pourquoi un oisif se doit de posséder des domestiques dont la fonction est de prouver que leur maître ne travaille pas. De la même manière, une tenue élégante et inadaptée au travail, tout particulièrement pour les femmes, est une façon de signifier son rang. Enfin, la délicatesse du goût et des manières que l'on ne peut acquérir qu'au terme d'une pratique prolongée est, selon l'expression de Veblen, « un certificat de désœuvrement ». Si la **consommation ostentatoire** est, d'un point de vue économique, un gaspillage de temps et d'argent (de capital et de travail), c'est, du point de vue sociologique, une nécessité qui permet de se situer dans une hiérarchie sociale. Veblen fait ici une critique sociologique du modèle du consommateur rationnel développé par A. Marshall.

Marshall ►

Dans la société moderne, la **classe oisive** est une classe possédante et non industrielle. Composée de rentiers, de financiers, de gestionnaires de biens, d'hommes politiques ou de hauts militaires, cette classe est caractérisée par un prestige social élevé lié à son mode de vie. À la différence de Marx qui fait une analyse des classes sociales en terme de place dans les rapports de production, Veblen inaugure une analyse en terme de statut social. Cette classe de loisir bénéficie d'une faible mobilité sociale, le niveau de richesse et les règles de savoir-vivre faisant obstacle à l'introduction de nouveaux membres. C'est une classe prédatrice qui prive les classes inférieures de richesse et spontanément conservatrice, car toute remise en question de l'ordre social fragiliserait sa situation. Elle sert de modèle aux autres classes et diffuse le conservatisme, l'ostentation, l'égoïsme, et le tempérament prédateur dans l'ensemble de la population. Cela entre en contradiction avec la mentalité des producteurs qui affichent un goût pour le travail bien fait. La généralisation de cet état d'esprit pénalise le dynamisme de la société industrielle.

Marx ►
Classe sociale ►

À la fin du XIXe siècle, Veblen a été le premier à développer une analyse de la stratification sociale en terme de prestige social lié à un mode de vie. Il a ouvert la voie à la sociologie américaine de la stratification fondée sur le statut social. Ses analyses auraient pu trouver un écho auprès d'Halbwachs qui, quelques décennies plus tard, a lui aussi privilégié l'étude de la consommation pour traiter des classes sociales. Mais Veblen était alors inconnu en France.

Warner ►
Halbwachs ►

Bibliographie

- *Théorie de la classe de loisir*, 1899.

W

Léon Walras

Léon Walras naît à Evreux en 1834. Ses études supérieures sont marquées par l'échec. Il échoue au concours d'entrée de Polytechnique puis rate ses examens de première année de l'École des mines de Paris. Ses tentatives en tant que littérateur ou journaliste spécialisé en économie politique ne seront pas davantage couronnées de succès. Son engagement dans le mouvement coopératif se solde par la liquidation en 1869 de la caisse d'escompte des associations populaires dont il était le directeur. Le tournant de sa carrière a lieu en 1870 lorsqu'on lui propose la chaire d'économie politique à la faculté de droit de Lausanne où Walras avait donné une conférence dix ans plus tôt au Congrès de l'impôt. Il peut alors poursuivre l'œuvre de son père, Auguste Walras (auteur de plusieurs ouvrages d'économie politique), et développer une approche scientifique de l'économie en s'appuyant sur une formalisation mathématique que lui a inspirée A. Cournot.

◄ **Cournot**

Il deviendra le père fondateur de l'**école de Lausanne**, encore connue sous le nom d'école de l'**équilibre général**. Il est avec Carl Menger et Stanley Jevons à l'origine du **courant marginaliste** qui a profondément marqué la pensée économique jusqu'à nos jours. Sa contribution à l'**analyse néoclassique** est majeure.

Walras meurt en 1910 en Suisse après avoir assuré sa succession dans la personne de V. Pareto.

Les principes de l'équilibre général

Léon Walras a pour projet de montrer qu'il existe un système de prix unique assurant l'équilibre général, des offres et des demandes sur tous les marchés. Cet équilibre est général puisqu'il prend en compte l'ensemble des interactions ayant lieu sur les marchés des produits, des facteurs de production et de la monnaie. En effet, la variation du prix d'un produit agit nécessairement sur les revenus de certains agents et sur les prix des autres produits. La **flexibilité des prix** doit permettre d'ajuster à tout moment les quantités offertes et les quantités demandées. Le cadre de référence est celui de la **concurrence pure et parfaite**, un modèle éloigné de la réalité mais nécessaire pour analyser les échanges « [...] comme en mécanique pure on suppose d'abord des machines sans frottements » (*Éléments d'économie politique pure*).

Pour que les échanges aient lieu à un prix d'équilibre, Walras recourt à l'image du commissaire-priseur, qui centralise pour chaque prix le total des offres et des demandes pour chaque produit. Si le marché est déséquilibré, le commissaire-priseur fait varier le prix à la hausse ou à la baisse selon que la quantité demandée est respectivement supérieure ou inférieure à la quantité offerte. L'échange n'a lieu que lorsqu'à un niveau de prix correspond l'égalité entre l'offre et la demande.

Pour Walras, les prix de vente tendent spontanément vers les prix de revient. En effet, si les premiers sont supérieurs aux seconds, cela signifie que les entreprises réalisent un bénéfice. De nouveaux concurrents sont alors attirés sur ce marché avec à la clé une hausse de la production et... une baisse des prix ; et réciproquement. La flexibilité des prix assure en permanence l'**équilibre général** sur tous les marchés.

Walras s'interroge ensuite sur les déterminants de la demande. Il montre que la demande (qui résulte de la simple agrégation ou addition des demandes individuelles) est une fonction décroissante du prix. Cette fonction est obtenue par simple agrégation ou addition de demande des agents individuels.

Marshall ►

Pour Walras, la monnaie n'est qu'un intermédiaire des échanges. Elle est neutre et n'a pas d'effet sur l'économie réelle. Elle ne peut modifier ni les prix relatifs ni les quantités offertes ou demandées.

Say ►

Valeur d'échange et formalisation mathématique

Walras réfute les analyses d'A. Smith et de J.B. Say sur l'origine de la valeur. En effet, pour Smith et Ricardo l'origine de la valeur d'échange d'un bien réside dans la quantité de travail qu'il incorpore. Mais Walras conteste cette analyse dans la mesure où elle ne permet pas d'expliquer pourquoi le travail lui-même à de la valeur.

Pour J.-B. Say, l'origine de la valeur dépend de l'utilité. Walras fait observer que l'air ou la lumière du soleil sont très utiles et n'ont pourtant pas de valeur. Donc, l'utilité n'est pas la seule condition pour qu'un bien ait de la valeur, il faut aussi qu'il existe en quantité limitée.

Walras reprend à son compte les analyses de son père concernant l'origine de la valeur. La valeur d'un bien dépend de sa rareté. Il s'agit d'un concept dont le sens diffère de l'usage commun. Est rare ce qui est utile et disponible en quantité limitée. Et si un bien a une certaine valeur par rapport à un autre, « c'est qu'ils sont respectivement plus ou moins rares, c'est-à-dire plus ou moins utiles et plus ou moins limités en quantité » (op. cit.).

Puisque la valeur d'échange est quantifiable, il est donc possible de recourir à l'outil mathématique pour la mesurer. Dans un langage formalisé, Walras définit la rareté comme «la dérivée de l'utilité effective par rapport à la quantité possédée ». La rareté ne peut donc s'appréhender que par rapport à « l'intensité du dernier besoin satisfait ». Autrement dit, la quantité demandée d'un produit dépend de son utilité qui est décroissante au fur et à mesure que les quantités consommées augmentent. Walras s'inscrit bien dans le paradigme marginaliste qui postule la décroissance de l'**utilité marginale**.

◂ Menger
Jevons

Plus généralement, Walras va donner une place centrale dans l'analyse économique à la **formalisation mathématique**. Son modèle d'équilibre général repose sur la mise en équation de toutes les relations d'échange dans un univers de concurrence pure et parfaite.

L'outil mathématique est selon lui seul capable d'apporter un caractère scientifique à l'économie politique.

Le marché n'exclut pas l'État

Si on a surtout retenu des apports de Walras ses positions favorables quant au libre jeu du marché, le père fondateur de l'école de Lausanne n'a pas perdu de vue la réalité économique qui est parfois éloignée des modèles abstraits de « l'économie politique pure ».

Marshall ►

Pour Walras, le marché est défaillant pour gérer des activités telles que les chemins de fer, car elles ont pour caractéristique de fonctionner à rendements croissants avec pour conséquence la constitution d'un monopole naturel. Le monopoleur sera alors tenté de pratiquer des prix supérieurs à ses coûts de revient sans que le marché puisse jouer son rôle de force de rappel (absence de concurrence). L'État doit alors se substituer au marché soit en nationalisant ces activités, soit en édictant une réglementation contraignant les monopoleurs à réduire leurs prix. L'intervention de l'État est tout aussi légitime selon Walras lorsque le marché ne produit pas des services ou produits dont la rentabilité est insuffisante mais qui sont d'intérêt public. On peut citer les infrastructures routières, l'école, etc.

Mais l'existence d'un État suppose des ressources indispensables à son fonctionnement. L'impôt ne trouvant pas grâce à ses yeux, Walras préconise de nationaliser la propriété foncière pour capter la rente des terres et ainsi financer les dépenses publiques. Si une telle proposition paraît aujourd'hui obsolète, l'intérêt que Walras a porté à « l'économie pratique » montre qu'il ne s'est pas laissé enfermer dans une modélisation abstraite de l'économie.

Bibliographie

- *Éléments d'économie politique pure*, 1874-1877.
- *Études d'économie sociale*, 1895.
- *Études d'économie appliquée*, 1898.

William Lloyd **Warner**

Culturalisme ►

Warner (1898-1970) est un sociologue issu du courant culturaliste et nommé professeur à l'université de Chicago en 1935. Il se distingue par son objet d'études (la stratification sociale) et par sa méthode de travail fondée sur un recoupement de données objectives et subjectives. Entre 1930 et 1935, à la tête d'une équipe de trente chercheurs, il a mené une enquête sur la stratification sociale dans la petite ville de Newburyport (17 000 habitants) située dans le Massachusetts.

Cette enquête s'est effectuée selon deux modalités :

• Un travail statistique classique visant à classer les habitants sur la base de plusieurs critères dont quatre (la profession, la source de revenu, le type d'habitation et le « genre » du quartier) sont utilisés pour créer un **indice statutaire** qui permet de classer les individus sur l'échelle du prestige social. Ainsi, une personne dont les revenus proviennent d'un héritage aura, dans ce domaine précis, un indice supérieur à celle qui perçoit un salaire, qui, elle-même, sera mieux placée qu'un bénéficiaire de l'aide sociale.

◄ Weber

• Une enquête de prestige auprès « d'informateurs » sélectionnés pour leur bonne connaissance de la population et à qui les chercheurs demandent de classer les différents habitants selon leur degré de prestige social.

Le recoupement de ces deux méthodes d'investigation a débouché sur une représentation de la société américaine en trois grandes « **classes sociales** » (*Lower class* : la classe inférieure, *Middle class* : la classe moyenne et *Upper class* : la classe supérieure), chacune étant subdivisée en deux. En partant de la classe la plus haute, on observe donc :

• La « Upper-upper class » (1,4 % de la population) est formée des familles dont la fortune est déjà ancienne.

• La « Lower-upper class » (1,5 % de la population) regroupe des ménages dont la fortune est récente ;

• La « Upper-middle class » (un dixième de la population) est composée de professions libérales et d'hommes d'affaires ;

• La « Lower-middle class » (un quart de la population) rassemble des petits patrons et des commerçants ;

• La « Upper-lower class » (la plus nombreuse : un tiers de la population) est qualifiée de « classe inférieure honnête » et regroupe des ouvriers qualifiés et des employés ;

• La « Lower-lower class» (un quart de la population) regroupe des personnes à statut précaire et appartenant souvent à des minorités ethniques.

Bien que Warner utilise le terme de « classe sociale », son travail est emblématique d'une analyse en terme de **strates sociales** qui sont des ensembles d'individus ayant des caractéristiques communes permettant de les situer sur une échelle hiérarchique.

Bibliographie

■ *Yankee city series*, Yale University Press, New Haven, 5 vol., 1941-1949.

Max Weber

Max Weber (1864-1920) suit des études de droit, d'économie politique, de philosophie, d'histoire et de théologie. Il enseigne l'économie politique en 1894 mais abandonne rapidement sa carrière universitaire. Il voyage et s'intéresse à la sociologie. En 1905, à la suite d'un séjour aux États-Unis, il publie *l'Éthique protestante et l'esprit du capitalisme*. Toute sa vie, il sera partagé entre l'envie de faire de la politique avec tout ce que cela suppose de parti pris et ses activités de chercheur qui imposent, au contraire, l'objectivité. *Économie et société* publié à titre posthume en 1922 est l'ouvrage dans lequel il expose sa conception de la sociologie et du travail du sociologue.

Dilthey ►

Max Weber est le premier sociologue à avoir très clairement revendiqué la spécificité de la sociologie en tant que science de la culture par opposition aux sciences de la nature (ex. : la physique). Avant lui, certains sociologues avaient cherché à transposer aux sciences sociales les méthodes déjà éprouvées dans les sciences de la nature : faire des hypothèses, rassembler des données, vérifier les hypothèses. C'est ainsi qu'Auguste Comte parlait de la sociologie comme d'une « physique sociale ».

Comte ►

Weber s'oppose à ce rapprochement. Il soutient que les méthodes propres aux sciences de la nature ne peuvent s'appliquer aux sciences de la culture. En effet, alors que les premières s'intéressent à des objets inanimés qui se prêtent à des expériences que l'on peut répéter en laboratoire, les secondes se focalisent sur les actions sociales qui sont des actions volontaires et tournées vers autrui. Il est donc impossible de les répéter à l'identique dans des laboratoires et d'en tirer des lois statistiques immuables. De cet « inconvénient », il tire un « avantage » : le sociologue comprend intuitivement les raisons qui ont poussé un individu à agir. Il peut partir de l'action d'un individu, de ce qui l'a poussé à agir, et chercher les conséquences de son action. La sociologie consiste alors à expliquer un phénomène social (ex. : le capitalisme) comme la résultante d'actions (ex. : travailler, épargner...) motivées par un système de valeurs et de croyances (ex. : l'éthique protestante). On dit que la sociologie de Weber est compréhensive et explicative.

Compréhension ►

La difficulté réside dans le fait que ces actions humaines sont influencées par des valeurs et que le sociologue doit donc faire une analyse objective de valeurs. C'est pourquoi Weber fait une différence entre le **jugement de valeur** qui est une position personnelle et subjective et le **rapport aux valeurs** qui est la relation objective d'un savant vis-à-vis des valeurs.

Dans son travail, le sociologue est amené à construire des types idéaux. Un **type-idéal** est une construction théorique mettant en valeur la logique d'une réalité historique particulière (le capitalisme, l'éthique protestante...) ou un élément abstrait d'une réalité historique (les différentes formes de domination...). Un type-idéal est obtenu en supprimant tout ce qui n'est pas caractéristique du phénomène étudié et en accentuant, au contraire, ce qui en fait la singularité. À ces conditions, la science permet de comprendre un phénomène particulier mais ne peut jamais déterminer ni comment les hommes doivent vivre, ni quel peut être leur avenir.

Les actions sociales peuvent prendre quatre formes :

• Les **actions affectives** qui sont des réactions instinctives. Ex. : une gifle donnée sur le coup de l'émotion.

• Les **actions traditionnelles** qui sont des comportements guidés par la coutume ou une croyance de longue date. Ex. : fêter l'arrivée du printemps dans une société agricole ;

• Les **actions rationnelles en valeur** qui sont des actions fondées sur les valeurs et qui ne tiennent pas compte des avantages ou inconvénients qu'elles peuvent procurer. Ex. : risquer sa vie pour défendre son honneur ;

• Les **actions rationnelles en finalité** qui sont des actions motivées par un calcul coûts/avantages. Dans ce cas précis, l'individu se fixe un objectif et détermine le moyen le plus efficace pour l'atteindre. Ex. : pour un entrepreneur, diviser le travail afin d'augmenter la productivité et finalement le profit.

La **rationalisation des activités sociales** est l'élargissement du champ d'action de la rationalité en finalité au détriment de l'action traditionnelle. Cette rationalisation est particulièrement poussée dans les domaines scientifique, technologique et économique. Elle s'étend progressivement à l'ensemble des activités sociales sans pour autant devenir la seule forme d'action sociale.

La conséquence de cette rationalisation est le **désenchantement du monde**, à savoir la disparition de la magie, du surnaturel, comme explication du monde. Peu à peu, la science remplace la religion sous ses différentes formes comme facteur explicatif des phénomènes dont les hommes sont les témoins.

Cette rationalisation peut être illustrée par la transformation de la domination, par le développement du capitalisme ou bien encore par celui de la bureaucratie.

La **domination** est la chance qu'a un acteur d'obtenir le consentement d'un autre acteur. Weber se demande pourquoi des individus acceptent d'obéir à un autre et trouve trois raisons stylisées qui correspondent à trois formes de domination :

• La **domination rationnelle** est fondée sur la croyance en la légalité des décisions et du droit de ceux qui exercent la domination ;

• La **domination traditionnelle** est fondée sur le caractère sacré des traditions et de ceux qui les incarnent ;

• La **domination charismatique** est fondée sur les qualités exceptionnelles d'une personne.

La rationalisation des activités sociales se traduit par une régression de la domination traditionnelle au profit de la domination rationnelle.

La **bureaucratie** est un mode particulier d'organisation fondé sur la domination rationnelle et qui se substitue aux formes d'organisations précédentes appuyées sur les dominations traditionnelle et charismatique. La bureaucratie est caractérisée par une division du travail et une coopération entre des individus choisis pour leurs compétences et occupant des fonctions impersonnelles auxquelles sont assignées des tâches bien spécifiques. Cette bureaucratie s'est imposée avec l'institutionnalisation de l'État qui, dans la société, est l'organisation qui a le monopole de la violence légitime. Elle se développe, à la fin du XIXe siècle, dans les grandes entreprises. Elle est, pour Weber, un gage d'efficacité et de protection contre l'arbitraire. Tout juste reconnaît-il qu'elle peut favoriser la routine. Les sociologues modernes seront plus critiques vis-à-vis de la bureaucratie.

Elias ►

Merton
Crozier ►

Marx ►

Le **capitalisme** est un troisième exemple de rationalisation des activités sociales. Weber le définit par l'existence d'entreprises combinant de façon rationnelle le travail et le capital afin de réaliser un profit. Ce capitalisme s'étant développé en Occident, et prioritairement dans les pays protestants, il se demande si une certaine interprétation du protestantisme (l'éthique protestante) n'a pas créé un état d'esprit (l'esprit du capitalisme) qui serait un des facteurs explicatifs du développement du capitalisme.

L'**esprit du capitalisme** est une nouvelle façon de penser centrée sur la volonté d'utiliser ses ressources (le temps, l'argent, le travail, etc.) de la façon la plus efficace possible dans un but de rentabilité et d'accumulation. Cela se traduit par la recherche rationnelle du profit par l'exercice d'une profession, d'une vie sobre et de l'épargne.

L'**éthique protestante** est une doctrine religieuse que Weber résume en cinq points : **1.** Il existe un Dieu tout puissant qui gouverne le monde. **2.** Il décide du salut ou non de chacun (théorie de la prédestination). **3.** Dieu a créé le monde pour sa propre gloire. **4.** Dieu assigne à l'homme la tâche de créer le royaume de Dieu sur terre. **5.** Le monde terrestre et ses plaisirs sont de l'ordre du péché.

Cette éthique protestante fait de l'obligation de travailler de façon régulière à l'édification du royaume de Dieu sur terre une obligation morale. De plus, certains protestants, face à l'incertitude de la prédestination, auraient cherché dans la réussite professionnelle un signe de leur salut. Il y aurait donc bien une affinité entre l'éthique protestante et l'esprit du capitalisme.

La société rassemble des acteurs dont les intérêts peuvent diverger et qui entrent en relation avec l'intention d'imposer leur volonté aux autres et, si possible, avec leur consentement. Les conflits portent sur la richesse économique, le prestige social et l'exercice du pouvoir politique.

Dans le domaine économique existent des **classes sociales** qui sont des ensembles d'individus ayant accès aux même biens. Cette situation objective ne crée pas nécessairement un sentiment d'appartenance. Weber s'inscrit donc dans une conception nominaliste des classes sociales : une classe est un outil intellectuel utilisé par les sociologues mais pas automatiquement une réalité objective.

◄ Marx

Dans le domaine social existent des **groupes de statut** qui sont des ensembles d'individus se reconnaissant un certain niveau de prestige social. Ces groupes de statut ont un mode de vie en commun et la conscience de leur situation.

Dans le domaine politique existent des **partis politiques** qui sont des ensembles d'individus cherchant à conquérir le pouvoir, ou, tout du moins, à l'influencer.

Weber soutient qu'il n'y a pas de correspondance systématique entre une classe sociale, un groupe de statut et un parti politique. Il concède à Marx que la société est potentiellement conflictuelle, mais n'en déduit pas pour autant que la lutte des classes se développe spontanément : elle est possible dans la société capitaliste mais pas certaine.

Weber est, au même titre que Marx ou Durkheim, un des sociologues à nous avoir légué une vision de la société. Elle diffère de celle de ses deux prédécesseurs par son refus de tout déterminisme. Les hommes font l'histoire (comme chez Marx) mais sans être guidés par des lois du capitalisme. Par contre, leurs actions sont orientées par des valeurs qui évoluent.

Bibliographie

- *L'Éthique protestante et l'esprit du capitalisme*, 1905.
- *Le Savant et le politique*, 1919.
- *Économie et société*, 1922.

Knut Wicksell

Knut Wicksell (1851-1926) est un économiste suédois. Mathématicien de formation, son intérêt pour l'économie se manifeste progressivement. Il devient professeur d'économie à l'université d'Uppsala en 1900 où il exerce jusqu'à sa retraite, en 1916. Libéral, il est favorable à la libre concurrence sans pour autant exclure l'intervention de l'État.

Wicksell est proche du courant néoclassique tout en s'en différenciant. Il développe une analyse de la **répartition des revenus** fondée sur la productivité marginale des facteurs tout en montrant qu'elle peut être injuste bien qu'efficiente sur le plan économique.

Fisher, Mill ►

Il reconnaît la validité de la **théorie quantitative de la monnaie**, mais s'éloigne du concept de monnaie-voile qui stipule que les variations de la quantité de monnaie n'exercent aucun effet sur les grandeurs réelles de l'économie, notamment sur la demande et la production. Pour Wicksell, la contraction de la masse monétaire ne permet plus aux agents économiques de détenir le montant des encaisses liquides qu'ils ont l'habitude de détenir pour financer leurs transactions. Leurs dépenses (donc la demande) vont alors diminuer ; la baisse des prix qui en résulte accroît la valeur réelle de leurs encaisses et stoppe de ce fait le recul de la demande. Inversement, la hausse de la masse monétaire induit une augmentation des prix, car les agents économiques détenant des encaisses supplémentaires les dépenseront, dopant la demande. Avant Pigou, Wicksell prend donc en compte l'**effet d'encaisses réelles**. ◄ Pigou

L'explication de l'influence des variations de la masse monétaire sur celles des prix relève également d'un autre mécanisme. Wicksell définit un **taux d'intérêt naturel** qui est le taux de profit du capital. Dès lors que les banques diminuent leurs taux d'intérêt tels qu'ils deviennent inférieurs au taux d'intérêt naturel, l'**investissement** est stimulé, puisque sa rentabilité dépasse le coût des emprunts qui le financent. L'activité économique est alors dopée, le chômage diminue, les prix augmentent, réduisant d'autant les taux d'intérêt réels, ce qui incite les entreprises à investir davantage : le processus d'investissement est donc cumulatif tant que le rendement du capital dépasse les taux d'intérêt réels (cette analyse est très proche de celle que développera Keynes quelques années plus tard). ◄ Keynes

Wicksell évoque la possibilité de contrer les effets inflationnistes de tels mécanismes par la mise en œuvre d'une **politique monétaire** restrictive (hausse du taux d'escompte de la Banque centrale) ; en revanche, dans une situation inverse (déflation liée à un taux d'intérêt naturel inférieur aux taux d'intérêt du marché), la Banque centrale devra baisser son taux d'escompte.

Bibliographie

- *Value, capital and rente*, 1893.
- *Lectures of political economy*, (1er tome), 1901.
- *Interest and prices*, 1898.
- *Lectures of political economy*, (2e tome), 1906.

INDEX

Les chiffres entre parenthèses correspondent aux pages où apparaissent les notions pour les articles de plus de 3 pages.

C

J

K

L

M

N

S

T

U

V

W

Z

Imprimé en France par I.F.C. 18390 Saint-Germain-du-Puy
Dépôt légal : août 2003 - N° d'imprimeur : 03/777
7150002/01